海口海关年鉴

2022

《海口海关年鉴（2022）》编纂委员会——编著

中国海关出版社有限公司
·北京·

图书在版编目（CIP）数据

海口海关年鉴．2022/《海口海关年鉴（2022）》编纂委员会编著．—北京：中国海关出版社有限公司，2023.3
（中国海关史料丛书）
ISBN 978－7－5175－0644－7

Ⅰ.①海… Ⅱ.①海… Ⅲ.①海关—海口—2022—年鉴 Ⅳ.①F752.55-54

中国国家版本馆CIP数据核字（2023）第036561号

海口海关年鉴（2022）

HAIKOU HAIGUAN NIANJIAN（2022）

作　　者：《海口海关年鉴（2022）》编纂委员会
责任编辑：熊　芬
助理编辑：黄华宁
出版发行：中国海关出版社有限公司
社　　址：北京市朝阳区东四环南路甲1号　　邮政编码：100023
编 辑 部：01065194242-7528（电话）
发 行 部：01065194221/4238/4246/5127（电话）
社办书店：01065195616（电话）
https://weidian.com/?userid=319526934（网址）
印　　刷：北京新华印刷有限公司　　经　　销：新华书店
开　　本：889mm×1194mm　1/16
印　　张：20.75　　字　　数：370千字
版　　次：2023年3月第1版
印　　次：2023年3月第1次印刷
书　　号：ISBN 978－7－5175－0644－7
定　　价：210.00元

《海口海关年鉴（2022）》编纂委员会

《海口海关年鉴（2022）》编辑部

序　言

风好正是扬帆时

——写在《海口海关年鉴（2022）》即将付梓前

2021 年，海关总署深入开展党领导下的红色海关史和新中国海关史研究工作，在新中国海关历史上首次全面启动《中国海关年鉴》和各关年鉴编纂工作，海口海关编纂出版的第一部年鉴应运而生。作为加强海口海关史研究的一项重要的基础性工作，编纂《海口海关年鉴》意义重大。

2021 年，是党和国家历史上具有里程碑意义的一年，站在两个一百年奋斗目标的交汇点上，我们开启了“十四五”关区工作的新征程。全关上下强化责任、勇于担当，全力推进新时代“一流海关”建设，一年来见证了很多振奋人心的时刻，也收获了更多的荣誉、点赞。《海口海关年鉴（2022）》突出海口海关特色，全面、系统、客观地记载了 2021 年海口海关发挥职能作用，助力海南自由贸易港高质量发展的历程，为社会各界了解海口海关发展现状、获取资料信息、实施科学决策、进行咨询研究提供系统翔实的参考。一组组翔实数据，一项项丰硕成果，充分反映出一年来海口海关事业在继承中发展、在发展中创新，寸阴是竞、奋楫笃行，不负坚决扛起推进海南自由贸易港建设海关责任担当的职责使命，也侧面勾勒出海南省经济社会蓬勃发展的绚烂图景。

以古为镜，可以知时代的更迭与兴衰；以关为镜，可以知国家的开放与发展。“记盛衰，以表政事之得失”，作为海关工作人员，唯有通晓史志，才能察古知今，审时度势，科学决策，才能在我国深化改革开放的伟大历史进程中找准海关工作方位，以更加饱满的工作热忱投入海关事业，为海南经济社会发展做出更大贡献，铸就新的辉煌。

执笔著史，文以载道，功在当下，利在千秋。《海口海关年鉴》编辑部的同志在海关总署海关史研究工作领导小组办公室和《海口海关年鉴》编纂委员会的直接指导下，组织查阅，深挖资料，认真编纂，精心审核，几易其稿，付梓成书。《海口海关年鉴（2022）》的出版，定会有益于全方位展示海口海关 2021 年度的工作实绩和良好形象，有益于推动新时期海口海关事业开创新局面。

以年为界，记录历史，意在追因寻果、追本溯源；抬头看路，意在浆洗征衣、再上征程。于历史的长河中，我们不忘昨日的苦难辉煌，无愧今天的使命担当，不负明天的伟大梦想。站在历史的肩膀上，我们将以如磐信念敲响岁月的洪钟，以昂扬姿态拨动时代的琴弦，奏响更加雄浑壮阔的历史乐章，书写海口海关更加熠熠生辉的发展篇章。

潮平岸阔，风正帆悬。相信海口海关的未来，万里可期。

是为序。

《海口海关年鉴》编纂委员会

2022 年 10 月

编辑说明

一、《海关海关年鉴》由海口海关组织编纂，是全面、系统、客观记载海口海关发展历程的编年史料，每年出版一卷，2022 卷为首卷。

二、《海口海关年鉴（2022）》是全面反映 2021 年海口海关主要工作概况和事业改革发展新成就的资料性工具书。《海口海关年鉴（2022）》突出反映海口海关坚持以习近平新时代中国特色社会主义思想为指导，深入贯彻党的十九大和十九届二中、三中、四中、五中、六中全会精神以及中央经济工作会议精神，坚决捍卫“两个确立”，做到“两个维护”、增强“四个意识”、坚定“四个自信”，践行好“五关”建设总体要求，以改革创新为根本动力，聚焦制度集成创新，深入开展“责任强化年”活动，开拓创新、奋力进取，加快推进新时代“一流海关”建设，坚决扛起推进海南自由贸易港建设海关责任担当，全力支持海南打造对外开放新高地，服务好国内国际双循环相互促进的新发展格局等所取得的新成绩、新经验、新发展和新变化，具有为海口海关编史修志奠定良好基础和指导推动海口海关工作创新发展的重要作用。

三、《海口海关年鉴（2022）》编纂工作在海口海关党委和《海口海关年鉴》编纂委员会的领导下，由《海口海关年鉴》编辑部具体负责。所刊载的文字与图片均由各部门单位撰稿人提供，编辑部完成编纂工作后报经《海口海关年鉴》编纂委员会审定。

四、《海口海关年鉴（2022）》记载时限为 2021 年 1 月 1 日至 12 月 31 日，记载 2021 年度海口海关发生的重大事件，包括各隶属海关和事业单位的重点工作。《海口海关年鉴（2022）》主要以图照、序言、特载、专记、组织沿革、主要工作、大事记、附录等形式，展现海关工作的主要特点和新成效。为贯彻落实《海关总署关于加强中国海关史研究工作的实施意见》关于加强海关史研究，特别要以新中国成立前党领导下的红色海关历史和新中国海口海关发展史研究为重点的目标要求，以“综述”简要介绍海口海关尤其是关检融合后新海口海关发展历史。

五、《海口海关年鉴（2022）》采取分类编辑法，主体内容设置类目、分目、子分目、条目等层级，条目为记述内容的主要形式。类目分为特载、党政机关、海关业务门类等；分目、子分目则根据工作职能细分，业务内容有交叉重叠的，以海关机构“三定”职责划分为准；条目记载年内基本情况和发生的大事、要事、特事，一事一条。

目　录

第四篇　业务建设

第五篇　综合保障

第六篇 隶属海关

第七篇　事业单位和社团组织

第八篇　人物荣誉

第九篇　大事记

第十篇　海关统计资料

附　录

“中国海关史料丛书”编委会

综　述

中华人民共和国海口海关（简称“海口海关”）是直属中华人民共和国海关总署（简称“海关总署”）领导的正厅局级进出境监督管理机关，负责管辖海南省全境的海关业务。

▲海口海关机关办公区

海口海关的前身为琼州海关，于1876年4月1日设立。1950年，海南岛解放，同年6月1日，经中央人民政府政务院批准，中华人民共和国海口海关正式成立。1984年6月9日，经国务院批准，海口海关升格为厅局级海关。海口海关内设处室18个（含3个另设立机构，不含缉私局），隶属海关单位12个，其中副厅级隶属海关1个，即洋浦经济开发区海关；正处级隶属海关11个：海口美兰机场海关、海口港海关、椰城海关、三亚海关（下设副处级驻凤凰国际机场办事处、驻三亚国际邮轮港办事处）、八所海关、洋浦港海关、博鳌机场海关、文昌海关、马村港海关、三沙海关、海口海关风险防控分局。事业单位7个：海口海关后勤管理中心、海口海关技术中心、海南国际旅行卫生保健中心（海口海关口岸门诊部）、海口海关热带植物隔离检疫中心、中国质量认证中心海口海关评审中心、海口海关培训中心、中国电子口岸数据中心海口分中心。

近年来，在海关总署党委的坚强领导和海南省委省政府的大力支持下，海口海关各项工作取得明显进展，海口海关（机关）和4个隶属海关先后获评全国文明单位，所属海口美兰机场海关获评全国抗击新冠肺炎疫情先进集体，连续获评“五五”“六五”“七五”普法全国先进单位，3个集体获评“全国青年文明号”，38个集体、40名个人获省部级以上表彰奖励。

一、坚决捍卫“两个确立”，走好“两个维护”第一方阵

学深悟透习近平新时代中国特色社会主义思想。将学习贯彻习近平总书记重要讲话特别是“4·13”重要讲话精神作为首要政治任务，通过党委理论学习（中心组）会议、月度例会等形式传达学习，扎实开展党史学习教育、强化政治机关专项教育活动和“学查改”专项工作，梳理各条线190项业务、1,178个岗位蕴含的政治要求，针对查摆出的28个问题建立整改“一本账”。巩固拓展党史学习教育成果，健全“我为群众办实事”长效机制，2021年党委班子开展“三聚焦、三走进”调研115余次，建立的49个重点民生项目和591个各级党组织办实事项目均已完成，3个项目入选海关总署“百佳项目”。

坚决落实习近平总书记重要指示批示精神。严格落实“第一议题”制度，持续打击治理海南离岛免税“套代购”走私，通过建立溯源码体系、正面监管、失信惩戒、“六进”宣教、综合治理等长效机制，有力有效遏制走私势头，自2021年6月署省专项行动以来，立案侦办刑事案件44宗，案值约9,068万元，打掉走私团伙40个。全力推进“蓝天”“护卫”等专项行动，立案侦办案值4.28亿元的走私刺猬紫檀木系列案件。全力助推种业振兴，推动国家（三亚）隔检中心（一期）项目主体封顶，支持海南成功引进246个品种的大豆、玉米等种质资源用于科研攻关，保障我国首次引进阿联酋椰枣苗落户海南。

全力打好疫情防控“阻击战”。坚持“外防输入、内防反弹”总策略不动摇，从严从细落实“三查三排一转运”“7个100%”等措施，建立349人疫情防控三级梯队，持续升级保健中心海口、三亚PCR实验室，实验室日检测能力从45人份大幅提高至3,000

人份以上。建立健全39项保护关心爱护疫情防控一线人员长效机制。2021年实现“打胜仗、零感染”目标。

二、全力推动海南自贸港建设，千方百计促进外贸保稳提质

全岛封关运作准备工作有序推进。配合署省建立会商机制并开展4次会商，成立全岛封关运作专班，配合海关总署出台监管框架方案、口岸布局方案等制度和全岛封关运作8类30项重点工作清单。配合建立琼粤桂反走私联防联控机制，推动社管平台反走私实战化运作和全岛建设64个综合执法点。配合海南省做好“一、二线”口岸软硬件监管设施建设，谋划推进7个全岛封关运作重点项目，待国家发展改革委初评后拟陆续开工建设。

支持海南自贸港早期政策逐步落地见效。持续优化监管，擦亮离岛免税政策“金字招牌”，保障8次政策调整顺利实施，自2011年4月政策实施以来截至2021年12月31日，累计监管离岛免税购物金额1,307亿元，其中2021年495亿元，有力促进消费回流。全力支持原辅料、交通工具及游艇、自用生产设备等“零关税”3张清单实施，自政策实施至2021年年底共监管“零关税”货物58.80亿元、减免税款10.60亿元。推动洋浦保税港区“一线”放开、“二线”管住8项制度先行先试并扩至省内两个综合保税区，加工增值税收政策顺利落地。支持洋浦打造海南自贸港“样板间”得到国务院第八次大督查通报表扬。支持博鳌乐城国际医疗旅游先行区畅通特许药械供应链，进口特许药械品种首例突破200例，成为国际先进药械进入我国“主渠道”。

推动海南外贸实现快速增长。坚决落实“六稳”“六保”部署，连续两年在海南省重点市县开展海关政策巡回宣讲，大力推动监管创新，2018—2021年3项举措成功备案自贸试验区创新举措，8项举措入选海南自贸港制度创新案例。深化“放管服”改革，出台跨境贸易便利化15条措施，2021年整体通关时间较2017年压缩一半。在各项优惠政策和海关监管创新的带动下，海南外贸增速迅猛，2018—2021年年均增长率20.40%，2021年海南外贸进出口1,476.80亿元，同比增长57.70%，增速较全国快36.40个百分点，居全国第3位，单个自然年内首次突破千亿元大关。

三、坚持总体国家安全观，不断提升实际监管效能

筑牢国家“南大门”安全防线。组建自贸港海关风险防控等5个专班，创建“云擎”监控模型，人工分析布控查获率优于全国平均水平，2021年查获知识产权侵权案件、侵权商品、案值均创历史新高。配合海关总署牵头完成海航集团破产重整海关税款债权清偿工作。承接全球环境基金GEF-IAS项目和世界银行全球“全健康”海南示范项目（世

界银行贷款“预防、准备和应对新发传染病项目”海南省项目），成功获批国家重点科研项目1项、省部级科研项目6项，实验室技术保障能力实现新提高。2021年全年截获检疫性有害生物15种、62种次。

后续监管效能持续提升。全面落实安全生产专项整治三年行动部署要求，其间关区未发生安全事故。推进“主动披露”制度和“互联网+稽核查”模式，开展核查作业“企业自查结果认可模式”试点。严守进出口食品商品质量安全底线，2021年检出不合格食品化妆品163批次。

重拳严打走私成果丰硕。深入推进打击“水客”走私、“国门绿盾2021”、严防严打成品油走私、禁毒三年大会战等专项行动，成功侦办种用椰子、成品油、毒品等一批典型案件。2021年刑事立案98宗，增长27.30%，其中一级挂牌督办案件3宗；行政立案305宗，增长301%。

四、坚持严管厚爱，营造风清气正的政治环境

管党治党政治责任压紧压实。出台加强对“一把手”和领导班子监督60项措施，2020—2021年连续两年领导干部个人有关事项报告不如实率为零。协同推进海关总署党委巡视中长期整改与巡察整改，2019年以来在关区开展两轮巡察，覆盖率达到80%。一体推进“三不腐”，坚决惩治腐败，坚决拥护、全力配合驻署纪检监察组、省监委开展纪律审查和监察调查，将推进执法领域和非执法领域两个专项整治与以案促教、以案促改紧密结合，抓实警示教育、廉政教育、廉政提醒。海口海关获评2020—2021年海南省直机关纪检工作先进集体。

大力推动党建工作高质量发展。创新实施“三创一建”党建引领工程，深化“强基提质工程”，海口海关在2021年度海南省直机关党建综合考核中荣获第一，5个党支部获评全国海关基层党建品牌，6个党支部获评省直机关“标准化党支部示范点”，在“椰树杯”党建创新引领工作创优大赛、党员自贸港知识竞赛两项全省重大赛事中勇夺第一。

强化基层基础落实内部管理责任。以打造新时代“一流海关”为目标，2020年、2021年相继开展“管理提升年”“责任强化年”活动。持续优化职责职能，先后调整6个处级、31个科级机构职责。全面强化执法一线科长队伍建设，配备率100%，执法一线科长年度考核优秀连续三年占比超30%。出台能力提升三年行动计划，大力实施一线岗位青年英才培育工程，全力打造适应自贸港建设的干部队伍。

海关专题图片

领导活动

2021 年 6 月 3 日，▶ 海关总署副署长、政治部主任胡伟（右四）在海口新海港码头调研

◀2021 年 12 月 17 日，海关总署副署长王令浚（左二）在保亭南林乡兰花种植基地调研

2021 年 9 月 16 日，海关总署副署长孙玉宁（右三）在仓库实地调研免税品加贴溯源码情况，海南省副省长倪强（右二）陪同调研

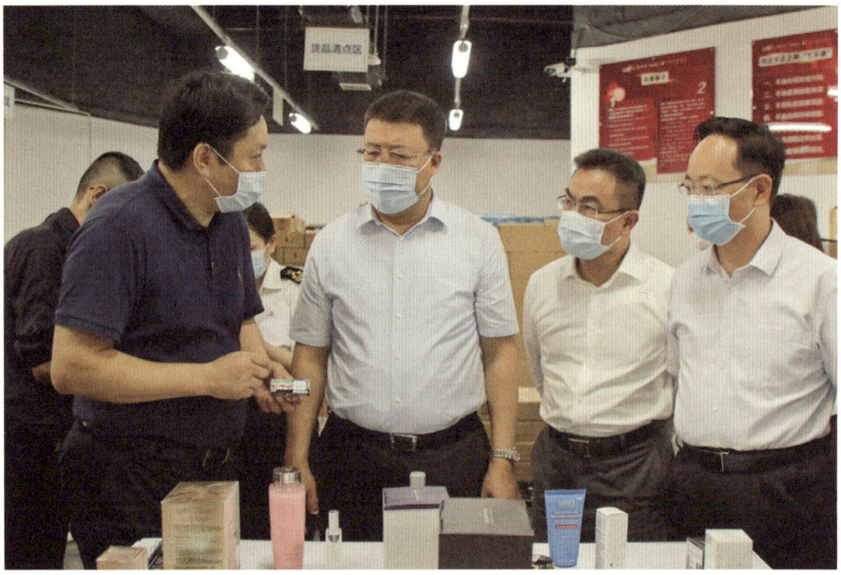

2021 年 2 月 2 日，海口海关召开 2021 年工作会议、全面从严治党工作会议

◀ 2021 年 3 月 15 日，海口海关召开“现场监管与外勤执法权力寻租”专项整治工作动员部署会

2021 年 4 月 15 日，海口海关关长施宗伟(左二)在洋浦开展“我为群众办实事”专题调研 ▶

◀ 2021 年 6 月 20 日，海口海关关长施宗伟出席海南自由贸易港建设专题新闻发布会，发布《海南自由贸易港建设白皮书（2021）》并回答记者提问

2021 年 2 月 23 日，海口海关党委纪检组组长杨卓（左二）实地查看小车提货海关监管路径 ▶

◀ 2021 年 11 月 16 日，海口海关副关长陈针接受海南卫视《潮起海之南》栏目专访

2021 年 5 月 23—26 日，海口海关全力做好世界卫生组织中国消除疟疾认证现场评估工作，图为副关长敖必强（中排左二）代表海口海关向世界卫生组织专家组汇报海南口岸疟疾防控工作 ▶

◀ 2021 年 1 月 7 日，海口海关政治部主任褚碧波（右三）实地察看海口美兰国际机场 T1 航站楼离岛免税提货点

◀ 2021 年 7 月 9 日，海口海关缉私局局长王武军与海南大学党委常委、副校长曹宪忠进行座谈

2021 年 5 月 7 日，海口海关副关长赵俊伦在首届中国国际消费品博览会现场接受中央电视台采访 ▶

党的建设

2021 年 3 月 23 日，海口海关所属马村港海关组织参观“奋斗百年路 启航新征程”党史学习教育展板 ▶

◀ 2021 年 6 月 10 日，海口海关参加省直机关干部职工“永远跟党走”万人朗诵优秀作品评选活动

2021 年 6 月 16 日，海口海关举行新党员入党宣誓仪式，其他党员重温入党誓词 ▶

2021 年 6 月 18 日，海口海关统计分析处联合督察内审处党支部开展党日活动 ▶

◀ 2021 年 6 月 24 日，海口海关首次举行"光荣在党 50 年"纪念章颁发仪式

2021 年 9 月 28 日，海口海关创新案例作品《实施"三创一建"党建引领工程 为海南自贸港建设添砖加瓦》荣获 2021 年海南省直机关"椰树杯"党建创新引领工作创优大赛一等奖 ▶

▲ 2021 年 6 月 25 日，海口海关举办庆祝中国共产党成立 100 周年"七一歌咏活动"

疫情防控

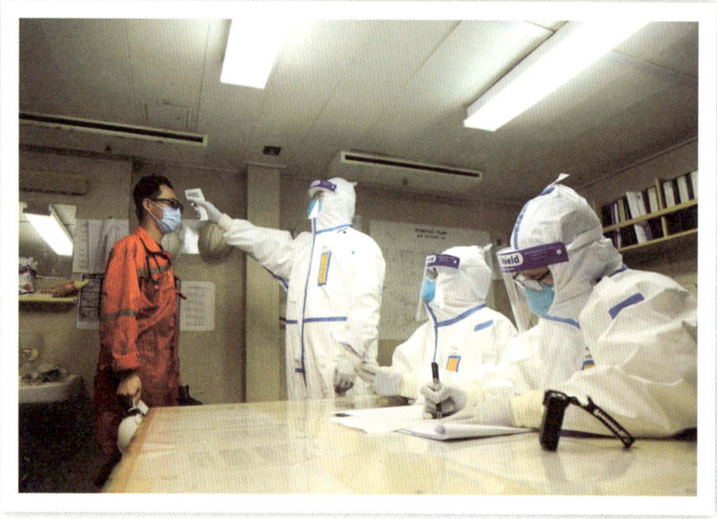

◀2021年2月12日，海口海关所属洋浦经济开发区海关、洋浦港海关关员在“台鹰号”货轮上为船员做体温监测

2021年2月20日，海口海关所属马村港海关关员监督工作人员开展消杀作业 ▶

◀2021年3月18日，海口海关所属三亚海关关员在三亚港一号锚地海域开展“陵水17-2气田开发项目工程船”海上检疫工作

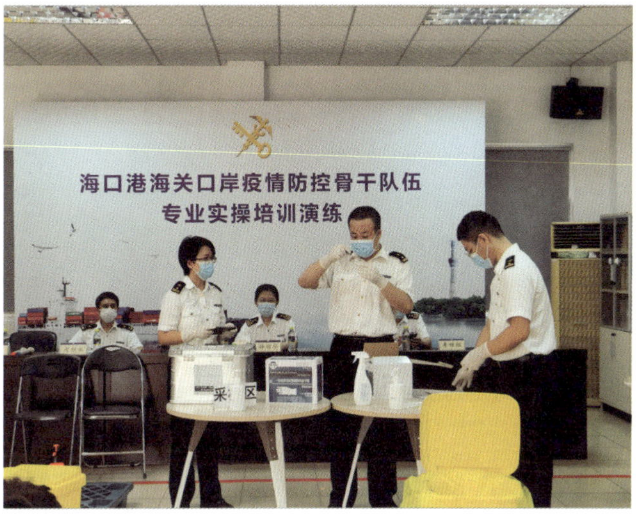

2021 年 3 月 18 日，海口海关所属 ▶
海口港海关关员开展口岸疫情防控骨干队伍专业实操培训演练

◀ 2021 年 6 月 10 日，海口海关所属洋浦港海关关员登轮实施卫生检疫和样本采集

2021 年 6 月 11 日，海口海关所属 ▶
三亚海关对中国籍科考船“探索二号”实施进境船舶登临检查

业务建设

2021 年 1 月 12 日，海口海关驻海南省政务服务中心审批办公室优化政务服务水平，对承运境内海关监管货物的运输车辆进行“上门”验核 ▶

◀ 2021 年 5 月 3 日，海口海关所属海口港海关关员在海南国际会展中心监管首届中国国际消费品博览会进境展品

2021 年 5 月 20 日，海口海关所属海口美兰机场海关开展口岸病媒生物监测并做好新关员带教实战演练 ▶

2021 年 8 月 1 日起，香化、酒水、手机 3 类离岛免税商品率先实施溯源码管理，图为海口海关所属海口美兰机场海关关员在免税店对首位旅客购买的离岛免税商品进行溯源 ▶

◀ 2021 年 8 月 12 日，海南自由贸易港交通工具及游艇“零关税”政策实现海陆空全覆盖 ▼

2021 年 9 月 23 日，三亚市保税物流中心（B 型）验收；2021 年 12 月 2 日，海口空港综合保税区获批设立并通过正式验收 ▶

◀ 2021 年 11 月 4 日，海口海关所属洋浦经济开发区海关、洋浦港海关退运一批不合格进口无缝合金钢钢管

◀ 2021 年 11 月 19 日，海口海关缉私局在新海港码头开展打击离岛免税“套代购”走私法制宣传

2021 年 12 月 9 日，加工增值货物内销税收政策扩大试点在海口综合保税区首单落地，图为海口海关所属马村港海关关员对加工增值内销呼吸机进行查验 ▶

队伍风采

2021 年 2 月 3 日，海口海关所属椰城海关关员对离岛免税商品开展查验 ▶

◀ 2021 年 4 月 1 日，海口海关机关党委（政工办）开展清明节祭英烈活动

◀2021 年 4 月 6 日，海口海关组织队列指挥员和国旗班集训

2021 年 4 月 29 日，海口海关党委表彰海口海关先进团支部、优秀团干部、优秀团员 ▶

◀2021 年 4 月 29 日，海口海关举办“青春献给党 建功自贸港”五四青年演讲比赛

2021 年 5 月 12 日，海口海关离退办组织老同志开展“百年风华 同心同唱”活动，喜迎建党百年华诞 ▶

◀ 2021 年 9 月 8 日，海口海关技术中心工作人员对监管猪肉样品进行瘦肉精检测前处理

2021 年 11 月 12 日，海口海关训导员对海关监管工作犬进行日常训练 ▶

第一篇

特载

在 2021 年海口海关工作会议上的讲话

海口海关关长、党委书记 施宗伟

（2021 年 2 月 2 日）

这次会议的主要任务是：以习近平新时代中国特色社会主义思想为指导，深入贯彻党的十九大和十九届二中、三中、四中、五中全会及中央经济工作会议部署，认真贯彻落实全国海关工作会议、全国海关全面从严治党工作会议部署，以及海南省委七届九次全会和全省经济工作会议精神，回顾 2020 年和“十三五”时期工作，分析当前面临的形势，明确今后一段时期工作的总体思路，研究部署 2021 年重点工作。

刚才，我们隆重表彰了去年的先进个人和先进集体，他们是海口海关系统的杰出代表，在此我再次对他们取得的成绩表示祝贺！希望全关各部门单位要认真学习、创先争优，为建设新时代“一流海关”做出新的更大贡献！

下面，我讲三点意见：

一、2020 年和“十三五”时期关区工作回顾

刚刚过去的 2020 年，是极不平凡的一年。面对错综复杂的国际国内形势，在海关总署党委的坚强领导下，全关上下锐意进取、攻坚克难，统筹推进疫情防控和促进外贸稳增长，全力推进海南自贸港建设取得了不平凡的成绩。一年来，大家辛勤耕耘笃定前行交出了优异的答卷，实现了新时代“一流海关”建设的良好开局。

这一年，我们学习贯彻习近平新时代中国特色社会主义思想坚定自觉。

我们始终做到不忘初心，政治机关意识不断强化。关党委率先垂范，带头深学细研党的十九届五中全会、《习近平谈治国理政》第三卷等重要论述，巩固深化“不忘初心、牢记使命”主题教育成果，不断增强“四个意识”，坚定“四个自信”，做到“两个维护”。我们始终做到使命在肩，落实习近平总书记重要指示批示精神坚决有效。将学习贯彻习近平总书记重要论述及指示批示精神作为“第一议题”并狠抓落实，“蓝天 2020 专项行动”

取得战果。采取断然措施强化数据安全防护，守住了数据“零泄漏”底线。坚决打赢脱贫攻坚战，全部扶贫点脱贫摘帽，定点扶贫工作被海南省评定为“好”。我们始终做到对标对表，做深做实巡视“后半篇文章”。以高度的政治责任感接受海关总署党委巡视，全关上下以严实的作风、过硬的举措开展了三个月的集中整改，80项整改任务全部如期完成，得到分署充分肯定。

这一年，我们众志成城统筹推进疫情防控和促进外贸稳增长成效显著。

我们闻令而动，构筑起疫情防控的“硬核”防线。坚持“一航一策”“一船一案”“人物同防”，在全国较早实现入境检疫全闭环管理，是率先检出确诊病例的直属海关之一。把干部职工的身心健康放在最重要的位置，千方百计筹措防控物资，实现了“打胜仗、零感染”。在这场战役中，我们的同志无惧无畏、向险而行、迎难而上、持续奋战，涌现出一大批先进模范人物，美兰机场海关获评全国抗击新冠肺炎疫情先进集体，4个集体、11人次获署、省先进荣誉称号，生动展现了海关力量、海关担当、海关精神。我们担当作为，力促海南外贸实现正增长。针对严峻复杂的外贸形势，我们落实“六稳”“六保”任务，第一时间出台稳外贸稳外资“46条”，为我国历时13年的芒果输日解禁磋商扫清全部技术障碍，推动澳牛、跨境电商等新业态快速发展，支持海南罗非鱼苗、槟榔、可可豆成功进军新市场。全面实施“两步申报”“两段准入”等改革，进、出口整体通关时间较2017年分别压缩56.60%和98.30%，海口海关多项做法入选《中国营商环境报告2020》典型案例。通过我们的不懈努力，推动全年海南外贸增速由负转正，《海南自由贸易港建设总体方案》发布以来的7个月海南进口增速高居全国首位。

这一年，我们敢闯敢试支持海南自贸港顺利开局。

我们敢为人先，推动早期安排政策平稳落地。全面学习贯彻《总体方案》，系统开展4项署级课题和42项关级课题研究，深入全省重点市县、机关开展巡回宣讲50余场，会同海关总署专家组开展3个月集中攻关，为打造“海南方案”有力贡献了海关智慧。洋浦保税港区率先实施“一线”放开、“二线”管住进出口管理制度，原辅料、交通工具及游艇两张“零关税”清单顺利落地，离岛免税新政释放出前所未有的红利。我们稳中求进，制度创新成果全面显现。推动海南首个保税物流中心（B型）获批，支持博鳌机场口岸正式对外开放，推动海关总署新增海口海关为进口心脏起搏器指定检验机构。全球动植物种质资源引进中转基地开展隔离试种。成功打出保税油品同船混装运输、“船边直提、抵港直装”等一系列改革组合拳，支持保税燃料油直供国际航行船舶、保税港区飞机融资租赁等一大批新业态落地。海口海关两项创新获海关总署备案，两项改革列入自贸港制度创新案例。

这一年，我们一以贯之有力维护国家“南大门”安全。

我们监管打私成效更加显著。查获率、人工分析布控查获率均高于全国平均水平。创新后续监管模式，试点“互联网+稽核查”改革。实现寄递渠道进口环节知识产权侵权案件零的突破，连续两年入选《中国海关保护知识产权典型案例》。缉私工作亮点频出，破获新型毒品、黄金等系列走私案，“国门利剑 2020”联合专项行动战果显著。我们口岸安全防线更加牢固。有力防控非洲猪瘟、鼠疫、沙漠蝗等重大动植物疫情，3 种有害生物为全国口岸首次截获、13 种为海南口岸首次截获。有效防控进出口食品安全风险，强化重点敏感商品质量安全监管。我们智慧监管水平有效提升。一流国际旅行卫生保健中心成功纳入海南省“7+3”公共卫生体系。完成集中审像系统功能升级。申报科研经费创新高，获批省部级科研项目 3 项，两项科技项目分获省级科学技术进步二、三等奖。完成技术中心实验室整体规划设计，新增能力验证项目 125 项。

这一年，我们纵深推进全面从严治党为关区事业保驾护航。

我们抓党建的力度更大。两级党委议事规则进一步完善，大力争创“四强”支部，对 110 个支部进行达标验收，海口海关在 2019 年省直机关党建工作综合考核中获评优秀，两个支部获“全国海关基层党建示范品牌”，3 个支部获“全国海关基层党建培育品牌”，党建创新案例获首届省直机关创优大赛三等奖。我们抓准军事化纪律部队建设的标准更高。深化内务规范强化月活动，上线运行海关政务服务“好差评”系统二期，丰富干部职工文化生活，精神文明建设成果丰硕，基本实现省级以上文明单位的全覆盖，3 个单位复查通过并保留“全国文明单位”称号，两个基层单位获评第六届“全国文明单位”称号。我们抓纪律的尺度更严。在全国海关率先建立党委全面从严治党主体责任“四责协同”清单，促成签署“组对省”协作配合办法，整治形式主义官僚主义取得成效，围绕自贸港、疫情防控、脱贫攻坚开展专题监督，完成两轮 12 个部门单位巡察。

这一年，我们乘风破浪推进新时代“一流海关”建设。

我们激发队伍活力，内部管理“提质增效”。“管理提升年”活动成效突出，制定 130 余万字的《工作手册》，岗位管理进一步规范化、精细化。近 3 年审计查发问题基本整改完成。发挥好职务职级并行制度激励作用，启动职级晋升。贸易统计数据质量连续 14 年保持优秀水平。队伍专业化能力更强，48 人次入选高层次专家及人才团队，7 人获得正高、副高级职称任职资格。我们依规做好保障，减少干部职工“后顾之忧”。有效拓展自有资金来源，加大民生和公共服务保障力度，重点项目和民生工程建设进展顺利，5个项目纳入省“十四五”重点储备项目库，总关办公地点平稳有序搬迁。坚决落实过“紧日子”要求，压缩“三公经费”等开支，预算执行率达90%以上。深化事业单位改革，推动事业单位实施绩效工资和评审中心转企改制。离退休干部工作及工会、学会等群团工作稳步推进。

2020年取得的丰硕成绩，为“十三五”时期收好官。5年来，我们紧紧抓住海南全面深化改革开放的重大历史机遇，各项改革不断深化，各项事业在飞速发展。机构改革任务圆满完成，职能全面拓展，队伍更加壮大，“两中心三制度”改革不断深化。关区业务快速增长。监管的进出口货运量同比增长33.8%。关区税收征管质量和稽查作业质量一直保持在全国第一梯队。检出传染病确诊病例583例，截获外来有害生物5,878批，销毁退运不合格食品化妆品63批，检出不合格工业产品482批；成功侦破成品油、毒品走私等一系列大要案，案件数量、案值、涉税额同比分别增长3.8倍、2倍和3倍。法治海关建设稳步推进，海口海关继“五五”“六五”后获“七五”中期普法全国先进单位。海南口岸营商环境持续优化，进出口整体通关时间大幅压缩，海南备案外贸企业数量同比增加242%，海南口岸进出口值累计突破5,000亿元，同比增长9.50%。科技创新应用水平大幅提升，新一代通关管理、查验管理、风险作业、队伍建设综合管理、智慧卫生检疫等信息化系统全面应用，智慧监管成效初显。科技支撑能力不断提升，获批省部级科研项目34项，实验室检测项目同比增长3倍，一流国际旅行卫生保健中心建设顺利起步。坚持全面从严治党，完成两级党组改设党委，党的领导体制机制更加健全顺畅，持之以恒正风肃纪，风清气正的政治生态不断巩固，干部队伍精气神不断提升。38个集体、40名个人获得省部级以上表彰奖励。

总结过去的5年，我们有几点深刻体会：一是只有始终坚持以习近平新时代中国特色社会主义思想为引领，不折不扣贯彻落实习近平总书记重要指示批示精神和党中央重大决策部署，不断增强“四个意识”、坚定“四个自信”、做到“两个维护”，才能确保关区工作沿着正确的方向前行；二是只有始终牢记把好国门是海关最基本最重要的职责，坚持“管得住才能放得开”理念，充分认识到管得住是放得开的前提，管得住是为了更好放得开，才能全面履行海关维护国门安全和服务经济发展的职责；三是只有始终坚持将解放思想、改革创新作为破解关区发展难题的“金钥匙”，突出问题导向，以重点突破带动全局工作，才能适应新形势新任务新要求扛起新的责任担当；四是只有始终坚持全面从严治关，不断强化党的领导，加强党的建设，压紧压实“两个责任”，持之以恒正风肃纪，加强准军事化纪律部队建设，才能为关区改革发展提供坚强保障。这些经验弥足珍贵，需要倍加珍惜、长期坚持。

这些成绩的取得，离不开海关总署党委的正确领导，离不开海南省委省政府及相关部门单位的关心和支持，凝聚着关区全体干部职工的辛勤劳动。在此，我代表关党委向关心、支持海关工作的各部门各单位，向全体干部职工和退休老同志，表示衷心的感谢并致以崇高的敬意！

在肯定成绩的同时，我们也要清醒地认识到还存在一些问题和不足，主要表现为：面对艰难繁重的任务，我们有的同志责任不强，担当不够，履职不力；应对全新发展要求，我们有的同志创新意识不强，能力水平不够，不注重不善于学习，依赖依靠思想重；对标新时代“一流海关”建设，我们的政治建设、党建引领还不够凸显，业务统筹、科技支撑还不够有力，干部素质、队伍结构还不相适应，等等。这些问题必须高度重视，认真加以解决。

二、立足新发展阶段，准确把握海关工作新形势新要求

针对国内外形势发生深刻复杂的变化，习近平总书记在党的十九届五中全会上提出要坚持新发展理念、坚持高质量发展、构建新发展格局，这为我们指明了前进方向，也提供了根本遵循。“十四五”时期，我们面临的机遇更大、挑战更多，世界关注、全国瞩目。

（一）建设海南自贸港要求海关必须有更大的力度推进制度集成创新。

当前世纪疫情和百年变局交织，经济全球化遭遇逆流，国际经贸规则主导权之争更趋激烈，党中央决心在海南建设自贸港，就是发挥海南既面向全球、又背靠超大规模国内市场的地缘优势，打造聚集、配置全球资源要素的“反应炉”。海南自贸港是我们海关监管的特殊区域，具有特殊性、例外性，要发挥海关处在国内国际双循环“交汇枢纽”的重要作用，我们的监管制度与方法必须适应自贸港的战略定位、功能与需求，打造先进的、在国际上最具竞争力的海关监管体制机制，自觉肩负起率先探索建设社会主义现代化海关的责任。

这就要求我们必须坚持系统观念，把关区工作放在建设海南自贸港这一重大国家战略考量中去思考和谋划，对关区改革进行全局性谋划、战略性布局、整体性推进，多方面、多角度、多层级地开展改革探索，不断提高改革的系统性、整体性、协同性，探索出更好地适应海南自贸港建设发展要求的海关监管模式，成为全国海关制度创新和治理能力建设成果的示范窗口，真正打造“管得住、放得开、效率高、成本低”的样板工程，确保海南自贸港与境外之间的货物、物品自由便利进出，高质量高标准推动海南自贸港建设更

好地与深圳现代化先行区、粤港澳大湾区、“长三角”一体化建设互联互通，更好服务国内大循环为主体、国内国际双循环相互促进的新发展格局。

（二）传统与非传统安全风险交织要求海关必须牢固树立系统观念和底线思维。

海南地处祖国最南方，扼守祖国南大门，具有独一无二的地缘特点，面临的安全和发展环境复杂多变，尤其是随着海南自贸港建设的不断推进，海口海关面临的安全风险防范形势严峻复杂，传统与非传统风险呈现相互交织和叠加态势，输入输出走私风险将进一步增大，岛内毒品、武器、洋垃圾、象牙等濒危野生动植物及其制品走私等输入性风险依然严峻复杂，疫情疫病和外来生物入侵带来新的风险挑战，“二线”管住既要保障海南与内地市场各类要素有序流动，又要管控好离岛免税、日用消费品“零关税”等自贸港优惠政策向内地输出型风险。全国海关的普遍性风险和海南自贸港独有的风险相互叠加，跨界性、关联性、放大性效应显著增强。可以说，当前和今后一个时期是海口海关历史上绝无仅有的矛盾和风险高发期，处理不好容易演变成系统性风险。

这就要求我们必须牢固树立总体国家安全观，把握好不发生重大风险的底线要求，牢固树立底线思维，增强风险意识，深入研判海南自贸港建设风险，提高应对各类风险的预见性和主动性，强化与各部门的数据共享，加强大数据应用，构建国门安全立体化防控体系，尽可能将风险消除在萌芽状态，织密海南自贸港的安全网，以监管创新支撑高水平开放，确保海南自贸港建设行稳致远、久久为功。

（三）全面从严治党新形势新任务要求我们必须不断提高党的建设质量。

习近平总书记在十九届中央纪委五次全会上指出，全面从严治党首先要从政治上看。海关首先是政治机关，政治机关建设的第一位就是要坚决做到“两个维护”。进入新阶段新征程，要确保关区事业破浪前行、行稳致远，不断从胜利走向新的胜利，最关键的是要坚持习近平新时代中国特色社会主义思想的科学指引，坚决做到“两个维护”。从去年海关总署党委巡视反馈意见和关区查发的各类案件情况来看，关区党风廉政建设和反腐败斗争形势依然复杂严峻，全面从严治党的“最后一公里”没有完全打通，党建工作标准不高、要求不严的问题依然存在。随着海南自贸港建设的推进，复杂的风险形势、全新的业务形态、巨大的业务增量给我们加强党的政治建设、推进全面从严治党提出了新的课题。

这就要求我们必须牢固树立政治机关意识，提高政治判断力、政治领悟力、政治执行力，善于从政治上思考和把握、认识和推进海关工作，清晰认识每一项任务背后的政治考量、体现的政治要求，使关区工作始终保持正确的政治方向；必须强化责任意识，知责于心、担责于身、履责于行，敢于直面问题，不回避矛盾，不掩盖问题，真正做到履职尽责、忠诚担当，推动党中央的各项决策部署落地生根，以实实在在的工作成效体现“两个维护”。

三、锐意进取、奋发有为，坚决扛起海南自贸港建设责任担当

“十四五”是开启全面建设社会主义现代化国家新征程的第一个五年，是高质量高标准建设海南自贸港的关键五年，也是推进新时代“一流海关”建设的黄金机遇期。关党委研究决定“十四五”时期关区要以打造适应海南自贸港需要的海关监管体制机制为载体，以建设新时代“一流海关”为目标，努力为建设中国特色社会主义现代化海关探索贡献海口海关经验，重点做好以下 6 个方面工作：不断加强政治机关建设，充分发挥“一个带头、三个表率”作用，培树全国海关基层党建品牌，全国文明单位创建覆盖三分之二的单位；初步形成海南自贸港海关监管制度体系，形成一批可复制、可推广的集成创新举措，每条线均实现 5~10 项制度创新成果；适应“一线放开，二线管住，岛内自由”要求，调整优化机构职能设置，推进海南自贸港重点基础项目建设基本完成；充分发挥科技支撑作用，推进“两平台、三中心”建设取得重大进展，科研项目立项提升 50%，实验室检测能力和水平达到华南地区前列；推进事业单位改革有突破性进展，不断提升执法保障和市场开拓能力，总体实力达到全国海关前列；全面提升队伍能力和水平，培树 2 名以上系统二级研究员，“各领域有知名专家、各条线有顶尖人才”局面初步形成。

2021 年是建党 100 周年和“十四五”开局之年，是海南全面深化改革开放和加快自贸港建设的关键之年，也是我们建设新时代“一流海关”承上启下之年。今年关区工作的指导思想是：以习近平新时代中国特色社会主义思想为指导，深入贯彻党的十九大和十九届二中、三中、四中、五中全会精神和中央经济工作会议精神，认真落实全国海关工作会议、全面从严治党工作会议部署，全面加强党的领导，增强“四个意识”，坚定“四个自信”，做到“两个维护”，践行好“政治建关、改革强关、依法把关、科技兴关、从严治关”，统筹发展和安全，坚持高质量发展，以改革创新为根本动力，聚焦制度集成创新，深入开展“责任强化年”活动，开拓创新、奋力进取，加快推进新时代“一流海关”建设，坚决扛起推进海南自贸港建设海关责任担当，全力支持海南打造对外开放新高地，服务好国内国际双循环相互促进的新发展格局，为推进社会主义现代化海关建设开好局起好步，以优异成绩迎接建党一百周年。

我们要突出抓好以下几个方面工作：

（一）加强党的领导，坚定不移加强政治机关建设。

深入学习领会习近平新时代中国特色

社会主义思想，组织开展好各级党委理论学习中心组学习和专题培训，开展党的十九届五中全会精神轮训，落实青年理论学习提升工程，推动理论学习往深里走、往心里走、往实里走，学出信仰、学出忠诚、学出担当，坚定不移地武装头脑、增长才干，打牢政治底色，在知行合一、学以致用问题上走在全国前列。深入开展“让党中央放心、让人民群众满意的模范机关”创建活动，持续加强党员干部政治机关意识教育，严格落实意识形态工作责任制。时刻关注习近平总书记强调什么、要求什么，坚定不移把学习贯彻习近平总书记重要指示批示精神作为各级党委会、形势分析及督查例会“第一议题”，完善贯彻落实习近平总书记重要指示批示精神和党中央决策部署的工作机制，建立学习、传达、督促、落实闭环链条，完善督查问责机制，加强效果评估，紧盯各层级、各环节，确保一贯到底、落实到位，走好“两个维护”第一方阵。广泛开展“党旗在基层一线高高飘扬——以实际行动庆祝中国共产党成立100周年”“我为群众办实事”“我为海南自贸港建设添砖加瓦”活动。按照“四个融入”要求，持续推进巡视整改，举一反三，巩固深化整改成果。总结关区定点扶贫工作经验，促进乡村振兴。

（二）强化监管效能，全力落实“管得住”要求。

毫不松懈做好常态化口岸疫情防控。建立多部门协作的境外疫情疫病联防联控机制，加强对疫情严重国家入境人员的风险监测和重点布控，进一步严格入境人员、进境交通工具检疫，严防埃博拉、拉沙热、鼠疫等重大传染病传入造成疫情叠加。提高海南口岸公共卫生核心能力建设，推动海南全岛创建国际卫生港，加快推进一流国际旅行卫生保健中心建设。严格做好高风险货物风险监测和预防性消毒工作，完善进口冷链食品疫情防控机制，严格监督落实口岸环节进口冷链食品和高风险非冷链集装箱货物预防性消毒措施，夯实各方责任。加强动植物疫情疫病监测、预警，推进全球环境基金“减少外来入侵物种对中国农业生物多样性和农业生态系统威胁的综合防控体系建设项目”，严防动植物疫情疫病传入传出和外来物种入侵。扎实做好供港澳农产品检验检疫。继续做好内部安全防护工作，确保“打胜仗、零感染”。

提升风险整体防控能力。以工作专班为抓手，做好自贸港原辅料“零关税”、交通工具及游艇“零关税”、岛内居民日用消费品免税等早期政策落地后的业务风险防控，建立“洋浦保税港‘一线’放开，‘二线’管住制度”、离岛免税、“四张清单”等业务风险防控工作机制，开展自贸港封关运作后风险防控体系研究。推进各领域风险一体化防控，加强风险防控区域协作，加强与各厅局的数据共享，深化口岸安全风险联合研判和协同处置。建立风险情报信息网络，强化海关大数据应用，加强专业化工作，提升布控针对性和有效性，确保有效管控风险。加强数据质量控制，加强对不实贸易的监控。

强化正面监管效能。推进行李物品、免税品、邮递物品监管智能化、规范化建设，完善旅检“无感通关”模式。严格进出境货物、物品禁限管控，加强口岸监管环节反恐维稳。深化综合治税，全力完成税收预算目标。落实“四个最严”（最严谨的标准，最严格的监管，最严厉的处罚，最严肃的问责）要求，加强进出口食品安全监管，强化进口食品化妆品监督抽检和风险监测，开展进口食品“国门守护”行动，压紧压实各方责任。充分发挥进出口商品质量安全风险预警监管体系作用，加强对重点敏感商品监管，优化监管方式，提升风险预警和快速反应监管能力。规范监管作业场所运行管理，健全关区两级口岸运行监控指挥体系建设。持续推进安全生产专项整治三年行动。深入开展知识产权海关保护。深化海关信用管理体系建设，推广全国信用信息共享平台二期，落实属地查检业务改革。加强后续监管，创新“互联网+稽查”“线上+线下核查”等手段，开展重点领域专项稽核查。加强保税监管场所管理。

保持打私高压态势。切实建立具有自贸港特色的“全员打私”常态化工作机制，不断夯实打私协作、配合和支撑保障基础，压紧压实打私工作职责。各部门单位要把加强打击走私工作当成头等重要任务来抓，切实发挥打私职能作用，各隶属海关关长要履行好关区打私“第一责任人”职责，逐步构建防控、监管、打击一体化的海关打私体系。要建立起针对各职能部门、业务现场的反走私绩效考评机制，将其作为关区绩效考评重要组成部分切实推进。要深入贯彻落实习近平总书记关于严厉打击“水客”走私的重要指示批示精神，强化口岸正面监管和缉私部门专业打击，坚持打防并举、内外协同，坚决遏制防范离岛免税商品走私“套代购”风险，打好维护离岛免税和自贸港建设“四张清单”政策平稳落地两大“保卫战”；落实好“国门利剑2021”“蓝天2021”专项行动，严厉打击象牙等濒危物种及其制品、洋垃圾、涉枪涉毒、农产品、冻品等重点涉税商品走私。全力做好自贸港新缉私工作体系建设的保障，打造“智慧缉私”升级版，深入开展实战大练兵，坚持不懈固根基、补短板、强弱项，着力提升适应海南深化改革、扩大开放和自贸港建设新形势下反走私斗争需要的硬核战斗力。

（三）突出集成创新，蹄疾步稳支持海南自贸港建设。

推动海南自贸港政策落地。推动“零关税”四张清单、加工增值货物内销等税收优惠政策及海关监管办法全面落地实施，适时做好海关监管及政策实施情况评估。配合推动保税油加注等政策落地。推动洋浦保税港区先行先试政策全面落地，适时将“一线”放开、“二线”管住进出口管理制度向海口综保区等其他海关特殊监管区域复制推广。组织做好三亚市保税物流中心（B型）验收。支持推进全球动植物种质资源引进中转基地建设取得重大进展。推动海南离岛免税购物、医疗健康、邮轮游艇、南繁育种等重点产业加快发展。服务好博鳌亚洲论坛年会等重大外事外交活动，发挥论坛平台作用。

推出一批具有海南自贸港特色的制度集成创新举措。推动全岛封关运作海关监管制度体系研究，配合海南省开展口岸规划，督促高标准建设口岸基础设施，研究海关监管设施配置，切实为全面封关运作做好政策储备。配合海关总署相关司局启动自贸港海关智慧监管平台建设，参与海南社管平台建设，构建自贸港反走私综合治理体系，探索建设“1+9”环北部湾琼州海峡联防联控机制。创新与高水平自贸港相适应的安全准入、税收征管风险防控体制机制，推动二级监控指挥中心实体化运作，探索实施海关特殊监管区域主分区监管模式，为全岛封关运作积累经验。

持续优化口岸营商环境。持续落实“海关改革2020”等创新措施，完善“提前申报”“一次申报、分步处置”“两步申报”“两段准入”等通关流程；深化关检业务全面融合，规范检疫处理，优化取样送检、实验室检测与反馈；深化“放管服”改革，加强“双随机、一公开”精细化、规范化管理，从事权下放、系统优化、报关平台整合等层面深入开展自贸港海关行政审批改革研究，配合研究梳理海南自贸港禁、限清单。落实好海关总署新一轮跨境贸易便利化专项行动部署。深化“单一窗口”建设，精简进出口环节监管证件和随附单证，巩固压缩整体通关时间，降低进出口环节合规成本。

促进外贸量稳质升。做好“六稳”工作，落实“六保”任务。创新加工贸易保税监管模式，促进维修、租赁、展示等业务发展。进一步推广关税保证保险、汇总征税、自报自缴等便利化措施。支持跨境电商等新型贸易业态健康发展。支持办好首届中国国际消费品博览会，扩大国内市场需要的消费品进口，支持农产品优进优出，满足人民群众需求。强化调查研究，深度挖掘利用海关数据信息，积极向海关总署、省委省政府建言献策。

（四）坚持从严治关，推进关区党建高质量发展。

持续巩固深化“强基提质工程”成果。以庆祝建党100周年为契机，在各基层党组织中开展“支部创四强、机关创模范、工作创一流、建功自贸港”活动，开展创建模范机关先进单位和标兵单位、“四强”支部、“两优一先”等三项表彰评比，探索完善党建考核指标体系和建立支部预警机制，总结提炼一批优秀支部工作法，打造一批党建标准化阵地，加强交流学习和比学赶超，实现基层党组织全面进步全面过硬。推动两级党委党建责任清单落实，加大党委委员基层支部联系点指导，完善党建述职评议考核制度，夯实管党治党主体责任。

强化准军事化纪律部队建设。认真贯彻中央《关于新时代加强和改进思想政治工作的意见》，用好思想动态分析制度和经常性谈心谈话手段，提高防控能力。深入落实“政治坚定、业务精通、令行禁止、担当奉献”要求，拓展深化“准军”内涵，常态化开展内务规范强化月活动，持续深化纪律教育。巩固深化大学习大培训成果，聚焦实战实训，灵活组织专项业务练兵比武，培养更多的专业技术人才。加强文化建设，用好关史馆、党建活动室、职工之家等文化阵地，开展干部队伍职业荣誉感、使命感教育，大力弘扬伟大抗疫精神，广泛宣传先进典型事迹，用先进文化温暖人、激励人、引导人。进一步深入开展文明单位、青年文明号创建活动，持续巩固深化精神文明创建成果，发挥工青妇等群团组织作用，广泛开展群众性文化活动。继续做好离退休干部工作。

扎实推进党风廉政建设和反腐败斗争。认真落实十九届中央纪委五次全会精神，持续保持惩治腐败高压态势，对于不收敛不收手、顶风作案的违纪违法问题，坚决严肃查处，强化不敢腐的震慑。深化标本兼治，落实完善打私反腐“一案双查”工作机制，强化“制度+科技”运用，加强对“关键少数”、重点岗位、重点领域权力运行的监督制约，切实强化各条线廉政风险防控。常态化抓好廉政警示教育和廉政文化建设，持续开展警示教育月活动，坚持以案促教、以案促改。用好监督执纪“四种形态”特别是“第一种形态”，及时咬耳扯袖，抓早抓小，严出好作风和战斗力。加强海关政务服务“好差评”系统应用，完善特约监督员机制，畅通外部监督渠道，助力清廉海关建设。

（五）提升队伍能力，打造高素质专业化干部队伍。

突出政治标准，科学精准考察识别干部，选优配强领导班子，推进跨条线、跨部门交流，大力培养选拔优秀年轻干部，加强执法一线科长队伍建设。统筹用好职级职数，持续推进公务员分类改革，推进事业单位薪酬制度改革。做好学科带头人等专家人才的培养和战略引进工作。根据海南自贸港建设业务发展需要，开展机构改革“回头看”，厘清业务结合部职责边界，调整优化关区机构设置和职责职能，动态科学调整各部门单位编制。推进选人用人监督检查5年全覆盖和离任检查应查必查，突出对领导干部特别是“一把手”的重点监督，整治选人用人不正之风，持续推进带病提拔、违规经商办企业、不担当不作为等突出问题专项整治。针对海南自贸港建设需要，不断创新培训的方式方法，以需求为导向合理设置培训方式和内容，切实提升干部队伍素质。加强对青年干部培养，强化对新入关人员“带教”机制的跟踪评估，形成行之有效的经验做法。

（六）围绕中心工作，切实提高综合保障水平。

加强法治保障。贯彻中央全面依法治国工作会议精神，落实各部门单位主要负责人推进法治建设第一责任人职责。持续开展海南自贸港相关立法研究，推进自贸港海关制度“立改废释”，继续开展政策巡回宣讲活动。根据海关总署部署，深入推进“三项制度”落实，编制关区权责清单。深化“八五”普法工作，探索自贸港知识产权海关保护执法模式。加强关区执法能力建设，进一步强化关区公职律师管理。

强化科技后勤保障。全面推广应用H2018新一代通关管理系统。提升科技创新能力，加快推进海南自贸港信息化建设。深化监管科技装备的配备、运用和联网集成，打造智能化装备集群，实现海关业务跨场景联通。优化实验室规划布局，加强实验室建设，全面提升检验检测能力。加强网络安全建设，强化数据安全管理，开展数据安全专项行动。严格落实“过紧日子”要求，积极争取海关总署和省政府财政支持，提升预算执行效能。规范政府采购、涉案财物管理，落实降低检验检疫环节收费部署，加强后勤保障工作，推进闲置资产整合优化。

提升管理效能。加强政务保障，严格公文办理和审核把关，进一步精简会议文件、改进文风会风，提高督查检查时效，优化值班应急管理，加强新闻宣传和舆论引导，巩固信息报送质效，强化机要保密和档案管理，认真做好建议提案办理，提升政务公开和信访工作满意度。严格推进领导干部经济责任审计，加强审计整改，促进审计成果转化。围绕重点工作深入开展专项督察，进一步深化内控机制建设，提高执法评估水平。

同志们，2021年是很特殊的一年，确保开好局、起好步关系重大！关党委研究将2021年定为“责任强化年”，切实做到以下几点：

——要以“不忘初心、牢记使命”的信念，做到知责于心。要牢固树立“守土有责、守土负责、守土尽责”的责任意识，心怀国之大者，把自己的小我融入祖国的大我，负起一份责任，撑起一方天地，不断提高政治判断力、政治领悟力、政治执行力，认真领会习近平总书记重要指示批示精神和中央各项重大决策部署的战略意图，坚持从政治上观察和处理问题、谋划工作，放眼全局谋一域，在把握大势中知责，切实担负起建设好海南自贸港的时代重任。

——要以“功成不必在我、功成必定有我”的担当，做到担责于身。我们正处于干事创业的最好时期，面临着海南自贸港建设的难得际遇，要有“明知山有虎、偏向虎山行”的勇气，越是形势严峻越要一往无前，越是任务艰巨越要奋勇当先，当好全国海关改革开放排头兵、创新发展先行者，推动海南自贸港建设行稳致远。同时，各级党委要落实三个区分开来精神，用好用足容错纠错机制，让制度为真正的改革创新者撑腰鼓劲，为敢于担当、主动作为的干部撑腰鼓劲，绝不让出于公心、勇于探索的同志受委屈，真正为想干事、能干事、干成事的干部卸下思想包袱。

——要以“马上就办、真抓实干”的作风，做到履责于行。要时刻以“入山问樵、入水问渔”的求知精神不断增强自身能力素质，切实提高政治能力、调查研究能力、科学决策能力、改革攻坚能力、应急处突能力、群众工作能力和抓落实能力，要立足岗位实践中培养能力，挖掘潜力，全面提升履职尽责能力，适应海南自贸港和新时代“一流海关”建设发展需要。同时，要不断完善干部考核评价体系，真正让吃苦者吃香、优秀者优先、有为者有位，对责任落实不到位、失职渎职的要严肃追责，营造干事创业的良好生态。

百舸争流千帆竞，乘风破浪会有时，同志们，我们站在“两个一百年”的历史交汇点，全面建设社会主义现代化国家新征程即将开启，海南自贸港建设的美丽画卷正徐徐展开，让我们紧密团结在以习近平同志为核心的党中央周围，持续弘扬“不忘初心、牢记使命”的政治担当、“人民海关、执法为民”的价值追求、“敢闯敢试、敢为人先”的改革勇气、“马上就办、真抓实干”的优良作风、“令行禁止、清正廉洁”的严明纪律、“坚韧不拔、无私奉献”的椰树精神，以优异的成绩庆祝建党 100 周年。

在2021年海口海关全面从严治党工作会议上的讲话

海口海关党委书记、关长　施宗伟

（2021年2月2日）

这次会议的主题是，深入学习贯彻习近平总书记重要讲话精神，深入落实十九届中央纪委第五次全会精神和全国海关全面从严治党工作会议部署，总结2020年关区全面从严治党、党风廉政建设和反腐败工作，对2021年关区全面从严治党工作做出安排。下面，我代表关党委，讲三点意见。

一、深入学习贯彻习近平总书记在十九届中央纪委五次全会上的重要讲话精神和全国海关全面从严治党工作会议精神

1月22日，中国共产党第十九届中央纪律检查委员会第五次全体会议在北京召开，习近平总书记发表重要讲话，充分肯定过去一年全面从严治党取得新的重大成果，深刻阐述全面从严治党新形势新任务，强调全面从严治党首先要从政治上看，不断提高政治判断力、政治领悟力、政治执行力，一刻不停推进党风廉政建设和反腐败斗争，充分发挥全面从严治党的引领保障作用，以强有力的政治监督，确保“十四五”时期目标任务落到实处。习近平总书记的重要讲话，高屋建瓴、思想深邃、内涵丰富，具有很强的政治性、思想性、指导性，是我们推进全面从严治党向纵深发展的重要遵循。1月28日，全国海关全面从严治党工作会议上，倪岳峰署长深入传达学习习近平总书记重要讲话精神，全面总结了海关系统全面从严治党的工作成效，部署了今年海关全面从严治党7个方面重点工作。我们要深入学习贯彻习近平总书记重要讲话精神，自觉在思想和行动上与党中央保持高度一致，认真落实全国海关工作会议、全面从严治党工作会议的部署要求，把关区全面从严治党引向深入。

（一）清醒认识全面从严治党的历史性成就和严峻复杂形势，切实提高政治判断力。

习近平总书记的重要讲话，充分肯定了过去一年全面从严治党五个方面的重大成果和宝贵经验，指出党中央对党风廉政建设和反腐败斗争取得的成绩是满意的，强调党的十八大以来，尽管党风廉政建设和反腐败斗争取得了历史性成就，但形势依然严峻复杂，腐败这个党执政的最大风险仍然存在，存量还未清底，增量仍有发生，反腐败没有选择，必须知难而进。倪岳峰署长强调，腐蚀和反腐蚀斗争长期存在，惩治腐败任何时候都不能松、不能软，同时指出了海关系统存在的问题和不足。我们要把思想和行动统一到习近平总书记对形势的精准判断上来，清醒认识到随着海南自由贸易港建设加快推进，关区全面从严治党面临着新形势新情况新问题，始终牢记反腐败是一场输不起也决不能输的政治斗争，保持"赶考"的清醒，保持对"腐蚀""围猎"的警觉，长期坚持严的主基调，坚决做到态度不变、决心不减、尺度不松。

（二）深刻领会全面从严治党首先要从政治上看的要求，切实提高政治领悟力。

习近平总书记的重要讲话，"政治"是高频词汇，强调全面从严治党首先要从政治上看，要充分发挥全面从严治党引领保障作用，确保"十四五"时期我国发展的目标任务落到实处，指出要以强有力的政治监督，确保党中央重大决策部署贯彻落实到位。倪岳峰署长强调，海关作为政治机关，全面从严治党首先要从政治上看，立足"两个大局"，心怀"国之大者"，自觉把"两个维护"作为思想认识上的政治态度、政治信条和一切实践活动的政治原则、政治保障。今年是实施"十四五"规划、开启全面建设社会主义现代化国家新征程的第一年。我们要把思想和行动统一到党中央的要求上来，首先从政治上看关区全面从严治党，坚持所有工作都要围绕开好局、起好步来展开，对"国之大者"做到心中有数，紧紧围绕加快推进海南自由贸易港建设等重大决策部署，以更加有力的政治监督、更加务实有效的创新举措，自觉践行"两个维护"，真正做到令行禁止、步调一致，保障党中央政令畅通。

（三）深入贯彻党中央全面从严治党的决策部署，切实提高政治执行力。

习近平总书记的重要讲话，对"十四五"开局之年全面从严治党的各项工作做出了新的重要部署，强调要坚定不移推进反腐败斗争，将正风肃纪反腐与深化改革、完善制度、促进治理贯通起来，要毫不松懈纠治"四风"，把好传统带进新征程，将好作风弘扬在新时代，要持续整治群众身边腐败和作风问题，让群众在反腐"拍蝇"中增强获得感，要完善党和国家监督体系，使监督融入"十四五"建设之中，集中传递出党中央全面从严治党的一系列新思想、新举措、新要求。倪岳峰署长强调，要准确把握“惩、治、防”辩证统一关系，加大“惩”的力度，完善“治”的举措，提升“防”的效果，做到系统施治、标本兼治。我们要把思想和行动统一到党中央的部署上来，强化系统施治、标本兼治的理念，紧密联系实际，努力把党中央部署和海关总署党委要求转化为推进工作的具体思路和实际举措，坚定坚决、不折不扣、落实落细，深入推进新时代清廉海关建设，推动全面从严治党向基层一线、向群众身边延伸。

二、2020 年工作回顾

2020 年是极不平凡的一年。一年来，面对推进海南自由贸易港建设的繁重任务和新冠肺炎疫情的严重影响，关区各级党组织深入贯彻党中央全面从严治党部署和海关总署党委、省委省政府工作要求，认真落实全面从严治党主体责任，全力推进海南自由贸易港建设，统筹推进口岸疫情防控和促进外贸稳增长，大力推进“一流海关”建设，较好发挥全面从严治党引领保障作用，关区全面从严治党、清廉海关建设不断取得新成效。

（一）政治建关更加坚定。

坚持将学习贯彻习近平总书记重要指示批示精神作为党委会、每月例会“第一议题”，全力推进海南自由贸易港建设，保持打击象牙等濒危动植物及其制品、洋垃圾走私力度，做好“六稳”工作、落实“六保”任务，确保党中央重大决策部署落地落实。动员组织广大党员干部坚决筑牢口岸检疫防线，1 个单位获全国抗击新冠疫情先进集体称号，4 个集体和 11 人次获署、省先进表彰。加大脱贫攻坚工作力度，关区 3 个定点扶贫村脱贫摘帽成果进一步巩固。组织开展政治机关意识教育，严格落实意识形态工作责任制，不断加强基层党建工作，海口海关在省直机关党建综合考核中获评优秀，5 个支部获评全国海关基层党建示范品牌和培育品牌，2 个支部获评省直机关标准化支部示范点。

（二）管党治党更加严实。

压紧压实全面从严治党主体责任，制定关党委“四责协同”清单，促成驻署纪检监察组与省纪委监委签署“组对省”协作配合办法，推动隶属海关党委制定主体责任清单。召开党委会 19 次专题研究全面从严治党工作，加强廉政形势分析研判，部署推进清廉海关建设。聚焦中心工作开展专项监督和专项督察，全年全面从严治党 25 项重点工作全部完成。

（三）纠治“四风”更加深入。

严格落实中央八项规定精神，认真开展公有住房管理、公务用车使用等问题清理整改，组织开展形式主义、官僚主义问题专项巡察，进行为基层减负专项整治。持续深化准军事化作风建设，海关政务服务“好差评”系统好评率保持 100%，坚持每周发送纠治酒驾醉驾提醒短信累计5万余人次。大力推进精神文明创建工作，3个单位通过全国文明单位复查，2个单位获评第六届全国文明单位，关区基本实现省级以上文明单位全覆盖。

（四）纪律规矩更加严明。

组织开展“灯下黑”问题专项治理，自觉接受海关总署巡视“政治体检”，聚焦4个重点问题推进专项整治。坚持开展警示教育月活动，组织参观警示教育基地、旁听案件庭审、征集原创廉政漫画警句等活动，关区党风廉政工作得到海关总署2次通报肯定，相关做法被海关总署《政治工作简报》刊发。严抓“关键少数”，实现各级领导干部亲属从业自查全覆盖，年度“两项法规”抽查不如实报告率为0。

（五）风险防控更加完善。

突出重点领域廉政风险防控，开展离岛免税监管能力专项提升行动，完善财务、公有住房等多个重点领域管理办法，调整高风险敏感岗位干部。加强执法风险防控，编制130余万字的工作手册，优化更新内控节点，审计查发问题全部整改完成。探索实现对事业单位派驻监督全覆盖，相关工作经验在全国海关纪检专题会议上作交流发言，并被《中国国门时报》刊载。

（六）监督执纪更加严格。

组织对12个部门单位开展巡察，扎实推进巡察整改。坚持全面从严，党的十九大以来海口海关自主查发案件数居二类直属海关第一名。打私反腐“一案双查”持续深化，大力推动以案促改，组织开展以案为鉴专题警示教育，督导召开案件整改专题民主生活会。加强处分人员回访教育，及时为受到错告诬告的干部澄清事实、消除影响。

在充分肯定成绩的同时，也要看到关区全面从严治党形势依然严峻复杂，党风廉政建设和反腐败斗争不可稍有松懈，虽然形势总体平稳，风险总体可控，但还存在一些隐患问题，主要是：随着海南自由贸易港建设深入推进，带来新的执法风险、管理风险和廉政风险，对我们业务监管的要求更高，关区面临的监管压力和风险挑战不断加大，从巡视巡察情况来看，个别业务领域还存在监管漏洞和廉政风险，查验通关、外勤执法还有寻租空间，与风险布控的联动还有薄弱环节，离岛免税“回流”“套代购”等问题隐患增多，甚至出现受贿放私通风报信、违规购买免税商品等问题。另一方面，自贸港的新形势和新风险，对我们队伍管理监督的要求更高，但关区主体责任、监督责任落实还有“空档”，检查部署情况多、监督落实成效少，以监督强监管的意识不足，全链条的监督体系还没有完全建立起来，通过管住队伍推动管住业务的能力亟需加强，等等。这些问题必须引起高度重视，认真加以解决。

三、2021年主要工作任务

2021年海口海关全面从严治党工作的总体要求是：以习近平新时代中国特色社会主义思想为指导，深入贯彻党的十九大和十九届二中、三中、四中、五中全会精神，认真落实全国海关工作会议、全国海关全面从严治党工作会议部署，增强“四个意识”，坚定“四个自信”，做到“两个维护”，坚持稳中求进，立足新发展阶段，贯彻新发展理念，推动构建新发展格局，深入贯彻全面从严治党方针，充分发挥全面从严治党引领保障作用，把严的主基调长期坚持下去，以高质量发展为主题，坚持系统观念，一体推进不敢腐、不能腐、不想腐，不断深化清廉海关建设，锻造准军事化海关纪律部队，深入推进政治建关、改革强关、依法把关、科技兴关、从严治关，为建设新时代“一流海关”、推进海南自由贸易港建设提供坚强保证，以优异成绩庆祝中国共产党成立100周年。

高质量推进以下7个方面重点工作。

（一）高质量推进政治建关，充分发挥全面从严治党引领保障作用。

全面从严治党首先要从政治上看，海关作为践行“两个维护”的第一方阵，必须牢固树立政治机关意识。要在思想上强化政治引领。持之以恒深入学习领会习近平新时代中国特色社会主义思想，规范和改进各级党委理论中心组学习。以庆祝建党100周年为契机，大力开展党史、新中国史、改革开放史、社会主义发展史和党的优良传统教育，巩固深化“不忘初心、牢记使命”主题教育成果，按照中央部署和海关总署要求，扎实开展“党旗在基层一线高高飘扬”活动。探索成立青年理论学习小组，推动实施青年理论学习提升工程。抓好学习贯彻党的十九届五中全会精神轮训，做到全员覆盖。严格落实意识形态工作责任制，加强思想动态分析和经常性谈心谈话，筑牢意识形态防线。要坚定践行“两个维护”。举全关之力推进海南自由贸易港建设，毫不松懈抓好常态化疫情防控，严厉打击象牙等濒危物种及其制品、洋垃圾等走私，强化离岛免税“套代购”走私打击治理，推进巩固脱贫攻坚成果同实施乡村振兴有效衔接，以实际成效体现“两个维护”。严格把学习贯彻习近平总书记重要指示批示精神作为各级党委会、形势分析及工作督查例会第一议题，建立学习、传达、督促、落实闭环链条，确保党中央重大决策部署落实到位。要充分发挥党建引领作用。组织开展“支部创四强、机关创模范、工作创一流，建功自贸港”的“三创一建”活动，总结提炼一批先进基层党组织经验做法，打造一批标准化党建阵地，推选一批党建工作先进典型，完善党建考核指标体系，建立党委委员支部工作联席会议制度和支部工作预警机制，督促一线科室支部发挥直接教育管理监督党员干部的作用，通过管好队伍促进管好业务，推动党建业务高度融合，不断深化“强基提质工程”，让党旗在关区基层一线高高飘扬。

（二）高质量一体推进不敢腐、不能腐、不想腐，强化系统施治、标本兼治。

深入推进全面从严治党，必须高质量一体推进“三不腐”机制，始终坚持严的主基调，推进系统施治，实现标本兼治。要严查严办、惩治震慑。坚持“抓大不放小”，以零容忍严查受贿索贿、以权谋私、放纵走私等腐败问题，聚焦“微腐败”深度整治推诿扯皮、吃拿卡要等群众身边腐败问题，加大案件查处和通报曝光力度。保持打私反腐“一案双查”力度和势头，对问题线索指向明确、群众反映强烈的优先查办。围绕查验通关与外勤执法权力寻租开展专项整治，严格履行“把好国门”的使命职责。持续深化匿名诬告专项整治，及时为受到错告诬告的干部澄清事实、消除影响。要惩前毖后、治病救人。以违纪违法典型案例为反面教材，强化警示教育，加大案件通报和分析力度。完善受处分人员跟踪回访机制，做实做细思想工作，帮助放下包袱、改进错误。推行案件审查同步启动以案促改，对照案件排查风险、制定措施，推动整个相关领域改进提升。要教育在前、预防为先。精准规范运用监督执纪“四种形态”特别是第一种形态，督促各级党组织加大运用力度，定期开展统计分析，强化考核监督。常态化抓好廉政教育，持续开展警示教育月活动，丰富廉政教育形式，发挥基层智慧创新廉政文化建设。

（三）高质量推进队伍作风建设，坚持严字当头正风肃纪。

千里之堤溃于蚁穴，“四风”是腐败滋长的温床。深入推进全面从严治党，必须高质量推进作风建设，全面从严、一严到底，将好作风弘扬在新时代。要严防严查“四风”问题。持续深入落实中央八项规定及其实施细则精神，强化“四风”问题监督检查，对享乐主义和奢靡之风、公款吃喝、餐饮浪费等歪风陋习露头就打、反复敲打，紧盯节假日等重要节点加强明查暗访和通报曝光。将纠治形式主义、官僚主义作为巡察监督、纪检监督的重要内容，及时关注新表现，强化监督、促进整改。坚持“过紧日子”，积极创建节约型机关，坚决抵制“舌尖上的浪费”。要持续为基层松绑减负。坚持全面检视、靶向纠治，进一步精简会议文件、改进文风会风，减少基层报文报表，统筹规范督查检查考核，深入排查“指尖上的形式主义”，健全基层减负常态化机制，努力解决政策执行“一刀切”、层层加码等问题。突出上下同治、系统联动，提升机关效能，注重听取基层意见，加强对基层及时指导和答疑解惑。要坚持为群众办实事。深化“放管服”改革，大力推进“单一窗口”建设，优化口岸营商环境，促进跨境贸易便利化，推动“双随机、一公开”向全执法领域拓展，规范进出口环节涉企收费管理，推动地方对标世行评估办法建立口岸营商环境评估体系。用好12360服务热线，解决群众“急难愁盼”问题，提升政务公开和信访工作满意度。加强海关政务服务“好差评”系统宣传推介和应用力度，积极开展“我为群众办实事”主题实践活动。

（四）高质量推进准军事化纪律部队建设，打造高素质专业化干部队伍。

海南自由贸易港建设成功与否，关键在人。推进海南自由贸易港建设，必须积极适应自贸港建设的需要，打造“政治坚定、业务精通、令行禁止、担当奉献”的准军事化纪律部队。要聚焦自贸港强化能力建设。紧盯自贸港建设实际需要，以需求为导向，科学设置培训内容，创新教育培训形式，加强和完善“带教”工作，强化实战实训。在基层业务一线开展岗位练兵和技能比武，提升队伍素质，练就过硬本领。要大力推进人才强关。强化专业技术人才培育，加大优秀年轻干部培养选拔力度，选拔使用好、管理监督好执法一线科长，树立正确用人导向。强化高风险敏感岗位人员交流，加强选人用人专项检查。要加强日常教育管理监督。灵活开展内务规范强化月活动，通过实地督察和视频检查等强化日常监督，加大通报约谈力度。抓好仪式教育，持之以恒常态化纠治酒驾醉驾，坚持开展日常廉政短信提醒。加大领导干部个人有关事项申报核实力度，持续开展领导干部配偶、子女及其配偶从业自查抽查，强化多系统信息比对。要激发队伍干事创业热情。坚持严管和厚爱结合、激励和约束并重，巩固深化精神文明创建成果，积极培育新时代海关职业精神，加强海关文化建设。大力弘扬抗疫精神、特区精神、椰树精神，加大先进典型培树宣传力度。强化人文关怀，发挥好群团组织和文体协会作用，广泛开展群众喜闻乐见的文体活动，做好慰问帮扶，不断增强队伍职业荣誉感归属感。

（五）高质量推进巡视整改和巡察监督，切实提升政治监督实效。

巡视巡察作为党内监督的利器，是全面从严治党的重要手段，必须牢牢把握“四个落实”“四个融入”的要求，充分发挥政治监督效能和促进改革发展作用。要狠抓巡视整改持续深化。建立巡视整改常态化、长效化机制，定期梳理汇总推进情况，坚持完善例会通报、定期督办、挂账销号等有效做法，持续开展“回头看”。保持巡视整改与巡察监督同向发力，将巡视反馈的关键问题和重点领域作为巡察监督重点，做到巡视巡察同频共振。要严格贯彻政治巡察要求。紧盯“四个落实”突出政治巡察工作的监督方向，突出监督重点围绕贯彻新发展理念、构建新发展格局、推动高质量发展、实施“十四五”海关发展规划、落实疫情防控、严禁“洋垃圾”入境、优化口岸营商环境等决策部署和全面从严治党强化政治监督，扎实推动巡察工作全链条全覆盖。要全面提升巡察工作质量。实行清单管理，全面梳理巡察发现问题，明确巡察重点关注领域。探索推行一同进驻、并行检查、成果共享模式，建立巡察监督与纪检监督、干部监督、审计监督、职能监督“五位一体”联动机制，整合提升监督效能。要不断增强巡察整改实效。狠抓巡察整改监督，强化监察、人事等部门巡察整改日常监督责任和巡察办专责监督责任，完善监督检查和整改评估机制，开展重点整改事项实地督导。实行闭环管理，加强巡察整改成果转化，及时固化行之有效的做法，持续健全巡察制度体系。

（六）高质量推进风险防控，为推进海南自由贸易港建设保驾护航。

权力本身就是最大的腐蚀剂。推进海南自由贸易港建设，必须始终保持底线思维和风险意识，强化权力运行制约监督，确保海关推进海南自贸港建设行稳致远。要以制度化规范化制约监督权力运行。密切关注研究《海关法》修订和《海南自由贸易港法》对关区执法带来的变化，及时跟进自贸港海关制度“立、改、废、释”。扎实推进关区权责清单编制，明晰权力运行，推进统一执法。加强《海口海关工作手册》的学习应用和动态管理，将工作手册作为关区行政执法和内部质量管理的指导性文件。要强化风险防控合力。推动海关一元管理向多元主体综合治理转变，强化各领域风险一体化防控、区域协作，深化口岸安全风险联合研判和协同处置。建立风险情报信息网络，加强海关大数据应用，强化布控针对性和有效性。以内控前置审核复核为抓手，将内控“嵌入”业务规范和操作系统，提高执法评估水平。聚焦“零关税”四张清单等自由贸易港海关改革创新重点，将防腐措施与改革举措同谋划、同部署、同落实，切实加强风险防控。要强化科技手段控权。聚焦自由贸易港新业态、新风险，大力推进信息系统向邮递、旅检等领域拓展，积极推进智能审图应用管理平台建设。紧盯离岛免税、跨境电商等新型贸易业态，优化强化风险信息化防控。加强网络安全建设，持续开展数据安全专项行动，强化核心人员和数据安全的管理。深化“新海廉”平台应用，优化考核机制，创新方式方法，提高智慧监督质效。要高度重视非执法领域风险防控。规范财务管理、招标采购、信息化建设、基建工程等重点领域管理，加强重点环节管控，整合优化闲置资产，建立完善管理制度，加强制度执行，杜绝有制度不执行、执行不严格等问题。突出实验室建设项目、疫情防控卫生检疫物资购置等重点领域，强化督察审计和派驻监督作用。扎实有序推进事业单位改革，规范事业单位管理。

（七）高质量推进全面从严治党责任落实，强化管党治党政治责任。

推进全面从严治党向基层一线延伸，必须以高质量的责任落实为支撑，聚焦关区“责任强化年”要求，加大责任落实的监督，推动各级各方面知责担责、履责尽责。要切实对照清单抓落实。各级党委要紧紧对照全面从严治党主体责任清单，抓实抓细具体工作落实，认真开展全面从严治党专题调研，坚持党委会每半年开展专题研究，定期报告主体责任落实情况。党委书记要强化第一责任人意识，组织推动党委落实主体责任，上级“一把手”要重点抓好下级“一把手”，加强谈话提醒。班子成员要按照“一岗双责”的要求把管党治党政治责任列入议事日程，定期研究部署分管领域党风廉政建设和反腐败工作，推动重点领域风险防控。纪检监察机构要切实承担党内监督专责，聚焦加快推进海南自贸港建设、落实全面从严治党责任等方面开展监督，以“一把手”和领导班子监督为重点，持续强化监督执纪问责。职能部门要充分发挥职能作用，抓好职责领域全面从严治党具体工作。要全力支持保障党务工作和纪检工作，选优配强党务和纪检干部队伍，搭建成长平台，优先提拔使用政治坚定、堪当重任的优秀党务干部和纪检干部，形成党务和纪检队伍“优进优出”良性循环。要强化责任落实日常监督。全面深入落实海关总署关于加强对党委“一把手”和领导班子监督的意见，明确工作载体和具体分工，综合运用政治谈话、约谈提醒、述责述廉、考察考核、民主生活会和督查审计等多种方式，形成监督合力。进一步建立完善全面从严治党主体责任检查考核机制，与年度考核、党建考核强化统筹，加强结果运用。要加大追责问责倒逼履责。坚持关口前移，完善责任担当的问责机制，加大重点领域责任分析和追究力度，对责任落实不到位、管理宽松软、问题多发的单位严肃问责。做好问责“后半篇文章”，深入落实容错纠错实施意见，坚持“三个区分开来”，打消部分干部中存在的做多错多的顾虑，激励干部队伍在自贸港建设中敢于担当、勇于创新。加大纪检队伍建设力度，深入推进纪检监察体制改革，切实提高政治能力和监督水平，充分发挥监督保障执行、促进完善发展的作用。

结合学习习近平总书记重要讲话精神的认识，在这里着重强调一下，对各级领导干部特别是“一把手”提出4点要求。一是要始终坚持旗帜鲜明讲政治，首先从政治上看全面从严治党，不断提高政治判断力、政治领悟力、政治执行力。二是要始终扛起管党治党政治责任，保持对“腐蚀”“围猎”的警觉，把严的主基调长期坚持下去。三是要始终筑牢思想防线，时刻自重自省自警自励，慎独慎微慎始慎终，带头严守政治纪律政治规矩，做政治信念坚定、遵规守纪的明白人。四是要始终带头遵守党纪国法、廉洁治家，自觉反对特权思想和特权行为，严格管好家属子女，严格家教家风。

同志们，我们要坚持以习近平新时代中国特色社会主义思想为指导，认真落实党中央全面从严治党要求和海关总署党委部署，锲而不舍、一以贯之，结合关区“责任强化年”要求，高质量推进关区全面从严治党、党风廉政建设和反腐败工作，为建设新时代“一流海关”和推进海南自由贸易港建设提供坚强保证，以优异成绩庆祝中国共产党成立100周年！

第二篇

专记

海口海关全力推动海南自由贸易港建设实施情况

2021 年，海口海关深入学习贯彻习近平新时代中国特色社会主义思想，在海关总署党委的坚强领导下，走好“两个维护”第一方阵，深入落实“五关”建设要求，坚持“管得住才能放得开”，创新务实、担当作为，奋力推动海南自由贸易港建设蓬勃展开。

一、坚持政治建关，坚决落实习近平总书记重要指示批示精神

2021 年，海口海关深入学习贯彻习近平总书记重要讲话和重要指示批示精神，以做好“三个表率”为根本任务，以实施“机关创模范、支部创四强、工作创一流、建功自贸港”党建引领工程为重要抓手，通过党委会、中心组、月度例会、各级党组织“三会一课”等方式多层次、多角度学习传达习近平总书记对自贸港建设的系列论述，不断增强全关上下政治判断力、政治领悟力、政治执行力，引导党员干部为加快推进海南自贸港建设做贡献。成立全岛封关运作准备工作专班，建立重大任务事项党委会研究部署、重要任务进展形势分析例会月度通报、整体工作情况向海关总署党委季度报告的长效机制。发挥关区自贸工作领导小组统筹、协调、推动作用，年内召开 3 次关区自贸工作领导小组会议、5 次办公室会议，对照海关总署支持海南全面深化改革开放工作领导小组确定的重点工作任务进行再研究、再细化、再部署，按照口岸布局方案、监管框架方案安排，细化《海南自由贸易港全岛封关运作重点工作清单》任务，做到明确责任、倒排工期，积极推动全岛封关运作各项准备工作。

二、坚持管得住才能放得开，防范化解重大系统性风险

2021 年，海口海关贯彻落实习近平总书记对打击治理“水客”走私工作的重要指示批示精神，全面落实署省打击离岛免税“套代购”走私专项行动部署要求，配合海南省推进失信惩戒立法和跨部门数据共享工作，推动建设完善溯源码管理体

系，8月1日起对香水化妆品、酒水和手机3大类离岛免税商品实行溯源码管理，12月完成免税品溯源管理全覆盖，推动建立联动治理机制；先后开展13轮打击离岛免税“套代购”走私专项行动，打掉65个团伙。坚持“外防输入、内防反弹”总策略，会同海南省相关部门完善联防联控机制，全力打好疫情防控“阻击战”和安全防护“攻坚战”，坚持“人物同防”，严格按照风险布控指令，科学实施进口冷链食品、高风险非冷链集装箱货物口岸环节新冠肺炎病毒检测和预防性消毒。2021年，稳妥处置一起巴拿马籍散货轮聚集性感染事件，为自贸港建设提供安全发展环境。

三、坚持高标准建设，提前谋划全岛封关运作软硬件准备工作

配合推动建立署省双方会商机制并保障署省4次会商，围绕自贸港封关运作、洋浦保税港区先行先试政策制度扩大试点等重点问题达成共识。成立全岛封关运作研究和准备工作专班，高质量开展封关运作课题研究，储备一批政策及监管理论成果；配合海南省出台海南自由贸易港口岸建设“十四五”规划、自贸港全岛封关运作口岸建设工作方案、口岸查验基础设施设备建设指导意见，参与海南省开展开放口岸及“二线口岸”规划及建设工作；参与海关总署司局研究制定自贸港全岛封关运作重点工作清单，梳理自贸港海关智慧监管平台等海关重点建设项目。全程参与《中华人民共和国海南自由贸易港法》、《海南自由贸易港免税购物失信惩戒若干规定》等法律立法和国务院调法调规事项论证，初步完成自贸港海关特色权责清单编制。

四、坚持强化监管，保障自贸港早期政策落地实施初步见效

全力支持原辅料、交通工具及游艇、自用生产设备“零关税”商品清单实施，逐步建立健全“零关税”商品监管制度和信息化系统，配合做好进一步调整原辅料“零关税”商品清单，自政策实施至2021年12月，共监管“零关税”货物进口58.80亿元，减免税款15亿元，享惠商品覆盖加工制造、研发设计、检测维修、医疗服务等领域。离岛免税新政效应持续放大，新增“邮寄送达”“返岛提取”提货方式，全年监管离岛免税购物金额495亿元，购物人数672万人次，购物件数7,045万件，与2020年相比分别增长80%、49.80%和107%，有力促进境外消费回流。参与研究制定洋浦保税港区加工增值内销等文件，推动海南省建设完善洋浦公共信息服务平台，支持洋浦保税港区“一线”放开、“二线”管住先行先试政策制度全面实施并扩大试点，加工增值政策和“径予放行”制度均在承接试点海关特殊监管区域实现首单落地。

五、坚持优化服务，助推重点功能平台作用凸显

圆满完成首届中国国际消费品博览会通关服务保障工作，展会期间累计办理56批次展品的参展进境通关手续，总价值约7,396万元。全力支持海关特殊监管区域高质量发展，推动海口空港综合保税区获批设立并通过正式验收，完成三亚市保税物流中心（B型）验收。助力海南打造国内国际货物循环集散点，保障海口美兰国际机场二期正式运行，支持开通自贸港首条定期国际货运航线。畅通博鳌乐城国际医疗旅游先行区特许药械供应链，优化入境检疫监管流程，先行区进口特许药械品种首例突破200例。全力支持全球动植物种质资源引进中转基地建设，服务种业振兴重大战略，国家（三亚）隔检中心（一期）项目主体封顶，关区首批进境4,643头种牛、我国首次引进的1,500株阿联酋椰枣苗成功落地，智利大豆、德国玉米等进口种质资源已应用于科研攻关，德国马铃薯组培苗通过海关总署特许审批，获得海关总署5大类449个《协调制度》编码动植物及其产品检疫审批授权。

▲2021年1月29日，海口海关在海南省新闻发布厅举办“海口海关支持海南自由贸易港建设成效初显”新闻发布会

六、坚持制度集成创新，助力打造自贸港一流口岸营商环境

落实海关总署“问题清零”部署，连续第二年开展自贸港海关政策“三走进”巡回宣讲，覆盖10个重点市县600余家重点企业，有力支持地方政府招商引资。推动成功解决企业“急难愁盼”问题，助力鲻鱼苗等海南优质农产品成功开拓国际市场。深化“放管服”改革，出台支持跨境贸易便利化15条措施，持续开展压缩口岸通关时间专项行动，2021年海南口岸进、出口整体通关时间分别为44.52小时、1.47小时，较2017年分别压缩64.93%、98.64%，完成国务院确定的“到2021年底，整体通关时间比2017年压缩一半”任务，口岸营商环境持续优化。全年海南省外贸进出口总值1,476.80亿元，增长57.70%，增速位居全国第三，单个自然年内首次突破千亿大关。围绕海南特色优势产业需求开展制度集成创新，3项举措入选海南自贸港制度创新案例，1项获海南省制度创新奖三等奖，1项被纳入商务部等20部门推进海南自贸港贸易自由化便利化举措，支持洋浦打造海南自贸港“样板间”的典型做法得到国务院第八次大督查

通报表扬。

七、坚持提升风险防控能力，切实保障国门安全

配合海关总署建立琼粤桂反走私联防联控机制，推动海南省社管平台反走私实战化运作，支持全岛综合执法点建设并投入使用。组建自贸港海关风险防控等工作专班，参与海南省风险防控各专项工作组研究制定海南自由贸易港税收风险防控总体框架、走私风险防控专项工作预案、公共卫生安全风险防控工作方案等系列风险防控有关文件。二级监控指挥中心实体化建设稳步推进，实验室能力实现新提升，P2+移动实验室完成建设投入使用，技术中心新增资质认可检测参数1,100项，扩大监测方法160个。进出口商品风险预警和快速反应能力提升，织密生物安全风险防护网，承接全球环境基金GEF-IAS项目和世界银行全球“全健康”海南示范项目，推动海南省建立境外动植物疫情联防联控工作机制，全年截获检疫性有害生物62批次，同比增长148%，海南口岸首次截获光胸断眼天牛等4种检疫性有害生物。

▲2021年8月6日，海口海关所属洋浦经济开发区海关、洋浦港海关从进境原木中截获有害生物松材线虫

八、坚持加强法治建设，为自贸港建设提供坚实法治保障

以“打基础、抓机制、强责任、优保障”为抓手，在海关总署司局指导下会同海南省有关部门推进自贸港法规立法工作，两轮次对《中华人民共和国海南自由贸易港法》研究提出20余条修改意见，先后对10余部自由贸易港法规研究反馈立法意见，助推《海南自由贸易港免税购物失信惩戒若干规定》等自由贸易港法规出台实施。积极提出调法调规建议，结合海南自由贸易港建设实际向海南省有关部门研究报送《海关法》修订立法建议。开展知识产权海关保护专项行动，组织开展“龙腾行动2021”“蓝网行动”等专项行动，2021年查获侵权案件40余宗、侵权商品1,900余件、案值250余万元，较2020年分别增长11倍、51倍和88倍。积极落实普法工作，在“4·15”“8·8”“12·4”等海关重要普法时间节点开展法治宣传活动近20次。举办海关政策巡回宣讲活动，活动覆盖10个重点市县、11个重点园区、600余家重点企业。2021年12月，该关法规和综合业务处获评“2016—2020年全国普法工作先进单位”。

九、坚持提升干部能力，为自贸港建设培养生力军

2021 年，该关着力打造一支政治站位高、业务能力强、具有奉献精神和战斗力的高素质海关专业人才队伍，先后成立自贸港建设人才库、政策研究人才库，建立健全学习、培养、考核、评价机制，鼓励广大干部着力提升自贸港政策研究水平，积极投身于自贸港工作的最前沿。组织开展新录用公务员队伍“师徒带教”工作，根据新录用公务员专业、特长、岗位等特点指定主教老师、辅教老师，从政治思想、工作纪律、专业知识、业务技能及工作生活经验等方面进行一对一、多对一的“传帮带”。2021 年共为 50 名新录用公务员指定 50 名主教老师、54 名辅教老师，累计形成 24 张岗位学习清单、193 张工作任务清单、47 张问题处置清单，新录用公务员在推动落实自贸港政策、开展制度创新等工作中发挥生力军作用，推动海南自由贸易港建设不断取得新成效。

（撰稿人：廖逸婷）

海口海关新冠肺炎疫情防控工作

2021年，海口海关深入贯彻习近平总书记重要指示批示精神以及党中央决策部署，认真落实海南省委省政府、海关总署新冠肺炎疫情防控工作要求，坚持“外防输入、内防反弹”总策略，严格落实“守住关口、人物同防、进出同管”防控要求，毫不放松抓好口岸常态化疫情防控，持之以恒做好安全防护工作，认真落实联防联控机制，加强组织领导，强化风险分析研判，动态调整防控策略，切实筑牢口岸检疫防线，把好入境关，全力以赴为海南经济社会发展和自贸港建设保驾护航。

一、持之以恒做好口岸新冠肺炎疫情防控

一是持续做好境外新冠肺炎疫情防控措施和输入风险研判工作。2021年1月，海口海关组建境外新冠肺炎疫情风险评估工作小组。一方面，针对与海南通航密切的韩国、俄罗斯、新加坡、越南等高风险国家进行风险评估，通过与地方卫生健康等部门、航空（港务）公司沟通及收集相关国家疫情形势和防控政策变化情况，对有关传染病疫情发生特点、防控策略、相关风险以及疫情相关信息进行分析与探讨，预判可能对海南口岸带来的风险及提出针对性建议，全年共形成337份《海口海关全球疫情监测信息》以指导口岸动态调整工作重点和防控措施；另一方面，按海关总署要求对港澳台地区新冠肺炎疫情基本数据及趋势分析、疫情防控基本情况、疫情防控相关策略、疫情特点、解封进展情况等研判评估，全年共形成365份《港澳台地区疫情风险研判》信息上报海关总署，供决策参考。

二是严格人员卫生检疫。加强风险分析研判，发布688份疫情防控日报、318期与海南通航国家疫情研判信息，动态调整防控重点和措施，提升口岸疫情防控措施的针对性、有效性和前瞻性。坚持抓重点，把管住海口、三亚两个机场、洋浦港等重点口岸作为重中之重，严格“三查三排一转运”（“三查”即百分之百的健康申报查验、体温监测筛查和医学巡查；“三排”即对“三查”发现的有症状，来自疫情严重的国家，或者接触过确诊病例的人

员，严格实施流行病学排查，医学排查和实验室检测排查；“一转运”即对“三排”确定的确诊病例、疑似病例、有症状人员和密切接触者这四类人员一律按照有关联防联控机制落实转运等防控措施）、“7个100%”（所有入境人员100%健康申报核验、100%两次体温监测、100%医学巡查、100%流行病学调查、100%医学排查、100%采样核酸检测、所有入境人员100%移交地方联防联控机制）等检疫措施。因国际航线暂停，全年检疫查验出入境交通工具5,467架（艘）次、人员82,272人次，同比减少20.44%和78.20%。妥善处置一起巴拿马籍货轮新冠肺炎疫情聚集性感染事件，得到国务院联防联控机制指导组的充分肯定。完成1架次94人次的国家包机入境检疫任务，做好3艘工程船753名外籍船员参与重点油气项目建设的入境检疫监管，有力支持复工复产。

空港方面，2021年，海南空港口岸检疫出入境人员6,127人次，同比减少97.80%，查验出入境飞机635架次（主要为货机），占关区业务量11.60%，同比减少71.24%。2021年1—2月，空港口岸出入境飞机仅24架次，4月海口海关所属海口美兰机场恢复货运航班后，平均每月出入境货机恢复至60余架次，主要通航国家为俄罗斯、新加坡、法国、澳大利亚等。

海港方面，2021年，海南省的海口港、三亚港、八所港、洋浦港、文昌清澜港、马村港6个海港口岸检疫出入境人员76,145人次，同比减少22.37%，查验出入境船舶4,832艘次，同比略增3.60%。其中海南洋浦口岸查验出入境船舶4,040艘次，占比达83.60%，其主要通航国家或地区依次为越南、中国香港、新加坡、印度尼西亚、马来西亚等。其次分别是海南马村港（357艘次）、海南八所港（243艘次）、海南三亚港（111艘次）、海南海口港（50艘次）、海南文昌港（31艘次）。

▲2021年4月21日，海口海关所属海口港海关关员开展钻井平台登临检查

三是严格进口货物防控。坚持“人物同防”，严格按照风险布控指令，科学实施进口冷链食品、高风险非冷链集装箱货物口岸环节新冠病毒检测和预防性消毒等工作。针对进口货物风险情况，在做好海关工作人员安全防护工作同时，督促企业严格做好消毒工作，进口货物尤其是进口冷链食品、高风险非冷链集装箱货物监管现场海关要严格按照布控指令做好采样和消毒工作，从严就高做好安全防护，规定动作必须100%做到位。2021年，对进口冷链食品、高风险非冷链集装箱货物、空集装器实施新冠病毒核酸检测815批，采样共29,596个，检测结果均为阴性，全部实施口岸环节预防性消毒。

四是狠抓安全防护。组建直属关、隶属关两级“挑毛病”专家组及内部防控流调队伍，以“四不两直”（不发通知、不打招呼、不听汇报、不用陪同和接待、直奔基层、直插现场）要求通过现场跟班作业、调取视频监控、执法记录仪、查阅原始记录等方式强化自查督查，共下发通报14期，通报了179项问题点，切实督促疫情防控和安全防护要求落实到位。从严从细抓好海关检疫监管人员安全防护工作，建立“培训考核、监督管理、自查督查”三位一体安全防护体系，实施“岗前检查、工作巡查、全程督查”“双人作业、互相监督”安全防护监督制度；严格海关工作人员的封闭管理，强化风险管控，严格落实封闭管理“五件套”和“六个不”工作要求，关区2021年累计实施14天在岗集中封闭管理342人次、7天离岗集中封闭和7天居家健康监测316人次、接受心理援助190人次。五是加强对封闭工作人员的关心关爱。加强对节假日期间处于封闭管理一线人员的关心关爱，特别是针对洋浦港节假日期间船舶检疫业务量大的特点，及时调配专业人员支援，做好封闭管理工作人员的心理疏导、关爱慰问工作，及时解决家庭和生活困难，让封闭管理的同志感受到组织的温暖，心无牵挂做好新冠肺炎疫情防控工作。

五是规范消毒处理工作。强化入境客运航空器终末消毒监督，对发现“四类人”及时进行终末消毒即决布控，规范开展检疫工作。加强与地方政府部门的联防联控机制沟通，主动向交通工具运营者宣传终末消毒的要求，确保国务院终末消毒效果评价落实落地。要求充分认识到消毒是阻断疫情传播最有效的手段，各隶属海关在口岸消毒监督工作中，严格按照国务院联防联控机制、海关总署的要求，督促交通工具运营者、货主落实主体责任，督促其负责确定实施单位和评价单位并监督落实现场消毒和评价工作。该关剥离所属企业消杀业务后，及时考核核准5家企业检疫处理资质，保障口岸疫情防控消毒所需。强化消毒处理方案以及消毒药械使用浓度、范围、方法、作业时间等事项监督，监督交通工具运营者和货主做好消毒效果评价，确保消毒处理责任到位、防护到位、实施到位、效果到位。

六是持续提升口岸新冠肺炎疫情防控能力。有序推动“口岸应对重大疫情卫生检疫基础设施”项目组织实施，海口美兰国际机场等八个口岸完成负压采样室和生物安全二级传染病快速检测室建设约400平方米，配备卫生检疫设备138台（套），口岸应急处置能力有效提升。不断优化“三级梯队”建设，持续加强专业技能培训和应急演练，以演促练、以练促改，组建349人的疫情防控三级梯队和211人的疫情防控骨干队伍，组织开展覆盖航空器、船舶、进口冷链食品和高非冷进口货物检疫“四项业务”全流程的实操演练培训考核。依托海南医科院校的教研资源，组织2期针对关区新冠肺炎疫情防控非医学背景人员共107人的专业培训。2021年，海口海关开展新冠肺炎疫情防控实操演练和培训23次，参训人员达3,450人次，强化关员业务能力，提升突发事件应急处置能力，持续提升疫情防控一线关员实操技能。建立全关“一盘棋”人力支援机制，全年共26批72人次对6个单位进行新冠肺炎疫情防控支援，为打赢疫情防控“阻击战”和安全防护“攻坚战”提供有力保证。统筹调配人力资源，优化新冠肺炎疫情防控支援机制，进一步降低轮班频次，为封闭管理人员减压减负。主动协调地方政府，争取人员支援和经费支持，不断完善口岸卫生检疫设施设备，为国际航线复航和保障涉外重大活动做好准备。保持疫情防控应急指挥体系高效运转，平战结合，不断完善应急预案，组织开展多种场景的应急演练和桌面推演，不断提升应急处置能力。

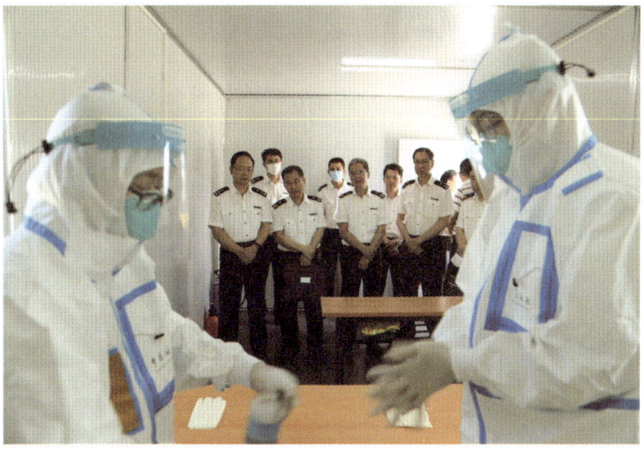

▲2021年7月9日，海口海关关长施宗伟到洋浦国际集装箱码头实地检查卫生检疫人员个人防护和防护服穿脱场所设置情况

七是不断完善联防联控机制。作为海南省新冠肺炎疫情防控指挥部口岸小组的牵头部门，常态化派人参加省疫情防控指挥部组织的督导检查，海南省成立由海口海关牵头的口岸小组带队的指导组进驻海口美兰机场，指导机场做好整改提升工作，同时针对引水员等外单位防护不规范问题，及时向省新冠肺炎疫情防控指挥部、行业主管部门反映提醒。牵头印发了《海南省从严落实外防输入措施工作方案》，明确了海南口岸疫情防控单位每日自查、工作队每2周检查、工作组每月核查的工作机制，并按照分工积极开展每月的口岸监督检查工作，从严抓好入境人员全流程闭环管理、口岸高风险人员个人防护和闭环管理等要求落实。

二、全力服务新冠肺炎疫情内部防控

一是强化疫情内部防控制度化建设。根据海关总署要求和近期疫情防控形势，制发关于调整新冠肺炎疫情内部防控工作措施等相关文件，科学做好常态化疫情内部防控工作。

二是严格落实“日报告、零报告”制度。坚持每日对全关区36个部门单位2,300余名干部职工健康情况进行排查，并及时将排查结果报送海关总署和相关单位。

三是切实加强新冠病毒检测工作。全年累计组织开展21,289人次新冠病毒核酸检测，坚决保证关区新冠肺炎疫情防控“打胜仗、零感染”。

四是做好本土疫情的及时处置。迅速应对海口市突发疫情，针对海口市2021年8月上旬出现的零星确诊病例，第一时间开展紧急排查，并对排查出的轨迹重叠人员采取新冠病毒核酸检测、居家健康监测等管理措施，相关人员核酸检测结果均为阴性。

五是主动开展内部排查。根据各省卫健委发布的信息，对14日内相关疫情地区旅居史人员启动紧急排查20余次，严格落实有关新冠肺炎疫情防控规定要求，并及时将相关情况报告海关总署，全力打好疫情内部防控“攻坚战”。

三、严防新冠肺炎疫情叠加

一是做好多病共防工作。在做好新冠肺炎疫情防控的基础上，及时提醒和关注境外埃博拉出血热、寨卡病毒病等新发传染病及黄热病、鼠疫、疟疾、登革热等传统传染病疫情的流行扩散情况，按照海关总署部署积极做好应对准备工作。加快推进完善口岸生物安全联合防控能力建设，构建生物安全风险监测预警体系。进一步强化口岸病媒生物及输入性监测，做好疟疾、登革热等热带传染病防控，切实做好多病共防工作。

二是助力我国顺利通过消除疟疾认证。2021年5月23日，海口海关在世界卫生组织消除疟疾现场认证评估汇报会上专题介绍2010年以来海关在健康宣教、口岸检疫、病媒生物监测、联防联控机制建设、能力提升等五个方面的经验做法和成效，以及防止疟疾输入再传播所采取的措施，并对世界卫生组织专家关注的问题给予详细解答。世界卫生组织专家对海南消除疟疾工作所取得的成功表示祝贺，并对海关的报告给予“精彩”评价，认为海关在消除疟疾工作中各项措施落实到位，防控成效显著，为海南省消除疟疾工作做出了贡献。

四、积极谋划构建与自贸港建设相适应的口岸公共卫生安全风险防控体系

一是加强口岸卫生监督。按照口岸食品安全风险监测及监督抽检计划，完成口岸食品安全风险监测及监督抽检170件次，覆盖2个食品大类，14个食品细类，监督抽检现场快速检测覆盖12个快速检测项目、270件次；开展公共场所（如游泳池、住宿场所及其集中空调通风系统等）室内

空气质量和微小气候监测，同时抽检顾客用品用具卫生状况204件次；开展国境口岸生活饮用水卫生监督抽检388件次，海南国境口岸覆盖率达到100%，均未发现不合格情况。组织开展口岸病媒生物监测工作。2021年，共捕获成蚊1,023只，捕获鼠类36只，捕获蜚蠊263只，病原体检测结果均为阴性。监督消杀公司开展病媒生物消杀工作96次，有效维护海南口岸公共卫生安全。组织开展国境口岸卫生许可单位及储存场地“双随机、一公开”抽查工作，共开展“双随机”抽查工作11次，抽查企业61家次，进一步提高海南国境口岸卫生监督执法工作规范、公平、公正、公开。

二是不断做好海南自贸港生物安全风险防控。进一步推动完善生物安全联防联控机制建设，做好特殊物品企业需求调研，在深化海南博鳌乐城医疗先行区生物药品“先审批入仓，后核销出仓”监管创新模式的基础上，不断优化特许药械的入境检疫监管流程，推动临床急需生物类药械审批对象从患者向医疗机构转变，支持将慈善捐赠纳入特许药械范围，联合海南省有关厅局印发《进一步优化监管服务支持海南博鳌乐城国际医疗旅游先行区高质量发展若干措施》，从根本上解决了先行区临床急需药械少量进口成本过高的难题，促进特许药械安全扩大进口，让特许药械惠及更多患者，真正实现了“患者等药”向“药等患者”的转变。2021年，海口海关完成先行区临床急需生物类药械快速审批47批次，进口放行单克隆抗体药物和肿瘤检测试剂盒1,223盒（支），同比大幅增长327%和1,698%，帮助232名恶性肿瘤及其他慢性重症疾病患者接受了紧急治疗，4,277人接受了肿瘤筛查。在邮寄物口岸截获4批次未取得入境特殊物品检疫审批单的邮包，均已经按照要求做退运处理，有效保障自贸港生物安全。

三是加强海南自贸港口岸公共卫生设施建设。以海南岛封关运作项目建设为契机，加强口岸公共卫生安全信息化和设施设备建设，加快推进海南国际卫生港口创建和海南国际旅行卫生保健中心业务建设。总结固化新冠肺炎疫情防控工作经验，持续完善与海南卫生健康等多部门协作的境外疫情疫病联防联控机制，构建与海南自贸港建设相适应的口岸公共卫生体系，筑牢“境外、口岸、境内”三道检疫防线，提升口岸应对重大新发突发传染病的国门安全防控能力。

（撰稿人：刘佛民 罗 旭）

2021年海南外贸进出口概况

一、海南外贸进出口情况

据海口海关统计，2021年，海南货物贸易进出口1,475.87亿元，历史上首次突破千亿元关口，占同期全国货物贸易进出口总额的0.38%，排名全国第27位；进出口值同比增长57.64%，增速较全国快36.31个百分点，增速排名全国第3位。其中，出口332.60亿元，占同期全国货物贸易出口总额的0.15%，排名全国第27位，出口值同比增长20.06%，增速略低于全国1.16个百分点，排名全国第22位；进口1,143.27亿元，占同期全国货物贸易进口总额的0.66%，排名全国第23位，进口值同比增长73.42%，增速高于全国51.96个百分点，居全国第2位。

按美元统计，2021年海南货物贸易进出口228.58亿美元，同比增长68.24%。其中，出口51.48亿美元，同比增长27.94%；进口177.10亿美元，同比增长85.20%。

（一）进出口规模逐季扩大，单月进出口值连创新高。

2021年，海南四个季度进出口值分别为263.11亿元、324.81亿元、427.48亿元和460.47亿元，呈逐步扩大的趋势，同比分别增长30.28%、63.55%、84.66%和51.37%，增速均明显领先于同期全国水平。特别是11月、12月，全省进出口值分别达到167.18亿元和171.96亿元，连续创出历史新高。

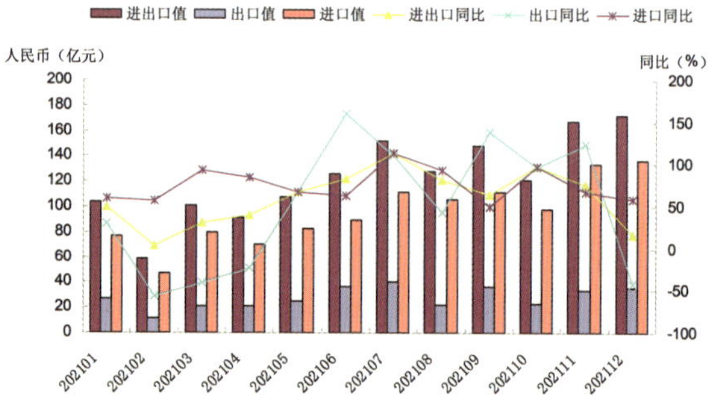

▲2021年海南省货物贸易进出口月度趋势图

（二）多数市县进出口保持增长，儋州（含洋浦，下同）、海口、三亚进出口位居前三甲。

2021年，全省有进出口记录的市县达到18个，除东方、临高、昌江下降外，其他市县均不同程度增长（详见表2-1）。其中，琼海、万宁、五指山、儋州、澄迈、白沙、乐东7个市县增速超过全省整体增速。儋州、海口、三亚进出口值位居前三，进出口分别为704.29亿元、476.04亿元和218.18亿元，同比增长104.20%、28.33%和26.85%，占同期全省进出口总值（下同）的比重分别为47.72%、32.25%和14.78%。

表2-1 2021年海南省各市县货物贸易进出口统计表

市县	进出口			出口			进口		
	货值（亿元）	同比（%）	占比（%）	货值（亿元）	同比（%）	占比（%）	货值（亿元）	同比（%）	占比（%）
合计	1,475.87	57.64	100.00	332.60	20.06	100.00	1,143.27	73.42	100.00
儋州市	704.29	104.20	47.72	168.89	27.82	50.78	535.40	151.63	46.83
海口市	476.04	28.33	32.25	110.54	0.23	33.23	365.50	40.22	31.97
三亚市	218.18	26.85	14.78	12.30	224.56	3.70	205.88	22.40	18.01
澄迈县	50.58	88.95	3.43	22.98	61.06	6.91	27.60	120.79	2.41
文昌市	6.72	13.38	0.46	5.40	3.62	1.62	1.32	84.54	0.12
定安县	5.90	33.90	0.40	5.88	33.69	1.77	0.02	159.22	0.00
东方市	5.52	-7.34	0.37	3.98	-17.77	1.20	1.54	37.98	0.13
琼海市	3.68	98.03	0.25	0.25	-6.92	0.07	3.43	115.64	0.30
万宁市	2.57	116.82	0.17	1.43	732.47	0.43	1.15	12.75	0.10
临高县	1.21	-28.29	0.08	0.31	-72.25	0.09	0.91	54.23	0.08
陵水县	0.59	53.05	0.04	0.30	-10.15	0.09	0.29	469.34	0.03
琼中县	0.23	—	0.02	0.00	—	0.00	0.23	—	0.02
乐东县	0.18	136.26	0.01	0.16	151.12	0.05	0.01	31.85	0.00
昌江县	0.15	-6.03	0.01	0.15	-4.73	0.04	0.00	-99.64	0.00
五指山市	0.03	1,328.76	0.00	0.02	1,190.97	0.01	0.00	—	0.00
白沙县	0.01	141.38	0.00	0.01	141.38	0.00	0.00	—	0.00
三沙市	0.01	—	0.00	0.00	—	0.00	0.01	—	0.00
保亭县	0.00	—	0.00	0.00	—	0.00	0.00	—	0.00

（三）有实绩企业增长过半，内资企业为外贸主体。

2021年，全省有进出口实绩的企业数量1,282家，增长63.10%。其中，民营企业进出口743.53亿元，同比增长135.38%，占比50.38%；国有企业进出口407.06亿元，同比增长29.55%，占比27.58%；外商投资企业进出口324.41亿元，同比增长6.47%（详见表2-2）。

表 2-2　2021 年海南省各类型企业货物贸易进出口统计表

企业性质	进出口			出口			进口		
	货值（亿元）	同比（%）	占比（%）	货值（亿元）	同比（%）	占比（%）	货值（亿元）	同比（%）	占比（%）
合计	1, 475. 87	57. 64	100. 00	332. 60	20. 06	100. 00	1, 143. 27	73. 42	100. 00
国有企业	407. 06	29. 55	27. 58	22. 89	107. 10	6. 88	384. 17	26. 72	33. 60
外商投资企业	324. 41	6. 47	21. 98	170. 96	6. 90	51. 40	153. 45	6. 00	13. 42
民营企业	743. 53	135. 38	50. 38	138. 69	30. 90	41. 70	604. 84	188. 11	52. 90
其他	0. 87	-40. 81	0. 06	0. 05	-32. 90	0. 02	0. 81	-41. 28	0. 07

（四）近四成是与 RCEP（《区域全面经济伙伴关系协定》）成员方贸易，对“一带一路”沿线国家和地区进出口增长四成。

2021 年，海南对 RCEP 其他成员方进出口 580. 64 亿元，同比增长 46. 70%，占比 39. 34%。其中，对东盟 10 国进出口 249. 11 亿元，同比增长 4. 96%；对澳大利亚进出口 211. 64 亿元，同比增长 239. 28%；对日本、韩国进出口分别为 77. 45 亿元和 40. 05 亿元，同比分别增长 22. 52% 和 32. 23%。同期，对欧盟进出口 215. 95 亿元，同比增长 39. 37%；对美国进出口 127. 73 亿元，同比增长 47. 69%；对“一带一路”沿线国家和地区进出口 438. 58 亿元，同比增长 39. 97%（详见表 2-3）。

表 2-3　2021 年海南省前十大货物贸易伙伴统计表

贸易伙伴	进出口			出口			进口		
	货值（亿元）	同比（%）	占比（%）	货值（亿元）	同比（%）	占比（%）	货值（亿元）	同比（%）	占比（%）
东盟	249. 11	4. 96	16. 88	87. 52	-23. 78	26. 31	161. 59	31. 88	14. 13
欧盟	215. 95	39. 37	14. 63	39. 66	80. 23	11. 93	176. 28	32. 61	15. 42
澳大利亚	211. 64	239. 28	14. 34	10. 07	-32. 57	3. 03	201. 56	324. 88	17. 63
美国	127. 73	47. 69	8. 65	32. 91	42. 34	9. 89	94. 82	49. 64	8. 29
日本	77. 45	22. 52	5. 25	4. 85	-32. 59	1. 46	72. 61	29. 59	6. 35
英国	64. 61	3. 68	4. 38	4. 85	-10. 38	1. 46	59. 76	5. 01	5. 23
中国香港	48. 17	59. 92	3. 26	30. 63	75. 42	9. 21	17. 54	38. 55	1. 53
瑞士	44. 65	47. 55	3. 03	0. 17	29. 66	0. 05	44. 48	47. 62	3. 89

表2-3 续

贸易伙伴	进出口			出口			进口		
	货值（亿元）	同比（%）	占比（%）	货值（亿元）	同比（%）	占比（%）	货值（亿元）	同比（%）	占比（%）
韩国	40.05	32.23	2.71	8.90	17.21	2.68	31.15	37.25	2.72
俄罗斯联邦	37.14	380.84	2.52	7.02	83.85	2.11	30.12	671.14	2.63

（五）机电产品出口快速增长，消费品引领进口。

2021年，海南出口成品油85.14亿元，下降7.59%，占同期全省出口总值（下同）的25.60%；机电产品出口83.44亿元，同比增长69.08%，占比25.09%；农产品出口38.27亿元，同比增长9.65%，占比11.51%；医药材及药品出口22.21亿元，同比增长388.73%；纸浆、纸及其制品14.45亿元，同比下降17.33%。进口方面，进口消费品435.41亿元，同比增长29.16%，占同期全省进口总值（下同）的38.08%。其中，美容化妆品及洗护用品进口261.92亿元，同比增长21.91%；钟表33.49亿元，同比增长40.54%；首饰31.72亿元，同比增长46.89%。同期，金属矿及矿砂进口236.24亿元，同比增长517.88%，占比20.66%；机电产品进口90.62亿元，同比增长42.05%；基本有机化学品进口80.98亿元，同比增长62.25%；煤及褐煤（俗称“煤炭”）63.86亿元，同比增长132.87%。（详见表2-4）

表2-4 2021年海南省前十大进、出口商品统计表

出口				进口			
商品	货值（亿元）	同比（%）	占比（%）	商品	货值（亿元）	同比（%）	占比（%）
成品油	85.14	-7.59	25.60	美容化妆品及洗护用品	261.92	21.91	22.91
机电产品	83.44	69.08	25.09	金属矿及矿砂	236.24	517.88	20.66
农产品	38.27	9.65	11.51	机电产品	90.62	42.05	7.93
其中：水产品	34.03	7.60	10.23	基本有机化学品	80.98	62.25	7.08
医药材及药品	22.21	388.73	6.68	煤及褐煤	63.86	132.87	5.59
纸浆、纸及其制品	14.45	-17.33	4.34	农产品	63.03	45.43	5.51
生物柴油	8.22	644.33	2.47	天然气	50.64	79.02	4.43
肥料	6.68	14.85	2.01	木片	38.55	1.37	3.37
基本有机化学品	5.72	514.30	1.72	文化产品	34.07	55.51	2.98
纺织纱线、织物及其制品	3.60	-48.49	1.08	纸浆、纸及其制品	25.65	17.37	2.24

二、海南口岸进出口情况

2021 年，海口海关报关进出口货物 1,270.73 亿元，占同期全国货物贸易进出口总额的 0.33%，在全国 42 个直属海关中排名（下同）第 34 位；进出口值同比增长 19.81%，增速较全国慢 1.51 个百分点，排名第 27 位。其中，出口 276.16 亿元，占同期全国货物贸易出口总额的 0.13%，排名第 31 位，出口值同比增长 12.61%，增速慢于全国 8.6 个百分点，排名第 37 位；进口 994.57 亿元，占同期全国货物贸易进口总额的 0.57%，排名第 30 位，进口值同比增长 21.97%，增速略快于全国 0.52 个百分点，排名第 16 位。

按美元统计，2021 年海口海关报关进出口 196.78 亿美元，同比增长 28.26%。其中，出口 42.73 亿美元，同比增长 21.05%；进口 154.05 亿美元，同比增长 30.42%。

（一）洋浦口岸进出口值占比过半，马村港海关进出口成倍增长。

2021 年，洋浦经济开发区海关和洋浦港区海关合计报关进出口 643.50 亿元，同比增长 11%，占全关区进出口总值的 50.64%；其中，出口 140.43 亿元，同比增长 5.66%，占全关区出口总值的 50.85%；进口 503.06 亿元，同比增长 12.58%，占全关区出口总值的 50.58%。同期，马村港海关（马村港和海口综合保税区合计）报关进出口 216.33 亿元，同比增长 118.50%，增速高居各隶属海关之首，占全关区进出口总值的 17.02%，进出口值在各隶属海关排名第 2 位。（详见表 2-5）

表 2-5　2021 年海口海关各隶属海关进出口统计表

隶属海关		进出口			出口			进口		
代码	名称	货值（亿元）	同比（%）	占比（%）	货值（亿元）	同比（%）	占比（%）	货值（亿元）	同比（%）	占比（%）
合计		1,270.73	19.81	100.00	276.16	12.61	100.00	994.57	21.97	100.00
6401	海口港	107.36	35.01	8.45	39.23	-1.82	14.20	68.14	72.21	6.85
6402	三亚海关	182.35	4.42	14.35	11.30	101.27	4.09	171.05	1.20	17.20
6403	八所海关	67.57	35.60	5.32	44.75	17.44	16.21	22.82	94.68	2.29
6404	洋浦区关	321.85	-5.11	25.33	120.37	4.23	43.59	201.47	-9.93	20.26
6406	文昌海关	12.61	-10.04	0.99	7.77	-33.53	2.82	4.83	108.46	0.49
6407	美兰机场	40.65	-36.36	3.20	9.23	-25.15	3.34	31.42	-39.04	3.16
6408	洋浦港	321.65	33.69	25.31	20.06	15.16	7.26	301.59	35.14	30.32
6409	海口综保	188.87	138.41	14.86	21.16	396.69	7.66	167.71	123.73	16.86
6410	马村港	27.46	38.77	2.16	2.24	531.28	0.81	25.22	29.79	2.54
6413	博鳌机场	0.36	—	0.03	0.04	—	0.02	0.32	—	0.03

（二）近七成进出口为水路运输，转关后通过公路运输进出口增速较快。

2021 年，海口海关报关进出口货物以水路运输方式进出口 866.43 亿元，同比增长 15.15%，占全关区进出口总值的 68.18%。其中，出口 206.30 亿元，同比增长 7.14%，占关区出口总值的 74.70%；进口 660.13 亿元，同比增长 17.91%，占关区进口总值 66.37%。同期，以航空运输进出口 318.44 亿元，同比增长 22.67%，占全关区进出口总值的 25.06%，主要为进口；以其他运输方式进出口 47.84 亿元，同比增长 22.52%，主要为通过管道方式供港天然气；通过转关其他直属海关后，以公路运输方式进出口 36.02 亿元，同比增长 291.00%。（详见表 2-6）

表 2-6　2021 年海口海关进出口运输方式统计表

运输方式	进出口			出口			进口		
	货值（亿元）	同比（%）	占比（%）	货值（亿元）	同比（%）	占比（%）	货值（亿元）	同比（%）	占比（%）
合计	1,270.73	19.81	100.00	276.16	12.61	100.00	994.57	21.97	100.00
水路运输	866.43	15.15	68.18	206.30	7.14	74.70	660.13	17.91	66.37
铁路运输	0.00	-100.00	0.00	0.00	-100.00	0.00	0.00	—	0.00
公路运输	36.02	291.00	2.83	11.91	3,365.64	4.31	24.11	171.85	2.42
航空运输	318.44	22.67	25.06	10.07	-23.79	3.65	308.37	25.16	31.01
邮件运输	2.00	421.24	0.16	0.05	-19.84	0.02	1.95	515.64	0.20
其他运输	47.84	22.52	3.76	47.82	22.47	17.32	0.02	—	0.00

（三）成品油为主要出口商品，进口以原油和化妆品为主。

2021 年，海口海关报关出口成品油 100.88 亿元，同比下降 1.85%，占全关区出口总值（下同）的 36.53%；机电产品出口 37.90 亿元，同比增长 61.69%，占 13.72%；农产品出口 32.31 亿元，同比下降 0.73%，占 11.70%。进口方面，进口原油 285.60 亿元，同比增长 8.69%，占同期全关区进口总值（下同）的 28.72%；美容化妆品及洗护用品 260.79 亿元，同比增长 24.48%，占 26.22%；机电产品 97.88 亿元，同比增长 59.58%，占 9.84%。（详见表 2-7）

表 2-7　2021 年海口海关前十大出、进口商品统计表

出口				进口			
商品	货值（亿元）	同比（%）	占比（%）	商品	货值（亿元）	同比（%）	占比（%）
成品油	100.88	-1.85	36.53	原油	285.60	8.69	28.72
机电产品	37.90	61.69	13.72	美容化妆品及洗护用品	260.79	24.48	26.22
农产品	32.31	-0.73	11.70	机电产品	97.88	59.58	9.84
其中：水产品	30.71	-1.45	11.12	天然气	48.61	69.44	4.89
纸浆、纸及其制品	14.03	-13.77	5.08	煤及褐煤	42.37	93.41	4.26
聚酯切片（PET）	12.73	14.07	4.61	木片	37.98	1.76	3.82
生物柴油	6.80	—	2.46	农产品	35.44	67.12	3.56
肥料	3.82	-17.02	1.38	文化产品	34.45	56.25	3.46
基本有机化学品	2.97	2,198.67	1.08	基本有机化学品	29.87	-44.03	3.00
玻璃及其制品	2.48	-12.45	0.90	成品油	18.02	-43.31	1.81

（撰稿人：林柏荣）

海口海关服务首届“消博会”工作

2020年6月，中共中央、国务院印发《海南自由贸易港建设总体方案》，提出在海南举办中国国际消费品博览会（以下简称“消博会”）。9月27日，党中央、国务院正式批准由商务部和海南省人民政府于2021年5月7—10日在海口共同举办首届消博会。海口海关强化监管、优化服务，统筹做好新冠肺炎疫情防控和促进外贸稳增长工作，切实维护国门安全，更好服务对外开放大局，为消博会的顺利开展“保驾护航”，全力保障首届消博会措施更完善、通关更便利、监管更精准、溢出效应更显著。

一、首届消博会情况简介

（一）搭建全球消费精品展示交易平台。

首届消博会聚焦“高、新、优、特”消费精品，对标国际专业会展运营规则，汇聚全球高端优质消费精品资源，力争打造成为国际消费精品全球展示交易的重要平台，既为各国消费精品进入中国市场提供展示、交易机会，也为中国各地和各国的消费精品销往世界各地创造商机。

（二）全球招展情况。

首届消博会展览总面积8万平方米，其中，国际展区6万平方米，占比75%，分为时尚生活、珠宝钻石、高端食品保健品、旅居生活和综合服务五大专业展区，参展企业648家，参展品牌1,319个，来自69个国家和地区，瑞士担任首届消博会主宾国。参展头部企业包括法国的路威酩轩（LVMH）集团、开云集团、欧莱雅、人头马、马爹利、老佛爷，瑞士的历峰集团、瑞表集团，英国的捷豹路虎，德国的汉斯游艇，日本的资生堂、芳珂、欧姆龙，美国的强生、戴尔、特斯拉，以及西班牙敖司堡、澳大利亚澳佳宝等。国内展区2万平方米，全国31个省、自治区、直辖市和新疆生产建设兵团，以及厦门、大连2个计划单列市单独组团，分别组织本地消费精品和老字号参展。参展企业超过800家，包括华为、格力、海康、一汽红旗、比亚迪、茅台、同仁堂、景泰蓝等众多国内知名品牌。

▲2021 年 5 月 7 日，海口海关副关长赵俊伦在首届中国国际消费品博览会现场接受中央电视台采访

（三）大会期间相关活动安排情况。

展会期间，除举办开幕式和全球旅游主题论坛——全球消费创新暨免税与旅游零售大会外，还举办一系列的新品发布、行业推介等形式多样的配套活动。瑞士瑞表集团、法国欧莱雅、日本资生堂、美国的泰佩思琦、强生、戴尔科技，英国的戴比尔斯、费伯奇珠宝，比利时皇家沃尔弗斯珠宝、新西兰高培、泰国美妆蜜丝婷等品牌在消博会期间发布上百款新品，涵盖服饰箱包、美妆用品、食品酒饮、珠宝钻石等几十个品类。例如，费伯奇 18K 黄金纯手工打造、重达 10 千克的“盛世百年”彩蛋全球首发展出；价值 2.5 亿元的“全球黑钻 TOP5 之一”的卡洛芙同名传奇黑钻首次亮相；爱丁顿集团迄今为止麦卡伦年份最高（高达 78 年）的威士忌系列——麦卡伦耀红系列也在消博会展示。国内展区方面，有 10 多个省区市举办本地精品发布活动，如云南省举办了消费精品老字号推介会，福建省举办了闽货精品推介会，西藏自治区举办了地球第三极品牌推介会，山东省举办了新产品、新平台发布会，广东省举办了“粤贸全国”推介会，广西举行了吉尼斯世界纪录切工钻石“十一支玫瑰 火彩王后”新品发布会，上海举办了“遇见上海”新品快闪活动等。

二、海关相关工作开展情况

（一）前期准备工作。

1. 制订保障方案。制定海口海关首届消博会通关监管服务保障方案，根据海关总署监管规定及地方实际要求，明确各成员单位职责分工，确保消博会期间通关监管和服务保障各项工作顺畅实施。

2. 成立工作专班。抽调法综、关税、卫生、动植、食商、监管等部门业务骨干组成消博会政策研究工作专班，按照职责分工分别对通关保障、关税政策、卫生检疫、动植物检疫、食品安全、商品检验等方面的政策措施进行梳理总结，配合省经发局会展处做好相关政策创新需求的制定工作。

3. 加强联系配合。加强与首届消博会主办方省经发局展会相关部门的联系沟通，了解主办方及企业需求，指导协助组委会开展《2021 年首届中国国际消费品博览会海关通关指南》编写等工作。做好相关人员培训，对内，开展中国国际消费品博览会海关相关人员培训；对外，选派干部驻点海南国际经济发展局，参与消博会前期准备工作，及时解答企业展览品通关中的实际问题，有的放矢解决通关难点。并开展消博会物流供应商及相关企业培训，就海关政策规定和办事程序进行全程指导。

4. 争取政策支持。加强与海关总署监管、动植、食品、商检等相关司局的汇报沟通，做好进境需要检疫审批的动植物及产品、特殊物品的审批工作，及时反馈消博会业务诉求，争取海关总署相关支持。

▲2021 年 5 月 7—10 日，海口海关所属海口港海关关员在首届消博会现场开展巡馆工作

（二）海关支持消博会便利措施。

1. 提前对接服务参展企业。主动对接了解参展企业进口商品通关需求及实时进展情况，对企业提供暂时进境货物的报关业务指导。开设消博会展品通关报关专用窗口，指定专人负责，采取“一批一报”的方式办理通关手续，对消博会展品及物资实现 24 小时全天候通关。消博会期间，派员驻场监管，提供相关咨询服务。

2. 支持由办展方统一提供税款担保。对消博会暂时进境的展览品，由主办方向海关提供银行保函、关税保证保险等办理税款担保，减轻境外参展企业负担。境外参展商或其委托的主场运输服务商持组委会出具的《中国国际消费品博览会进境物资证明函》和《中国国际消费品博览会进境物资清单》，免于逐票向海关提交税款担保。

3. 设置专门通道优先办理手续。在海南主要口岸为消博会设置贵宾礼遇通道、进境展览品专用通道和专用窗口，在旅检和货运通关现场明显位置放置中英文专用标识，为参展企业优先办理申报、查验、抽样、检测等海关手续，实行即查即放。指定海口港海关办理参展留购展品的免税通关手续。

4. 简化审批手续压缩审批时长。需要办理进境动植物检疫许可证的进境动植物及其产品，海关总署授权海口海关办理的，海口海关实施“即报即批”，缩短审批时限；对需要报送海关总署审批的，海口海关第一时间上报。

5. 简化展览用食品化妆品检验要求。放宽相关限制，准许消博会展览用进口食品化妆品，免于加贴中文标签和抽样检验。对展会期间少量试用、品尝、散发的，视审核和验证情况抽取样品（可展前提供）检验，并可以免于加贴中文标签。

6. 简化商品检验程序。纳入国家实行进口质量许可制度和强制性产品认证的进口产品仅用于展览的不作限制，纳入能效和水效标识管理范围的产品仅用于展览的不作限制。除法律法规另有规定的入境展品免于品质检验。

7. 简化出境手续便利展览品展后处置。消博会暂时进境展览品（ATA 单证册项下暂时进境展览品除外）在消博会结束后，结转到海关特殊监管区域和保税监管场所的（参展汽车应当转入可开展保税仓储业务的海关特殊监管区域和保税监管场所），准予核销结案。

8. 支持常年保税展示常态化。经海关注册登记的海关特殊监管区域内企业，可以将保税货物提交担保后运至区域中心外消博会常年展示馆进行展示和销售的经营活动，支持扩大展会的溢出效应。

9. 支持展会主办方引入大数据技术和应用。支持通过展会报名系统、客户管理系统等信息化管理平台对消博会参展商、展览品信息实施全流程监管服务，打造数字化、智能化、便利化、集约化的消博会全流程监管服务新模式。

（三）展后留购工作。

为支持首届中国国际消费品博览会“办出水平、办出成效”，制定出台《海口海关 2021 年首届中国国际消费品博览会通关监管服务保障方案》《中国国际消费品博览会展期内销售进口展品税收优惠政策操作指引》等，出台细化 9 项监管措施及 8 个类别展品的享受税收优惠政策的数量或金额上限，最大限度满足展商诉求。为确保参展展品享受最大政策红利，认真梳理参展企业关于展品的后续处置需求，为展品复运出境、留购销售、结转入区做好前期准备，积极延伸窗口服务，通过采取“咨询热线+政策宣讲+现场答疑”等方式，帮助和指导企业规范申报通关手续，推动“展品变商品”，不断扩大展会溢出带动效应。2021 年首届消博会，海口海关共受理可享受税收优惠政策的留购展品 25 批次、货值 207.50 万元，享惠企业 25 家，免征税款 46.20 万元。

三、海关消博会工作亮点

（一）提前谋划布局，突出政策宣传效应。

与主办方海南国际经济发展局建立沟通协作机制，互通工作推进情况以及需要海关支持事项，建立消博会通关业务咨询群，做好相关业务咨询和答疑，选派 1 名业务骨干驻点海南国际经济发展局参与消博会前期准备工作。将首届消博会知识产权保护工作列为“龙腾行动 2021”知识产权保护专项行动重点内容，构建“信息畅通、执法互助、快速维权、咨询畅通”多元化的消博会知识产权保护机制，多渠道引导参展商做好海关知识产权备案及维护工作，帮助企业增强维权意识，并通过“12360”平台畅通快速维权渠道，对接参展企业的维权需求，助力营造法治化、市场化、国际化的一流营商环境。

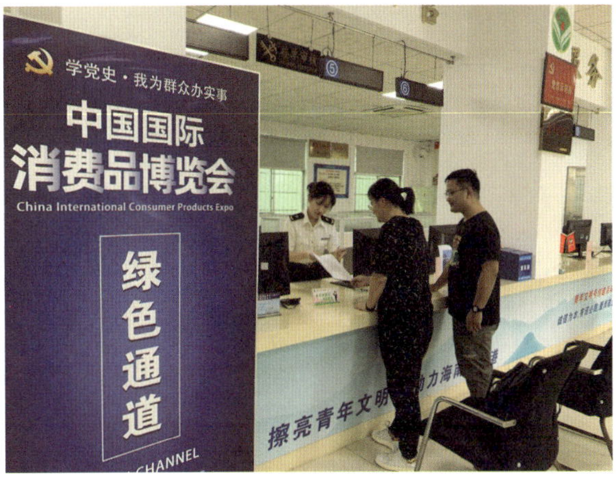

▲2021年5月消博会期间，海口海关所属海口港海关在报关大厅开设“绿色通道”服务首届消博会

（二）优化监管服务，放大便利通关效应。

紧密结合“我为群众办实事”实践活动，在通关现场设立“消博会通关绿色通道”，指定专人负责，采取“一批一报”的方式办理通关手续，对消博会展品及物资实现24小时全天候通关。在海南主要口岸为消博会设置贵宾礼遇通道、进境展览品专用通道和专用窗口，为参展企业优先办理申报、查验、抽样、检测等海关手续，实行即查即放。通过“互联网+海关”的线上窗口为参展展品的企业办理提前确认手续，让企业不用“跑腿”就可以随时灵活调整进口计划，根据实际需求进口展品。2021年首届消博会，海口关区累计办理56批次展品的参展进境通关手续，总重46.29吨，总价值约7,396万元，主要来自日本、瑞士、法国、德国。其中，暂时进境49票，总重44.30吨，总价值约6,404万元，其中1票为ATA单证册项下暂时进境展览品，其余48票均在海口港海关报关，从海南洋浦港、美兰机场等口岸以及广州白云机场、皇岗、上海浦东机场等口岸入境。保税区出区展示7票，总重1.99吨，总价值1,056万元。

（三）注重展后处置，扩大展会溢出效应。

优化展览品展后处置，进一步完善保税展示展销常态化业务，支持常年保税展示常态化，扩大展会溢出效应。经海关注册登记的海关特殊监管区域内企业，可以将保税货物提交担保后运至区域中心外消博会常年展示馆进行展示和销售经营活动。对于列入跨境电商零售进口商品清单的进境展览品，允许展后转入海关特殊监管区域开展跨境电商业务，推动“展品变商品”，不断扩大展会溢出带动效应。

（撰稿人：谢东良）

海南离岛免税政策实施情况

2011年，为加快推进海南国际旅游岛的建设发展，国务院在海南省开展离岛旅客免税购物政策（以下简称“离岛免税政策”）试点，政策实施11年来历经多次调整，享受免税购物旅客年龄从18周岁调整至16周岁，政策受众从乘飞机离岛旅客到“空、海、铁”三种方式离岛旅客全覆盖，商品种类从18种增加到45种，免税店数量增至海口、三亚、琼海三地十家，增加邮寄送达和岛内居民返岛提取提货方式，政策效应不断放大，政策红利持续释放，离岛免税已成为海南旅游消费名副其实的“金字招牌”，有力推动海南自由贸易港和国际旅游消费中心建设。

一、离岛免税政策基本情况

（一）政策实施背景。

2009年，国务院印发《国务院关于推进海南国际旅游岛建设发展的若干意见》（国发〔2009〕44号），提出充分发挥海南的区位和资源优势，建设海南国际旅游岛，打造有国际竞争力的旅游胜地。2011年，为加快推进海南国际旅游岛的建设发展，国务院决定在海南省开展离岛旅客免税购物政策（以下简称“离岛免税政策”）试点。

（二）离岛免税政策简介。

离岛免税政策是指对乘飞机、火车、轮船离岛（不包括离境）旅客实行限值、限量、限品种免进口税购物，在实施离岛免税政策的免税商店内或经批准的网上销售窗口付款，在机场、火车站、港口码头指定区域提货离岛的税收优惠政策。2021年2月2日新增离岛旅客邮寄送达、岛内居民返岛提取提货方式。离岛免税政策免税税种为关税、进口环节增值税和消费税。

（三）政策实施以来主要调整情况。

2012年11月1日，离岛免税政策首次调整，单件免税购物限额由5,000元调至8,000元，增加3种免税商品。

2015年3月20日，免税商品种类增至38种。

2016年2月1日，取消非岛内居民旅客购物次数限制，并增加“网上购物、机场提货”模式。

2017年1月15日，将免税购物对象扩大到乘坐火车离岛旅客。

2018年12月1日，每人每年购物限额增至3万元且不再区分岛内岛外居民身份限制，将免税购物对象扩大到乘坐轮船离岛旅客。

2020年6月1日，《海南自由贸易港建设总体方案》（以下简称“《总体方案》”）正式发布，提出“放宽离岛免税购物额度至每年每人10万元，扩大免税商品种类”。为落实《总体方案》要求，进一步释放政策效应，高质量建设自由贸易港，经国务院同意，财政部、海关总署、税务总局于2020年7月1日发布《关于海南离岛旅客免税购物政策的公告》（2020年第33号）。

与此前政策相比，2020年7月1日财政部牵头制发的《公告》主要调整内容包括：一是免税购物额度从每年每人3万元提高至10万元；二是离岛免税商品种类由38种增至45种；三是取消单件商品8,000元免税限额规定；四是以额度管理为主，大幅减少单次购买数量限制的商品种类；五是鼓励适度竞争，具有免税品经销资格的经营主体均可平等参与海南离岛免税经营；六是加强事中事后监管，明确参与倒卖、走私的个人、企业、离岛免税店将承担的法律责任。新政极大刺激了离岛免税快速发展，新政实施当月购物金额24.91亿元，增长228%。

2021年2月2日，为支持海南自由贸易港建设，加快建设国际旅游消费中心，进一步方便旅客购物，财政部、海关总署、税务总局联合发布《财政部海关总署税务总局关于增加海南离岛旅客免税购物提货方式的公告》（2021年第2号），对离岛免税购物增加邮寄送达和岛内居民返岛提取两种提货方式。2021年2月3日，海关总署发布2021年第13号公告，明确海南离岛旅客免税购物邮寄送达和返岛提取提货方式监管要求。

政策明确，选择邮寄送达方式提货的，收件人、支付人和购买人应为购物旅客本人，且收件地址在海南省外。岛内居民离岛前购买免税品，可选择返岛提取，返岛提取免税品时须提供本人有效身份证件和实际离岛行程信息。岛内居民包括持有海南省身份证、海南省居住证或社保卡的中国公民，以及在海南省工作生活并持有居留证的境外人士。截至2021年年底，离岛旅客邮寄送达免税品金额约34.10亿元、646.90万件、70.80万人次，岛内居民离岛寄存、返岛提取免税品金额2.63亿元、47.80万件、4万人次。

（四）2021年全岛离岛免税经营企业基本情况。

2021年全岛离岛免税商店经营主体有6个，分别为中国旅游集团中免股份有限公司、海南省免税品有限公司、全球消费精品海南（贸易）有限公司、海南旅投免税品有限公司、中国出国人员服务有限公司、深圳市国有免税商品（集团）有限公司。全岛离岛免税商店共10家，分别为海口美兰机场免税店（T1、T2航站楼店面）、海口日月广场免税店、琼海博鳌免税店、三亚国际免税城、三亚凤凰机场免税店、三亚海旅免税城、中服三亚国际免税购物公园、海发控全球精品免税城、深免观澜湖免税城。全岛离岛免税提货点5个，分别为海口美兰机场隔离区提货点、海口新海港提货点、海口火车站提货点、三亚凤凰机场提货点、琼海博鳌机场提货点。

（五）2011—2021年离岛免税十年销售变化情况。

据海关数据统计，离岛免税政策实施十年（2011—2021）来，购物金额由9.71亿元增长至495亿元，增长约50倍；购物人次由48.70万人次增长至672万人次，增长约12.80倍；销售额增速除2016年外，其他年份均超过20%，2020年达到104%，2021年增速有所放缓，达到80%。

2021年，海关监管离岛免税购物金额494.70亿元、同比增长80%，件数7,045万件、同比增长106.60%，购物旅客671.50万人次、同比增长49.80%，人均购物金额7,367.50元、同比增长20.20%。同期海南省社会消费品零售总额2,498亿元，同比增长26.50%，增速位列全国第一，离岛免税购物金额占海南省社会消费品零售总额的19.80%。

▲2011—2021年离岛免税销售额变化情况

二、海关监管工作情况

2021年，海口海关严格落实海关总署、海南省人民政府关于开展打击治理海南离岛免税“套代购”走私专项行动部署要求，严厉打击借助离岛免税政策套代购离岛免税商品的走私违法行为，保障离岛免税产业健康发展。

（一）发挥风险先导作用。

推动配合地方初步建立离岛免税商品溯源管理体系，2021年8月1日起对香化、酒水、手机3类离岛免税商品率先实施溯源码管理，2021年12月10日起实现全品类离岛免税商品加贴溯源码销售，全年累计销售加贴溯源码免税商品1,849.66万件，海关监管系统向溯源公共平台发送信息1,755.78万条。深化部门间数据共享，依托省政务信息共享交换平台实现部分外部数据共享，设置40余个“套代购”风险特征监控指标。累计报送周报、月报、专题态势分析、工作报告101篇（其中被总署相关载体采用2篇），提炼风险线索115条（涉及2.76万人次），刑事立案29宗。与中国人民银行海口中心支行签署打击海南自贸港免税商品“套代购”走私合作备忘录，推动完善各部门打击离岛免税商品“套代购”走私协作机制。

▲2021 年 2 月 3 日，海口海关所属椰城海关关员对离岛免税商品开展查验

（二）完善信息化监管手段。

升级完善海南离岛旅客免税购物海关监管系统，实现对离岛免税商品入库、出库、销售、提货等环节的全流程信息化管理。针对正面监管和专项打击需求，开发离岛免税监管系统移动应用，支持关员在一线实时查询旅客购物提货信息，实现“以货找人”和“以人找货”，为防止免税品“回流”岛内和“套代购”专项打击提供技术支持。完成离岛免税商品溯源管理体系海关端功能改造，在销售、提货、邮寄等环节充分运用支付验证、人证验核等技术管控手段，确保免税商品合规销售、依规提货。试点离岛免税商品在途智能轨迹监管，加大智能电子关锁、音视频信息设备等实际应用。通过系统控制限制违规人员三年内不得进行离岛免税购物，对高风险人员推送政策提醒短信 8,600 余条。

（三）强化重点环节管控力度。

调整完成关区免税品监管机构人员配置，保障一线监管人力资源。强化对免税商品系统备案、入出库审核、销售提货、支付验证等重点环节的监督检查，综合运用视频监控、现场巡查、便衣检查等方式加大对隔离区提货点等重点区域管控力度。以现场政策宣教劝阻、签订“不二次销售”承诺书等形式对套代购高风险旅客进行提醒劝退，及时向缉私、风控推送风险线索。协调相关单位加大对航班、轮渡离岛信息全量采集查询，精准掌握旅客实际离岛信息，依规做好异常数据核销处理。制作监管业务练兵题库，编发典型案例通报，组织开展跟班学习、行政案件快速办理程序培训，提升一线监管水平。2021 年各现场劝阻回流旅客 5,821 人，金额约 6,100 万元；对 8,370 名违规旅客限制其三年内不得购买离岛免税商品。

▲2021 年 3 月，海口海关采取送法上门、座谈交流、在执法中普法等形式开展打击离岛免税“套代购”专项普法宣传活动

（四）打击离岛免税“套代购”走私。

2021年推进“1+9”环北部湾琼州海峡反走私联合作战体系建设，前移直属缉私科办公地点至新海港，与湛江局驻海安港警务室建立24小时联络机制，联合海关总署缉私局和湛江海关缉私局成立研判专班，与湛江局交换情报线索21条，部署上线运行“离岛免税走私情报研判系统”。全年涉离岛免税“套代购”走私共刑事立案70宗，行政立案248宗，涉案案值2.66亿元，涉嫌偷逃税款约3,600余万元；打掉团伙65个，抓获涉案人员480余人，采取刑事强制措施172人，移诉33宗、77人；对38名构成犯罪的严重失信主体实施联合惩戒。全年共开展震慑式警务行动180余次，现场查问2,200余人次，责令退货货值1,355余万元。

▲2021年6月25日，海南省开展打击治理离岛免税“套代购”专项行动

（五）持续推动综合治理。

推动配合地方政府制定《海南自由贸易港免税商品溯源管理暂行办法》《海南自由贸易港免税购物失信惩戒若干规定》。强化同地方相关单位联系配合，督促港航、铁路、民航落实相应责任，强化免税企业行业管理，约谈免税企业督促其强化内部管理，规范企业经营管理秩序。持续推进政策宣传，2021年主动对接省委政法委，提供打击离岛免税“套代购”政策宣讲文本，共同制作动画宣传片、印刷宣传册；抽调业务骨干组建法制宣传专班，持续开展离岛免税政策宣传进企业、进校园、进社区、进港口码头活动，面向全省16所高校、多个社区及免税经营企业开展普法宣传100场次，参与群众3万人次；在新海港轮渡码头加贴宣传标语近百幅，在各离岛渠道开展集中政策宣传，累计发放宣传资料1万余份，营造全民参与、联合抵制的打击“套代购”走私良好氛围。

（撰稿人：孟祥鑫）

海口海关实施“三创一建”党建引领工程 全力争创模范机关

2021年，海口海关坚持政治建关，永葆海关政治机关鲜明本色，以做好“三个表率”为根本任务，以实施“机关创模范、支部创四强、工作创一流、建功自贸港”党建引领工程为重要抓手，在总关（机关）和各部门单位两级机关全面部署开展模范机关创建活动，引导党员干部为加快推进海南自贸港建设做贡献。

机关创模范：坚持以机关带基层、一级抓一级，开展模范机关建设，持续开展政治机关意识教育，发挥党委理论学习中心组示范作用，抓好青年理论学习提升工程，以创促建、以创促改，推动习近平总书记重要指示批示精神和党中央决策部署落实落地。

支部创四强：结合海南省直机关党支部标准化建设要求，在合格支部达标基础上，开展“四强”支部争创，细化32项考核指标，对党建促业务成效分档评分，将创建结果直接与支部书记年度考核和评优评先挂钩。

工作创一流：2020年该关党委提出用5年时间建设“政治坚强、业务精湛、管理高效、保障有力、队伍过硬”的新时代“一流海关”明确目标。在深化拓展2020年“管理提升年”活动成效基础上，将2021年确定为“责任强化年”，结合党史学习教育，在关区深入开展“我为群众办实事”“我为海南自由贸易港建设添砖加瓦”“查堵点、破难题、促发展”等专项行动，力争各项工作创一流。

建功自贸港：坚持党建引领，支部在前，党员先行，以“红色引擎”为原动力，做到全关“一盘棋”，引导党员在推动“零关税”三张清单等早期安排重点政策落地、实施洋浦保税港区“一线”放开“二线”管住进出口管理制度、探索自贸港海关监管制度集成创新、筑牢口岸疫情检疫防线、打击走私等重大任务中做表率、走在前。

一、旗帜鲜明讲政治，全面争创政治过硬的模范机关

一是以理论武装头脑，提高政治自觉。把学习贯彻习近平新时代中国特色社会主义思想作为首要政治任务，抓好党史学习教育，通过集中学习、现场教学、专题辅导等开展党委理论学习中心组学习25次，举办读书班6期，邀请“七一勋章”获得者王书茂现场宣讲、先进典型谈体会，前往海南省史志馆、母瑞山革命根据地纪念园等红色教育基地开展实地教学3次，关党委成员讲授专题党课20余场次。二是以学习夯实根基，坚定理想信念。推进创建“让党中央放心、让人民群众满意的模范机关”实施方案，细化正负面清单和两年一比工作机制扎实推进创建。实施青年理论学习提升工程，打造“习·思·享”“时习之”等学习品牌17个。基层党组织深入开展“8+1”学习活动2,000余场次，上党课400余场次，1个微党课入选全国海关“钉钉”教育平台必修课，代表海南省委直属机关工委勇夺省2021年党员自贸港知识竞赛第一名。三是以实践助推发展，解民忧暖人心。关党委建立重点民生项目49个，开展“三聚焦三走进”调研115余次，带动各部门单位及所属党支部建立办实事项目591个，结合“查堵点、破难题、促发展”等活动强化落实，所有项目如期办结，其中海口海关、海南省商务厅、洋浦开发区“联合攻关，破解加工增值关税优惠政策落地难”项目在“查破促”活动推进会上被海南省委书记点名表扬，洋浦驻地海关“一体化运作”助推海南自贸港建设发展等3个项目入选海关总署“‘我为群众办实事’百佳项目”。

▲2021年9月3日，海口海关召开党委理论学习中心组学习贯彻习近平总书记“七一”重要讲话精神专题读书班暨宣讲交流会，图为“七一勋章”获得者、海南省琼海市潭门镇潭门村党支部书记王书茂授课

二、强基提质抓党建，坚决筑牢堡垒坚强的模范机关

一是探索新机制。全面推行“政治生日+”主题党日等3项制度，抓好领导干部基层党建联系点制度落实，推动班子成员履行“一岗双责”，建立结对帮扶机制，推动26个党建品牌与中间后进支部联学共建，在洋浦驻地海关探索试行支部建在工作组上，实时动态调整党支部，确保支部建在科上全覆盖。开展“‘四强’支部回头看、我为支部献一策”活动，推动党支

部向“全面建强”发展。开展“亮标准、亮身份、亮承诺、比技能、比作风、比贡献”（“三亮三比”）活动，评定关区“四强”支部26个，党员示范岗20个。举办党建工作专题培训班2期。组织开展党建课题调研，荣获2021年度“海南省直机关党建优秀研究成果组织奖”，7篇论文获奖。

二是激发新活力。开展“党旗在基层一线高高飘扬”活动，激励党组织和党员创先争优，10个支部获评或复核通过全国海关基层党建示范（培育）品牌和“海南省直机关标准化党支部示范点”，1名党员获评海南省“优秀党务工作者”并在表彰大会上作经验交流，19个集体和个人受到海南省直机关“两优一先”表彰，党建创新案例荣获2021年海南省直机关“椰树杯”党建创新引领工作创优大赛第1名，党建工作综合考核以得分第1名的成绩获评2021年度海南省直机关党建工作优秀单位。三是压实硬责任。制定党委委员分管领域党建工作例会制度，建立基层党建工作预警提醒机制，对4个党支部进行预警亮牌。出台加强对“一把手”和领导班子监督措施60项，制定完善配套巡察工作制度6项，全年对15个部门单位组织开展两轮常规巡察，发现督促整改问题146个，巡察、督察（查）、审计等多方联动格局进一步形成。该关获2020—2021年海南省直机关纪检工作先进集体。

▲2021年6月22日，海口海关召开2020—2021年度“两优一先”表彰会暨关区党史学习教育专题党课，图为优秀共产党员代表云小云、优秀党务工作者代表刘微、先进基层党组织代表何斌发言

三、提升能力重实干，奋力打造担当作为的模范机关

一是心怀“国之大者”，主动担当作为。始终坚持“第一议题”制度，将旗帜

鲜明讲政治从外部要求转化为内在主动，严密筑牢口岸新冠肺炎疫情防线，2021 年成功处置“义海轮”新冠病毒阳性病例聚集性感染事件，得到国务院联防联控机制指导组的高度肯定，实现“打胜仗、零感染”的目标；推动“零关税”三张清单、加工增值货物内销等自贸港税收优惠政策顺利落地，获批全国海关第一批 APEC 区域“三智合作”早期收获项目，支持洋浦打造海南自由贸易港“样板间”的典型做法得到国务院通报表扬；3 项举措入选海南自由贸易港制度创新案例，助推海南外贸单个自然年内首次突破千亿大关，进出口总值达到 1,476.80 亿元，增长 57.70%，增速高居全国第三；承担的国家重点研发计划“生物安全关键技术研究”重点专项“全球动植物种质资源引进中转示范基地建设”项目正式启动；全年截获检疫性有害生物 15 种、62 种次，牢牢守住国门生物安全底线；成功侦办种用椰子、成品油、毒品等一批典型案件，刑事、行政案件主要指标大幅增长，3 宗案件被海关总署列为一级挂牌督办案件，罚没收入增长 4.39 倍。该关 2021 年海南省综合绩效考核优秀。二是汇聚正能量，振奋精气神。强化准军事化海关纪律部队建设，精神文明建设再上新台阶。99 分通过无烟党政机关验收考核，5 个隶属海关获评海南省文明单位，实现文明单位创建全覆盖。实施“青少儿课外学堂”志愿帮扶助力乡村振兴项目计划，2 个集体、1 个帮扶点驻村工作队和 1 名驻村第一书记获评海南省脱贫攻坚先进集体和个人。17 个集体、6 名个人获评省部级以上荣誉称号。三是搭建锻炼平台，助力青年党团员成长。成立抗疫青年突击队 11 支，青年干部每月开展“校外课堂”帮扶助力乡村振兴，探索建立 35 岁以内“青年特长库”，搭建“导师团”“轮岗培养”等平台，推动青年成为建设自贸港的主力军，参与自贸港改革攻坚专班 5 个、海关改革课题研究 88 个。开展为期 9 个月的“业务执法一线岗位技能强化行动”，选派 8 名优秀年轻干部交流锻炼，评选首届十佳执法一线科长，1 名科长获评全国海关“百名优秀执法一线科长”。

（撰稿人：黄　磊）

第三篇

政治建设

党建工作

概况

2021 年，海口海关坚持以习近平新时代中国特色社会主义思想为指导，深入学习贯彻党的十九届五中、六中全会精神，全面实施“三创一建”党建引领工程，高标准抓好党史学习教育、党的建设、宣传思想、党风廉政、乡村振兴、群团、巡视中长期整改和巡察等工作，推动各级党组织和广大党员干部在新时代“一流海关”建设和海南自贸港建设中当先锋做表率。2021 年，全关 2 个集体、1 个帮扶点驻村工作队和 1 名驻村第一书记获评海南省脱贫攻坚先进集体和个人，8 名关员被授予“2020—2021 年度省直机关优秀共产党员”称号，5 名关员被授予“2020—2021 年度省直机关优秀党务工作者”称号，6 个党支部被授予“2020—2021 年度省直机关先进基层党组织”称号。

宣传思想文化

【思想理论工作】2021 年，海口海关党委围绕学习宣传贯彻习近平总书记“七一”重要讲话等系列重要讲话精神和党的十九届六中全会精神，通过集中学习、现场教学、专题辅导等开展党委理论学习中心组学习 25 次，推动各隶属单位党委开展中心组学习 97 次，推动“习 · 思 · 享”“时习之”等 17 个青年理论学习小组组建并开展学习活动，示范带动各级党团组织持续掀起学习热潮。

【精神文明建设】2021 年，海口海关组织海口美兰机场海关等 5 个隶属海关获评海南省文明单位，博鳌机场海关获评海南省直机关“创建文明单位示范点”。2021 年，海口海关实施“青少儿课外学堂”志愿帮扶助力乡村振兴项目计划，连续 5 个月到定点帮扶村开展专题活动 5 个、辅导 14 次。2021 年，海口海关 2 个集体、3 名个人获评全国食品安全工作先进集体和个人、海南省人民满意公务员、省委“椰树杯——我参与 · 我奉献”全民大行动先进组织和先进个人。2 个集体、1 个帮扶点驻村工作队和 1 名驻村第一书记获评海南省脱贫攻坚先进集体和个人。

▲2021 年 6 月 19 日，海口海关王颖、杨浒靖 2 名同志作为海南省委直属机关工委代表参加“勇当先锋 建功自贸”海南省 2021 年党员自贸港知识竞赛决赛取得第一名

【日常纪律作风】2021 年，海口海关开展严纪律树形象以优良作风庆祝中国共产党成立 100 周年活动，推进内务规范强化月，组织队列小教员和国旗班集训，以点带面开展全员集训；创新“双随机”内务督察机制，每月随机开展实地督察，每周利用视频监控开展窗口一线纪律作风全覆盖检查，针对发现问题点名通报 2 次。99 分通过无烟机关验收考核。

党史学习教育

【搭建党史学习教育平台】2021 年，海口海关成立党史学习教育领导小组，专题宣讲、领导干部上党课、中心组学习等重点工作“一竿子插到底”，带动基层党组织深入开展“8+1”学习活动，通过专家导读、书记领读、典型讲读等掀起宣讲热潮，开展“清明祭英烈”、“五四”演讲、“七一”歌咏、党史知识竞赛、基层党组织上党课等各类活动。该关 1 个微党课入选全国海关“钉钉”教育平台必修课，代表海南省委直属机关工委获海南省 2021 年党员自贸港知识竞赛第一名。

【“我为群众办实事”实践活动】海口海关党委建立“在办公区配置自动体外除颤仪（AED）”“实施进境食品检疫‘即报即批’措施 促进海南综合保税区燕窝产业发展”“送技下乡 助力海南黎族地区文心兰产业发展”等重点民生项目 49 个，带动各部门单位及所属党支部建立办实事项目 591 个，所有项目如期完成，其中“洋浦驻地海关一体化运作”等 3 个案例入选海关总署“‘我为群众办实事’百佳项目”。

▲2021 年 6 月 16 日，海口海关开展党委理论学习中心组党史学习教育读书班第四专题学习研讨暨主题党日活动

基层组织建设

【党建制度建设】2021 年，海口海关建立党委委员分管领域党建工作例会、基层党建工作预警提醒机制、“政治生日+”主题党日 3 项制度，建立结对帮扶机制推动 26 个党建品牌与中间后进支部“结对

子”，对4个党支部进行预警亮牌；运用党建工作考核、述责述廉述党建评议考核、日常检查等方式推动制度落实。

【党支部“强基提质工程”】2021年，海口海关开展“‘四强’支部回头看、我为支部献一策”活动推动党支部全部达标，实时动态调整党支部确保支部建在科上全覆盖，评定关区“四强”支部21个，在一线执法岗位评定党员示范岗20个。

【党支部“三亮三比”活动】2021年，海口海关围绕“党旗在基层一线高高飘扬”活动，开展“三亮三比”活动，10个支部获评全国海关基层党建示范（培育）品牌和“省直机关标准化党支部示范点”，1名党员获评海南省优秀党务工作者。

党风廉政建设

【党风廉政建设主体责任】2021年，海口海关紧盯“四责协同”清单细化党委30项任务、关区全面从严治党54项重点

▲2021年12月27日，海口海关召开2021年度关区述责述廉述党建评议会

工作，党委出台加强对“一把手”和领导班子监督60项措施和深入治理违反中央八项规定精神突出问题46条具体措施。该关坚持党委会、党风廉政建设形势分析会定期研判，开展全面从严治党主体责任自查考核。

【廉政文化建设】2021年，海口海关抓实“观看警示教育片”等警示教育月“六个一”项目，组织“红色家风”主题教育、党史廉政党课，自主建立“每周+节前”廉政短信提醒平台，坚持发送3年、累计发送短信10余万人次，自主编辑海关工作人员廉政纪律手册“口袋书”，开展领导干部“党纪、政纪、法纪”教育专题培训。

群团工作

【工会工作】2021年，海口海关开展“迎新春、送春联”、“三八”节健步走、网球比赛等群众性文体活动，联系安装AED并投入使用，开通心理咨询热线，开展好对一线防疫人员关心关爱。海口海关缉私局情报技术处三科获评海南省工人先锋号。

【共青团工作】2021年，海口海关组建青年突击队、志愿服务队开展志愿帮扶，探索建立35岁以内“青年特长库”，推动“习·思·享”等17个青年理论学习小组组建并开展学习活动，搭建“导师团”“轮岗培养”等平台助力青年干部成长。琼关微语编辑原创文章100余期，其

中24期被海关总署《金钥匙》杂志采编。海口海关所属海口港海关团支部获评海南省“五四红旗团支部”，王洲文获第二十七届“海南青年五四奖章”，邝继凯、张彬彬获海南省优秀共青团员，该关3名青年代表海口海关参加第十七届“振兴杯”全国青年职业技能大赛暨海南省自贸港青年服务技能大赛外语赛获得第2名。

（撰稿人：裘孙佳）

巡视巡察

概况

2021年，海口海关党委保持巡视中长期整改与巡察监督统筹发力，持续巩固深化整改工作成效，围绕“三个聚焦”巡察重点对15个部门单位组织开展两轮常规巡察，推动6个部门单位开展巡察整改“回头看”，共制定14项长效机制；按照巡视巡察上下联动要求，总结巡视巡察共性问题，将巡视整改“回头看”任务清单纳入巡察监督重点，坚持“每月通报、季度推动”，持续压实整改责任。

▲2021年4月13日，海口海关召开2021年巡察工作部署会暨巡察干部培训会

巡视巡察工作

【巡视整改】2021年，海口海关制订巡视中长期整改方案，建立中长期整改任务清单。该关自上而下层层压紧压实整改责任，严格整改落实监督，建立整改销账机制，强化举一反三、推动建立长效机制，通过巡视中长期整改完善各项制度、方案26项，达到治标治本的效果。

【政治巡察】2021年，海口海关制定完善6项配套巡察工作制度，将巡察整改和2020年巡视中长期整改协同推进，各责任部门每月通报整改落实情况，推动中长期整改任务如期完成；全年对15个部门单位开展两轮常规巡察。2021年该关巡察覆盖率80%。

（撰稿人：裘孙佳）

纪检监察

概况

2021年，海口海关围绕海南自贸港建设、新冠肺炎疫情防控、落实全面从严治党“两个责任”等重点工作开展政治监督，聚焦民主集中制原则、选人用人、纠治违反中央八项规定精神及“四风”问题等做实日常监督；开展海关“现场监管与外勤执法权力寻租”专项整治工作，排查出问题反映集中、风险点聚集关键岗位247个和风险点394个，针对排查的风险及问题，推动修订完善制度机制、工作流程、作业指导书等112项。全年该关有24名干部职工主动向组织交代个人违规违纪问题，28名干部主动上交违纪所得；开展警示教育，深化以案促改，做好监督执纪“后半篇文章”，一体化推进“不敢腐、不能腐、不想腐”。

监督检查

【海南自贸港监督】2021年，海口海关组织开展打击离岛免税套代购工作专项监督，查处严重违纪违法行为；查处海关关员涉嫌违规购买离岛免税品以及服务群众意识不强、执行制度不力等6起违纪违法案件；监督个别隶属海关纠正离岛免税系统旅客异常数据人工核销不规范操作的问题。通过专项监督检查，推动海南口岸进口整体通关时间实现压缩45~50小时的目标。

【新冠肺炎疫情防控监督】2021年，海口海关建立健全“部门单位自查+挑毛病专家组视频检查+职能部门定期督查+派驻纪检组验证监督”的“四位一体”监督检查机制和“发现问题+问题整改+跟踪问效”的整改机制。查处1起未按布控指令要求开展登临检疫、填报虚假登临检疫结果的涉疫违纪案件；参与对洋浦经济开发区海关、海口港海关等4个隶属海关和卫生处职能处室领导班子的约谈，针对责任落实不力、制度执行不严格等99个问题各派驻纪检组制发监督建议书20份。

【落实全面从严治党主体责任监督】2021年，海口海关推动完善海口海关两级党委“第一议题”制度，组织开展党史学习教育专项监督检查，发现“我为群众办实事”项目清单与工作实际结合不够紧密等问题，立即责成整改；组织开展“一把手”和领导班子监督工作，制定加强对“一把手”和领导班子监督的任务清单。在选人用人监督工作中，该关党委纪检组形成“日常廉政摸底+健全廉政档案+开展廉政审核+会议发表意见+任职前廉政考试+任前廉政谈话”全链条闭环式工作制度，建立党员领导干部廉政档案233份，回复党风廉政意见2,972人次。

【海关“现场监管与外勤执法权力寻租”专项整治】2021年3—10月，海口海关有序开展组织部署、全面自查、实地检查和问题整改等4个阶段工作，深入各个隶属海关、14个现场监管点和12家进出口企业开展调研，走访地方纪检监察机关和缉私部门，组织981名干部职工填报个人违规事项、撰写心得体会、进行知识测试，对关区987名干部职工和97名企业人员开展“二对一”谈话，梳理形成廉政风险清单；对照问题制发4张整改清单，细化175条整改措施，推动健全完善各项业务制度和作业指导书。驻海关总署纪检监察组第七实地检查组对该关专项整治工作在驻署纪检监察组的通报中对“用好问责利器、拓展问题线索”等5个方面予以通报肯定。专项整治期间，立案8起，查处6起违纪违法案件并及时通报。

▲2021年3月15日，海口海关召开“现场监管与外勤执法权力寻租”专项整治工作动员部署会

执纪问责

【信访举报及问责】2021年，海口海关通过开展海关“现场监管与外勤执法权力寻租”专项整治、打私反腐“一案双查”、专项监督、巡察等渠道接收信访举报；立案查办相关人员涉嫌受贿放私、海关关员涉嫌违规购买离岛免税品问题以及服务群众意识不强、执行制度不力等违纪违法案件8件，给予党纪政纪处分7人次、组织处理9人次。同时，海口海关以开展海关“现场监管与外勤执法权力寻租”专项整治工作为契机，结合案件查办情况，依规依纪对海口港海关党委和该关3名党员领导干部问责。

【监督执纪“第一种形态”】2021年，海口海关制定运用监督执纪“第一种形态”实施办法，推动“一把手”和领导班子常态化运用监督执纪“第一种形态”；运用监督执纪“第一种形态”处理111人次，与2020年同期相比增长91.40%；其中开展提醒谈话28人次，约谈45人次，诫勉谈话9人次，批评教育5人次，通报21人次，书面检讨3人次。

以案促改

【制发监督建议书】2021年，海口海关综合运用会商、约谈等手段，推动职能部门和案发单位有效解决制度漏洞、监督缺失、责任空转等问题，制发监督建议书9份。针对“X”光机审图岗位关员长期固定的问题，督促隶属海关坚决落实双人执法制度、科室内部岗位随机轮换制度和考勤考核管理制度，严格落实业务现场处级领导巡视和科长带班作业制度；督促人事部门对重点敏感岗位加大干部交流力度，切实防范廉政风险。针对免税品异常数据核销不规范等问题，督促各隶属海关严格落实二级审批程序，及时开展监督检查；督促口岸监管职能部门开展风险排查，完善相关操作规程，进一步堵塞漏洞，防范执法风险和廉政风险。

【警示教育】2021年，海口海关组织召开警示教育大会，通报全国海关20起典型案例，提出以案为鉴的具体要求。组织召开教育整顿大会，举办党纪、政纪、法纪等“三纪”教育培训班，组织全关区正处级以上领导干部集体参观海南省廉政教育基地，听取办案人员以案说纪、以案说法。

▲2021年11月19日，海口海关组织参观海南省反腐倡廉警示教育基地

（撰稿人：凌　峰）

队伍管理

概况

2021年，海口海关坚持以习近平新时代中国特色社会主义思想为指导，深入践行新时代党的组织路线，在海口海关党委坚强领导下，围绕中心、服务大局，聚焦海南自贸港建设开展机构编制优化调整，做好疫情防控人力资源保障，强化部门单位领导班子和执法一线科长队伍建设，突出人才培养，做好干部监督管理和正向激励，准确把握离退休干部工作的政治属性、光荣使命和价值取向，组织引导老干部更好发挥自身优势和作用，扎实推进海口海关队伍管理工作取得成效。

干部人事管理

【机构编制优化调整】2021年，海口海关成立海南自贸港海关监管人力资源配置研究专班，优化调整2个处级机构编制和6个处级、31个科级机构职责；调整7个隶属海关免税品监管机构、职责和编制；指导推动洋浦两关实施一体化运作，优化口岸营商环境。

【疫情防控人力资源保障】2021年，海口海关研究制定落实保护疫情防控一线人员长效机制具体措施，完善349人三级梯队建设，推动搭建211人组成的口岸疫情防控骨干队伍，2021年年内统筹抽调23批64人次支援口岸疫情防控工作；优先安排157名疫情防控一线人员健康体检，并适当增加体检项目。

【干部监督】2021年，海口海关做好领导干部个人有关事项报告。人事处组织开展隶属海关2020年度“一报告两评议”，组织开展“裸官”自查，开展公职人员违规投资企业及在企业兼职和处级以上干部在

▲2021年1月27日，海口海关举办2021年领导干部报告个人有关事项集中填报培训，政治部主任褚碧波做培训动员

高校、科研院所兼职等专项排查。

【正向激励】2021年，海口海关67名干部获评专业技术任职资格并完成职级套转。开展职级公务员关衔调整和两次关衔集中调整，共调整418人次关衔，开展年度考核奖励、综合性奖励和及时奖励，共对345名个人、22个集体（296人次）予以奖励。

人才队伍建设

【人员概况】2021年，海口海关现有行政编制1,050个，事业编制178个。在编在职人员中，大学以上学历占总人数的78.60%，干部队伍平均年龄43.50岁。全年办理退休手续21人，其中干部18人、工人3人。截至2021年年底，离退休人员539人。2021年招录公务员26人，招聘事业编制人员5人，接收安置军转干部2人。

【事业单位岗位设置】2021年，海口海关完成机构改革以来事业单位首次岗位设置，设置岗位175个，其中管理岗位62个，专业技术岗位104个，工勤技能岗位9个。

【执法一线科长队伍建设】2021年，海口海关开展优秀年轻干部摸底调研，采取“单位推荐+条线评价+人事研判”形式综合分析队伍情况，按照“工作急需、专业急缺、岗位急用”原则把表现突出的优秀年轻干部优先选配到执法一线科长岗位上，执法一线科长占提任正科级领导干部总人数80%，执法一线科长配备率达94%。该关开展首届十佳执法一线科长评选活动，推荐2名执法一线科长参评“全国海关百名优秀执法一线科长”，并出台《海口海关执法一线科长行为规范（试行）》，建立执法一线科长廉政档案做到“一人一档”，涉及执法一线科长事项均前置廉政审核。

【人才培养】2021年，海口海关完成关区8个专业人员队伍情况分析，拟定年度干部选拔和晋升计划；加强优秀年轻干部培养使用，大胆使用政治坚定、能力突出、实绩明显的优秀年轻干部，选派8名优秀年轻干部交流锻炼，选派3名正处级领导干部参加专题进修班。

【职称评定】2021年，海口海关根据考核对象的工作岗位和职责进行全面考核，重点考核政治表现、工作绩效和廉洁自律情况，核实考核对象学历学位、所学专业、年度考核、奖惩及相关情况，评审通过中级职称任职资格3人，向海关总署推荐4人申报副高级职称，全部取得相关任职资格，认定中级职称任职资格6人、初级职称任职资格1人。

离退休干部管理

【“光荣在党50年”纪念章首次颁发仪式】2021年6月24日，海口海关举行“光荣在党50年”纪念章首次颁发仪式，海口海关党委书记施宗伟出席，政治部主任褚碧波主持，向45名50年以上党龄老党员颁发“光荣在党50年”纪念章。离退休干部党员表示要以获颁“光荣在党50年”纪念章老党员为标杆，把党的初心和使命铭记于心、见诸于行，争做红色基因的传承者、实践者。

【老同志红色专题活动】2021年，海口海关开展“学悟百年风雨史 颂赞海关新篇章”主题征文及访谈、“百年风华同心同唱”主题红歌微视频、“翰墨光彩颂百年——建党百年百幅书画摄影展”等活动，上报主题征文、书画摄影作品、访谈微视频和红歌视频，以相关活动为素材制作的微视频被“学习强国”海南学习平台等多家载体采用。组建老干部合唱团，参加关区组织的“七一”歌咏汇演，郑通礼谱曲的歌曲《祖国，我的母亲》被“学习强国”云南学习平台采用。童淑敏、雷家炳、袁蓉等3名老同志在关区“学史·铸魂”红色讲坛讲授党课。老干部陈泰生关于自贸港建设的建言获省长批示；组织开展老干部助力自贸港建设“线上建言献策”活动，收到“关于海南自贸港发展”

▲2021年10月8-12日，海口海关离退办组织开展“九九重阳”登门慰问活动

“关于海南自贸港海关监管信息化建设的建议”等11条建言；建立“银色人才库”，将22名老同志充实到银发智慧人才库队伍中。

【老同志关心关爱工作】2021年春节前夕，海口海关关领导带队为17名老同志送上新春祝福，并带队慰问患重大疾病老同志、生活困难老党员代表；组织在老同志集中居住小区开展3场养老资格认证专题培训，并对行动不便老同志上门进行“一对一”的帮助；协助异地居住的老同志办理异地就诊医疗费用报销等事宜；帮扶因病致困的双职工老干部，解决日常实际困难。全年解决老同志实际问题60件，开展送服务、送温暖85人次，重点帮扶困难、患病、独居等老同志96人次，发放慰问金慰问品约10万元。

【培树先进】2021年，海口海关深度挖掘老干部何家礼40年爱心助学先进事迹，何老先进事迹典型宣传稿件《一辈子的信仰，一辈子的追求》被“学习强国”、《金钥匙》、《海口日报》等多家媒体刊载，充分调动了老干部发挥独特优势和作用积极性，激发老干部老有所为正能量。

教育培训

【分级分类培训】2021年，海口海关围绕学习贯彻习近平新时代中国特色社会主义思想、贯彻党的十九届五中全会精神、新冠肺炎疫情防控、海南自由贸易港建设等主题，组织该关干部开展政治、业务和执法训练，全年关区自主办班64期，其中举办新录用公务员初任培训1期、任职培训1期、处级干部专题培训3期、业务专题培训30期、其他培训29期，培训干部7,807人次，综合保障6,771人次参加总署及地方89期各类班次，协调参加海关总署12期“海关e课堂”专题培训，不断提升干部队伍综合能力素质，为“一流海关”和海南自贸港建设提供有力保证。

▲2021年8月10日，海口海关教育处首次运用“钉钉”远程视频组织关区2021年新录用公务员队列训练教学

【技能强化行动】2021年，海口海关组织开展业务执法一线岗位技能强化行动，对关税、卫生检疫、口岸监管等10个业务条线的税收征管、卫生监督、免税品监管等25项核心项目全覆盖开展理论知识和实操技能的培训及考核，该关业务执法一线岗位干部全员参训，共计634人次；参训人员依托“钉钉”平台自主开展“学、练、考”，并将培训课堂延伸到业务现场、查验平台，做到互教互学、工中寓学。该处会同关税处、卫生处等9个职能部门和海口海关风险防控分局根据应知应会知识测试、实操考核成绩、所在部门单位推荐意见、本业务领域工作业绩等情况，评选出“海口海关业务执法一线岗位技能强化标兵”“海口海关业务执法一线岗位技能强化多面手”和“海口海关业务执法一线岗位技能强化优秀科室”各10个，形成先进典型示范效应。

【师徒带教】2021年，海口海关组织开展新录用公务员“师徒带教”工作，制定《海口海关师徒带教工作管理办法》，根据新录用公务员专业、特长、岗位等特点指定主教老师、辅教老师，从政治思想、工作纪律、专业知识、业务技能及工作生活经验等方面进行一对一、多对一的“传帮带”。2021年该部门共为50名新录用公务员指定50名主教老师、54名辅教老师，累计形成24张岗位学习清单、193张工作任务清单、47张问题处置清单，新录用公务员在疫情防控、自贸港建设、党团建设等领域中发挥生力军作用。

（撰稿人：王　菲　方其阳　刘婷婷
杜婉婧　赵建业　韩　剑
裴剑楠）

第四篇

业务建设

法治建设

概况

2021 年，海口海关加强党委对法治建设的领导，推动各部门单位落实法治建设第一责任人职责，配合完善《海关法》《海南自由贸易港法》法律规范体系建设，健全关区法制和知识产权业务工作规范，细化落实行政许可制度改革，编制海南自由贸易港海关特色权责清单，推进行政复议应诉案件稳妥处置和“以案促改”，部署并实施关区“八五”法治宣传工作，推动关区知识产权海关保护工作效能提升，为推进海南自由贸易港建设提供法治服务和保障。

法规管理

【配合海关总署工作】2021 年，海口海关结合海南自由贸易港建设实际研究报送《海关法》修订立法建议 2 条，就《中华人民共和国海关进出口货物商品归类管理规定》《中华人民共和国海关办理行政处罚案件程序规定》《中华人民共和国海关对综合保税区管理办法》《中华人民共和国海关企业信用管理办法》等 6 部规章研究提出修订意见并得到部分采纳。全年配合海关总署政法司做好海南自由贸易港调法调规事项梳理、打击海南离岛免税“套代购”失信联合惩戒情形研究等工作，助推海关总署相关指导意见出台实施。

【参与海南自由贸易港法规立法】2021 年，海口海关在海关总署政法司指导下参与海南自由贸易港法规立法工作，两轮次对《中华人民共和国海南自由贸易港法》研究提出 20 余条修改意见，先后对 10 余部自由贸易港法规研究反馈立法意见，为其颁布实施贡献了海关智慧；牵头

▲2021 年 7 月 10 日，海口海关举办 2021 年第一期“法治讲堂”暨《海南自由贸易港法》专题讲座

参与《海南省反走私条例》《海南自由贸易港免税购物失信惩戒若干规定》《海南自由贸易港知识产权保护条例》等10余部海南自贸港地方立法工作，既立足自贸港发展大局积极建言献策，又着眼海关事权属性坚决捍卫海关权益。

【完善关区规范性文件管理】2021年，海口海关向海关总署审核报备海口海关规范性文件2份，审核报备通过率为100%。开展关区业务规范性文件的“立、改、废”工作，涉及规范性文件80份，上线应用“海口海关规范性文件查询系统”，实现关区行政执法类规范性文件网上查询、动态管理。

复议应诉

【行政复议应诉案件处置】2021年，海口海关办理行政复议、行政诉讼案件5宗，其中作为复议机关办理行政复议案件2宗，分别以复议调解、申请人撤回复议申请结案；办理行政诉讼案件3宗，分别终审胜诉、一审环节胜诉、原告撤回起诉，行政应诉案件保持“零败诉”。

【“以案促改”规范行政执法】2021年，海口海关就行政复议、行政应诉案件办理过程中暴露出的监管执法问题，通过举办专题培训以案说法、开展旁听庭审、编发复议意见书和案件通报等方式，督促该关所属海口港海关、三亚海关进行整改完善，从源头防控行政复议应诉风险，推动海航集团破产重整税收债权法律保障、离岛免税3年限制措施内部机制建设、“中创联号”租赁进口游艇历史遗留问题等7项法律疑难问题解决；落实行政执法“三项制度”部署，及时完成行政执法事前事中事后公开、执法证件清理、执法统计年报报送等工作。

【公职律师培养使用】2021年，海口海关根据海关总署部署推动落实关区法规条线法规专家制度，探索建立以海关内部法律顾问为主体、外部法律顾问为补充的法律顾问团队，探索建立法规专家资源及公职律师统筹使用和管理机制。2021年，海口海关完成8名公职律师“以干代训”专项轮值工作，发挥公职律师在规范性文件法律审核、法治宣传等工作中的专长作用；完成公职律师年度考核，评选2021年度海口海关优秀公职律师2名，向海关总署推荐参评全国海关优秀公职律师1名。

法制协调和法治宣传

【法治海关制度建设】2021年，海口海关进一步推进法治海关建设，从完善关区审委会、行政复议应诉、知识产权执法等7项制度规范对法治建设工作进行部署；细化法治建设考核指标和标准，推动各部门单位落实法治建设第一责任人责任。全年制定完善《海口海关案件审理委员会工作规程》《海口海关行政应诉工作规程》《海口海关行政复议工作规程》等制度规范7项。

【权责清单编制和行政许可事项改革】2021年，海口海关作为海关总署权责清单编制试点单位，完成海南自由贸易港海关特色权责清单编制第一阶段工作任务，梳理特色权责事项31项。落实国务院“证照分离”改革部署，推动取消行政许可事项4项、实施告知承诺制1项、优化审批服务10项。

【“八五”法治宣传工作】2021年，海口海关成立以主要负责人为组长的第八个五年普法依法行政工作领导小组，细化部署法治宣传教育工作。全年通过党委理论学习中心组（扩大）学习会暨法治讲堂等形式开展学法活动近20次，在“4·15”“8·8”“12·4”等海关重要普法时间节点开展法治宣传活动近20次；举办海关政策巡回宣讲活动，活动覆盖10个重点市县、11个重点园区、600余家重点企业。2021年12月，法规和综合业务处被中宣部、司法部、全国普法办评为“2016—2020年全国普法工作先进单位”。

▲2021年7月30日，海口海关开展法治宣传进乡村活动

知识产权海关保护

【健全知识产权海关保护工作制度】2021年，海口海关印发《海口海关知识产权保护工作指引（试行）》，构建以“职能指导+精准布控+现场拦截”为重点的关区知识产权工作体系，探索与海南省市场监督管理局、海南省知识产权法院等省内知识产权主管部门建立执法合作机制，积极探索知识产权保护的新模式、新途径，对标国际高水平海关知识产权边境保护规则，引导外贸企业主动运用知识产权保护手段赢得国际竞争优势，不断凝聚海南自由贸易港尊重、保护知识产权的社会共识。

【知识产权海关保护专项行动】2021年，海口海关组织开展“龙腾行动2021”“蓝网行动”等专项行动，查获侵权案件40余宗、侵权商品1,900余件，案值250余万元，较2020年分别增长11倍、51倍和88倍。海口海关服务海南首届消博会，

▲2021年12月4日，海口海关多部门开展宪法宣传周活动

推动该会将相关标识、吉祥物涉及的知识产权在海关总署备案，有力提升了对海南口岸进出境侵权行为的打击力度。

【知识产权海关保护普法宣传】 2021年，海口海关开展“国家知识产权周”活动，以“线上+线下”方式举办执法能力培训5次、跟班轮训2期，310余人参训。2021年4—10月，海口海关组织开展海南自由贸易港知识产权海关保护专题宣讲，引导海南企业重视知识产权备案，宣讲活动覆盖2,000余人次。2021年6月，法规和综合业务处赴海南师范大学开展“知识产权进校园”活动。

【知识产权海关保护理论研究和立法工作】 2021年，海口海关参与《海南自由贸易港知识产权保护条例》立法，先后10余轮次研提意见并获采纳。法规和综合业务处开展“海南自由贸易港海关知识产权保护课题”研究，参与海南知识产权特区及“全球动植物种质资源引进中转基地”涉及海关边境保护事宜的研究，承担署级、关级课题2项，办理政协提案1宗。

（撰稿人：孟　捷　张　健）

业务改革与发展

概况

2021年，海口海关落实海关总署关于通关业务改革各项工作部署，推动将“船边直提、抵港直装”改革由洋浦港口岸成功推广至海口港口岸，推进“两步申报”“两段准入”等海关通关改革，实现海南全岛“两步申报”口岸、商品、业务流程全覆盖，进一步简化进出口环节监管证件，实现进出口环节精简率达52.33%，提升通关便利化水平。

业务改革协调

【持续推进两步申报】2021年，海口海关持续推进落实“两步申报”通关改革，引导企业用好用足“两步申报”“提前申报”等便利化措施，实行24小时预约通关服务，推广使用电子支付，简化进口申报流程，降低企业进口成本，不断释放政策红利。全年“两步申报”单量为2,282票，占可采用两步申报单数的9.87%。

【启动两段准入试点】2021年11月，海口海关在所属海口美兰机场海关启动实施“两段准入”空运试点，实施离岛免税进口食品化妆品特定附条件放行、两步申报、两段准入等创新监管措施，优化工作流程，切实缩短进口商品的检验周期，实现通关零等待，确保企业进口的商品能及时上架销售。同月，在其余全部隶属海关启动实施“两段准入”信息化监管试点。

【推广应用H2018系统3.0版】2021年1月，海口海关推广应用H2018系统3.0版，在所属洋浦经济开发区海关、洋浦港海关、马村港海关试点切换应用H2018系统3.0版；2021年2月起在海口美兰机场海关、海口港海关、椰城海关、三亚海关、博鳌机场海关、文昌海关切换应用；2021年全年系统切换总体运行平稳。

通关运行管理

【压缩海南口岸整体通关时间】2021年，海口海关做好压缩海南口岸整体通关时间相关工作，成立压缩整体通关时间专项工作组，建立工作机制，9—11月开展为期3个月的专项行动，通过开展清除存量、整改提升、巩固优化、总结评估等4个阶段工作，持续优化口岸营商环境。根据国口办公布数据，海南口岸2021年进、出口整体通关时间分别为44.52、1.47小时，分别排在全国各直属海关的第31、第30位，与2017年相比分别压缩64.93%、98.64%；与2020年相比，分别压缩19.26%（减少10.62小时）、18.78%（减少0.34小时），顺利完成优化口岸营商环境促进跨境贸易便利化工作方案确定的“到2021年年底，整体通关时间比2017年压缩一半”任务，达到2021年优化海南口岸营商环境行动计划确定的“2021年进口通关时间压缩至45~50小时”“2021—2025期间，出口整体通关时间保持在1~2小时”的工作目标。

▲2021年3月19日，海口海关所属文昌海关工作人员办理海南自贸港首票“零关税”自用生产设备通关手续

【报关单运行监控】2021年，海口海关做好报关单日常运行监控工作对接，每日利用报关单运行监控平台、HLS2017、“云擎”等信息系统，对关区报关单业务总体运行情况、超3天未处置、放行后长时间未结关等报关单进行动态监控。同时该关制定《“五未”报关单监控操作指引》，督促指导现场海关做好每日“已进境未申报、已布控未查验、已申报未接单、已接单未放行、已放行未结关”报关单监控，做到异常情况早发现、早处置。

禁限管理与技术规范

【禁限管理工作】2021年，海口海关参与海南自由贸易港禁止、限制进出口货物、物品政策研究，推动商务部等六部委《关于在海南自由贸易港试点放宽进出口货物管理措施的通知》出台；对濒危物种禁限管理工作进行实地调研，形成《海口海关关于濒危物种禁限管理工作的调研报告》；落实国家防控劣质煤炭进口管控要求，执行海关总署指令并落实到位，引导企业合理安排指标使用进度。2021年，海口关区共进口煤炭733.91万吨，同比增长12.68%。

【技术贸易工作】2021年，海口海关积极关注国外技术性贸易措施的最新情况，及时通报境外预警及重点关注项目，收集企业出口过程中的需求及难题，落实海关总署工作要求，组织完成11个技术规范制（修）订项目申报工作。向海关总署申报的2022年项目中有10个获批复同意，其中承担7个项目、参与3个项目，涉及植物检疫、食品检验、化妆品检验3个专业，入选数量和申报入选率均创历史新高。

（撰稿人：王　强　刘　立　杨荣强　崔瑞康）

自贸区和特殊监管区域管理

概况

2021年，海口海关将支持推动海南自由贸易港建设作为关区重大政治任务，强化监管、优化服务，围绕海南特色优势产业需求开展海关监管制度集成创新，制定关区支持跨境贸易便利化的15条措施，简化进出口环节监管证件和随附单证，实现进出口环节监管证件精简率达52.3%；年内3项举措入选自贸港制度创新案例，1项获第二届“海南省改革和制度创新奖”三等奖，1项被列为商务部等20部门推进海南自贸港贸易自由便利化重要举措，包含多项创新举措的“洋浦打造海南自贸港‘样板间’”案例获国务院办公厅发文表扬。

海南自由贸易港制度创新

【出口成品油“风险评估+周期抽样+合格保证”监管创新举措】2021年2月，海口海关联合洋浦经济开发区管委会、海南省商务厅、海南省财政厅、国家外汇管理局海南分局创新推出出口成品油“风险评估+周期抽样+合格保证”监管新模式，优化合格评定流程、创新品质检验模式。该案例入选海南自贸港第十一批制度创新案例。2021年，该项创新举措为企业节省运输成本825万元，节省滞期费用约331万元；截至2021年12月，成品油总计出口407批次，累计为企业节省通关时间约610天，并为企业根据国内外成品油市场波动情况及时调整出口计划提供便利。自创新举措推出截至2021年12月，服务企业扩大出口产能104.50万吨，每月扩大出口产能9.50万吨。

▲2021年12月1日，海口海关所属洋浦经济开发区海关关员在澳斯卡粮油公司生产车间调研，确保纾困解难有实效

【保税港区物流分离监管创新】2021年7月，海口海关会同海南省委自贸港工委办、海南省商务厅（口岸办）、海南省财政厅、国家税务总局海南省税务局、国家外汇管理局海南省分局联合推出的洋浦保税港区物流分离监管创新举措入选海南自贸港第十三批制度创新案例。该项举措支持在洋浦经济开发区内对货物进出洋浦保税港区实施“点对点直转”监管，破解货物（试行危险化学品）申报入区后又需出区结转到下游企业，安全管理风险较大，运输成本较高的难题。海口海关等部门推动打造全链条闭环式联合监管机制，实施以企业为单元的监管模式，通过信息化手段实现数据实时对碰，并开展定期抽查，对涉嫌违法违规企业立即暂停参与试点资格。截至2021年12月，海口海关所属洋浦经济开发区海关支持相关企业开展对二甲苯“点对点直转”业务，共办理13.78万吨货物通关手续，助力企业降低物流费用2,200万元以上。

【境外船舶移籍“一事联办”】2021年7月，海口海关会同海南海事局、海南省交通运输厅、中国船级社海南分社、海口综合保税区管委会联合推出境外船舶移籍“一事联办”创新举措，入选海南自贸港第十三批制度创新案例。该项举措全国首创政府搭建平台、央地合作，全流程跨部门联合审批机制，在国际贸易“单一窗口”数据传输的基础上突破部门壁垒，实现了境外船舶移籍过程中海关、海事、检验、交通运输等各项政务服务由串联审批变为同步办理、并联审批，解决不同审批事项互为前置问题，快速完成船舶航运市场准入手续，最大限度减少因移籍产生的时间成本和行政成本，实现审批效率革命性提升，促进海南自由贸易港航运要素聚集。推行境外船舶移籍“一事联办”后，境外船舶移籍注册登记从完成进口、登记手续到重新投入营运，将原先100多个工作日的办理时长压缩至不超过8个工作日，效率提升逾90%。

特殊监管区域管理

【助推海关特殊监管区域发展】2021年，海口海关在原有洋浦保税港区、海口综合保税区2个海关特殊监管区域的基础上，推动海口空港综合保税区、三亚保税物流中心（B型）落地运营，填补产业体系和空间格局上的空白，助力海南省建立全方位、多层次、立体化的封关运作“试验田”布局。该关持续优化园区营商环境，支持区内企业做大做强，以制度集成创新充分挖掘海关特殊监管区域特定功能区的测试潜力，打造对外开放“样板间”。该关积极推动“一线”放开、“二线”管住进出口管理制度在海南省内3个海关特殊监管区域［（海口综合保税区、海口空港综合保税区、三亚保税物流中心（B型）］全面铺开，加工增值内销免征关税、“一线”径予放行、区内不设海关账册等政策制度全面落地，相关经验做法成功入选海南自由贸易港制度创新典型案例。2021 年，洋浦保税港区区内企业进出口贸易总额 367 亿元，同比增长 16 倍；海口综保区区内企业进出口贸易总额 280 亿元，同比增长 19%，海南省海关特殊监管区域高质量发展初具规模。

【推动海口空港综合保税区获批设立并通过验收】 2021 年 5 月 4 日，国务院正式批复海南省人民政府、海关总署，同意设立海口空港综合保税区，这是继洋浦保税港区、海口综合保税区后，海南省第三个海关特殊监管区域，也是第二个综合保税区。海口空港综合保税区位于海口市江东新区临空经济区，规划面积 0. 44 平方千米，毗邻海口美兰国际机场。结合临港区位优势和现有产业基础，海口空港综合保税区聚焦航空产业重点发展飞机维修、保税航材物流产业，兼顾发展航空租赁、航空培训，并适时拓展保税加工、跨境电商等业务。11 月 3 日，海口海关牵头会同海南省发展和改革委员会、海南省自然资源和规划厅、海南省商务厅、海南省财政厅、国家税务总局海南省税务局、海南省市场监督管理局、国家外汇管理局海南省分局等单位组成联合预验收组，对海口空港综合保税区基础和监管设施开展预验收，并签署预验收纪要。12 月 2 日，海关总署、发展改革委、财政部、自然资源部、商务部、税务总局、市场监管总局、外汇局等组成联合验收组，通过视频方式对海口空港综合保税区开展联合验收。经综合评审，联合验收组同意海口空港综合保税区通过验收。

▲2021 年 12 月 2 日，海口海关支持推动海口空港综合保税区通过验收

【推动三亚市保税物流中心（B 型）通过验收】 2021 年 9 月 23 日，海口海关牵头财政部海南监管局、国家税务总局海南省税务局和国家外汇管理局海南省分局等部门组成联合验收组，顺利验收三亚市保税物流中心（B 型）。11 月 17 日，联合验收组按程序向国家有关部委报审验收结果；11 月底，海关总署批复验收通过。三亚市保税物流中心（B 型）是具备进口保税、出口退税等多项政策功能的海关保税监管场所。该物流中心位于三亚凤凰国际机场，面积为 49, 096 平方米，主要发展进出口货物保税存储、流通性简单加工和增值服务、全球采购和国际分拨配送以及转口贸易和国际中转等业务，依托离岛免税、跨境电商等海南名片，推动发展航空物流、跨境电商、国际会展等产业，建成运营后将填补海南无保税物流中心的空白，有利于发挥三亚市跨境电子商务综合试验区、空港型国家物流枢纽承载城市等政策优势，打造我国最南端保税物流新支点。

（撰稿人：叶健仪　刘全艳　张　寅　胡　婧　符　策　蒋奕峰　戴林秀）

关税征管

概况

2021年，海口海关全力做好海南自由贸易港税收政策研究、推进、落地、评估、优化工作，推动以企业为单元的税款担保、属地纳税人管理和行邮税征管应用平台试点改革，统筹推进综合治税工作，完成税收预算安排，推进海航集团破产重整海关税款债权清偿工作顺利开展，促进关税政研成果有效转化等各项重点工作。2021年，海口海关税收入库78.19亿元，同比增长22.61%，其中关税6.55亿元，同比增长3.64%；进口环节税71.64亿元，同比增长24.70%。

“零关税”政策及加工增值政策

【海南自由贸易港加工增值货物内销税收征管政策落地实施】2021年，海口海关成立工作专班，研究制订工作方案，配合海关总署出台《海关对洋浦保税港区加工增值货物内销税收征管暂行办法》，制定《洋浦保税港区加工增值货物内销税收征管海关实施暂行办法》，推动加工增值业务系统开发建设，保障政策落地实施，并积极配合稳妥推进加工增值货物内销税收征管政策扩点扩区至海口综合保税区等试点工作。2021年7月23日，海口海关所属洋浦港海关受理放行海南澳斯卡国际粮油有限公司加工增值内销大豆油500吨，进口货值455万元，享受免征关税41万元，标志着海南自由贸易港“一线放开、二线管住”先行先试的加工增值内销税收征管政策首单落地实施。12月9日，由海南复星博毅雅医疗技术有限公司申报的加工增值内销呼吸机在该关所属马村港海关通关放行，该批货物享受4%关税税率减免，标志着加工增值内销税收征管政策正式扩大至海口综合保税区，同时也是洋浦保税港区先行先试的“一线放开、二线管住”进出口管理制度扩大试点后首项落地的政策。2021年，洋浦经济开发区管委会、海口综合保税区管委会备案鼓励类产业企业20家，开展加工增值内销业务企业3家，货值6.19亿元，免税4,986.50万元，出区内销货物主要有：三级大豆油、豆粕、四级菜籽油、菜籽磷脂、菜粕、菜籽皂脚、琥珀吊坠、正压通气治疗仪等。

▲**2021 年 7 月 12 日，海口海关出席《海关对洋浦保税港区加工增值货物内销税收征管暂行办法》政策解读和招商说明会并回答记者提问**

【海南自由贸易港原辅料“零关税”政策实现业务类型全覆盖】2021 年，海口海关主动作为，指导企业先行申请“零关税”原辅料电子账册，并做好电子账册航材商品信息备案工作；利用系统联网，对“零关税”航材从入境到装机使用，实行全过程信息化管控，对原辅料耗用全程跟踪，确保便捷通关、有效监管。2021 年 1 月 13 日，该关所属海口美兰机场海关成功受理海航航空技术有限公司申报进口的机身改装器材包、发动机油滤等“零关税”原辅料进口手续，用于澜湄航空（柬埔寨）股份有限公司的一架空客 A320-232 型飞机定检服务航材替换。这是海南自由贸易港原辅料“零关税”政策实施后首票用于维修从境外进入境内并复运出境飞机的“零关税”原辅料，标志着自 2020 年 12 月 1 日海南自由贸易港原辅料“零关税”政策落地实施以来，用于生产自用、以“两头在外”模式进行生产加工、以“两头在外”模式进行服务贸易、用于航空器船舶维修 4 种“零关税”原辅料业务类型全部落地实施。2021 年，4 家企业“零关税”进口木片、燃料煤，涉及货值 32.19 亿元，减免税款 4.37 亿元，实际享惠商品已涵盖政策支持的用于生产自用、以“两头在外”模式进行生产加工活动或进行维修服务等所有用途。

【海南自由贸易港交通工具及游艇“零关税”政策实现海陆空全覆盖】2021 年，海口海关成立推进自用生产设备、交通工具及游艇“零关税”政策实施领导小组，配合海关总署开发“海南零关税进口生产设备、交通工具平台”，完善信息化建设，研究制定配套管理制度，加强与行业主管部门联系配合，提前调配监管力量并开展业务培训、企业调研和政策宣讲工作，确保政策顺利落地实施。2021 年 1 月 29 日，由海南尼米斯实业有限公司申报进口的首票“零关税”帆船在海口海关所属三亚海关通关放行，涉及货值 550 万元，减免税款约 190 万元，标志着交通工具及游艇“零关税”政策在海南自由贸易港顺利落地。2021 年，经海南省交通运输厅等有关部门会同审核具有交通工具及游艇“零关税”进口资格企业共计 1,881 家，全年有 59 家企业“零关税”进口帆船、游艇、甲板货船、集装箱船、散货船、直升机、客车等，涉及货值 20.04 亿元，减免税款近 5.08 亿元。

【海南自由贸易港自用生产设备“零关税”政策覆盖7大领域】2021年，海口海关成立推进政策实施领导小组，设立工作专班，配合海关总署开发信息平台，研究制定配套管理制度，与行业主管部门密切配合，组织开展业务培训等工作，确保该项政策顺利落地实施。2021年3月23日，博鳌乐城国际医疗旅游先行区内企业申报进口的首票“零关税”低温理疗箱在该关所属文昌海关通关放行，涉及货值358万元，减免税款约83万元，标志着自用生产设备“零关税”政策在海南自由贸易港顺利落地实施。2021年，经海南省工业与信息化厅等有关部门会同审核具有自用生产设备“零关税”进口资格企业共计131家，全年有28家企业“零关税”进口单线循环式客运架空索道、无菌灌装机、缓存机、链式输送机等设备，涉及货值4.39亿元，减免税款近8,808.83万元，实际享惠商品已覆盖政策涉及的基础设施建设、加工制造、研发设计、检测维修、物流仓储、医疗服务、文体旅游7大领域，对推动海南自由贸易港产业聚集发挥积极作用。

税则税政

【归类服务前置】2021年，海口海关通过归类预裁定引导企业合规申报，处理涉及配额管理的商品归类预裁定，加强和海关总署税收征管局沟通，向企业宣讲政策，避免发生相关税收风险。2021年，该关制发归类预裁定决定书9份。

【税政调研】2021年，海口海关聚焦“零关税”清单、加工增值免关税及封关运作税制改革等海南自由贸易港政策开展税政研究，做好自贸港税收政策调研评估及课题研究，向海关总署提交9条税政调研建议，其中《关于对葡萄酒调整消费税的调研报告》、87034090（其他同时装有点燃往复式活塞内燃发动机及驱动电动机的载人车辆/载人车辆的成套散件）以及87035090（其他同时装有压燃式活塞内燃发动机及驱动电动机的载人车辆/载人车辆的成套散件）删除子目的建议被采纳。

【归类合规申报】2021年，海口海关扎实开展关区属地纳税人管理引导企业合规申报，动态做好自贸港税收优惠政策“一负三正”清单跟踪评估优化工作；针对关区进口化妆品、护肤品较多的现场海关开展商品归类、规范申报培训，讲解相关易错商品归类知识，明确规范申报要求，引导企业合规申报。2021年，海口海关纠正归类涉及补退税108.86万元，同比增长8.55倍，涉及主要商品296项，食品、日化消费品、航材等。

税收征管

【税款担保及改革】2021年4月23日，为确保消博会期间通关监管和服务保障各项工作顺畅，海口海关提前对接服务参展企业，支持由办展方统一提供税款担保，对消博会暂时进境的展览品，由主办方向海关提供银行保函、关税保证保险等办理税款担保，减轻境外参展企业负担。简化展览用食品化妆品检验要求。12月22日，海口海关指导中国银行海南省分行成功为海南逸盛石化有限公司办理首笔以企业为单元的税款担保，保函金额1,000万元，实现税款担保业务改革后海南省海关税款担保保函首发。

【属地纳税人管理】2021年，海口海关配合海关总署推进落实属地纳税人管理工作，结合关区特点制定《海口海关属地纳税人管理实施方案》《海口海关属地纳税人管理实施细则（试行）》《海口海关“双特”价格台账管理实施细则（试行）》，截至2021年12月底，该关已完成“30家属地企业+30家报关企业”底账填报管理工作。

【行邮税征管应用系统试点】2021年，海口海关发挥首批试点海关作用，对纳入系统应用的离岛免税统计板块开展测试，并撰写系统测试报告；根据海关总署关税司进一步扩大行邮征管应用系统试点范围的要求，落实好关区人员授权、线上培训、开通电子签章系统等试点准备工作，为试点工作圆满完成打下基础。

税收风险防控

【重大税源商品管理】2021年，海口海关加强日常跟踪管理，建立飞机及航材、游艇等租赁货物的台账管理，及时发现税收风险。2021年在处置海航破产重组案中，在原始台账基础上，研究建立“一本账”和“2+2”税款债权核查模式，即制作覆盖飞机航材租赁全流程、全口径涉税要素的《飞机/发动机/航材基础底账》，为快速全面查清海关债权底数发挥了重要作用。

【税收风险研判】海口海关发挥属地优势，结合口岸特点，定期开展税收监控，提炼税收风险防控建议，利用全国风险预警信息，结合口岸商品特点排查异常情况，组织现场开展规范申报核查，将核查发现的风险隐患“回溯性”引导企业合规申报。2021年，海口海关向海关总署税收征管局报送税收风险防控建议71条，向本关缉私、稽查部门移交线索8条。

【原产地证书智能化管理】2021年，海口海关推进原产地证书智能化、标准化、规范化，全面推广原产地证书智能化审核，实现对普惠制原产地证书、非优惠原产地证书、自贸协定原产地证书等16种证书的智能审核，证书签证质量和效率进一步提升，企业申领原产地证书更加便利。

税收减免

【落实进口税收优惠政策】2021年，海口海关落实“十四五”期间相关进口税收优惠政策，会同海南省科学技术厅等6个部门研究制定《海南省“十四五”期间享受进口税收政策社会研发机构名单核定实施办法》，配合海南省发展改革委等有关部门修订《海南省企业技术中心认定管理办法》，并以腾讯会议方式开展关区线上培训，线上参加培训人员136个，涉及企业60家。截至12月底，经海南省科学技术厅会同有关部门审核认定符合海南省“十四五”期间享受进口税收政策研发机构共60家。

（撰稿人：王　敏　许玲玲　陆一锐　郝琳琳）

卫生检疫

概况

2021年，海口海关落实新冠肺炎疫情防控工作要求，坚持“外防输入、内防反弹”总策略不动摇，筑牢“境外、口岸、境内”三道检疫防线，提升口岸应对重大新发突发传染病的国门安全防控能力。全年该关疫情防控指挥部先后召开24次疫情防控专题会议，成功应急处置一起散货船新冠病毒阳性病例聚集性感染事件，得到国务院联防联控机制指导组专家肯定。

检疫管理

【新冠肺炎疫情防控】2021年，海口海关严格落实“三查三排一转运”“7个100%”等检疫措施。该关所属海口美兰机场海关完成588架次货运包机检疫任务；所属三亚海关完成3艘重点油气项目工程船753名外籍船员的入境检疫监管；所属文昌海关做好31艘次出口鱼苗船舶入境疫情防控保障，有力支持复工复产。该关坚持“人、物、环境同防”，科学实施新冠病毒进口冷链食品、高风险非冷链集装箱货物检测和预防性消毒，2021年对进口货物及集装箱实施新冠病毒核酸检测815批，采样共29,596个，检测结果均为阴性，全部实施口岸环节预防性消毒。开展新冠肺炎疫情防控和安全防护检查，监管现场检查、“四不两直”检查、视频检查89次/单位，查发问题隐患235项次，同时定期组织“回头看”检查，形成排查整改闭环。该关发挥海南省新冠肺炎疫情防控指挥部口岸小组牵头单位作用，推动口岸城市成立口岸防控专班，推动海南省建立口岸疫情防控责任单位每日自查、工作队每两周检查、工作组每月核查的工作机制，常态化派员参加。

【安全防护】2021年，海口海关组建工作专班，对高风险岗位人员实施封闭管理，出台《海口海关新冠肺炎疫情防控安全防护管理实施细则》，严格落实“四必须”“五件套”“六个不”工作要求，落实“岗前检查、工作巡查、全程督查”、“双人作业、互相监督”等安全防护监督制度，加强封闭管理和心理关怀，建立三级专兼职安全防护监督员队伍，成立直属海关、隶属海关两级安全防护“挑毛病”专家组，健全“培训考核、监督管理、自查督查”三位一体安全防护体系。2021年，该关以各种形式开展检查79次，实施14天在岗集中封闭管理342人次、7天离岗集中封闭和7天居家健康监测316人次、接受心理援助190人次。

【防控能力提升】2021年，海口海关持续开展口岸公共卫生核心能力动态管理，在7个隶属海关、8个口岸建设负压采样室和生物安全二级要求的快检室，为海南国际旅行卫生保健中心配备移动P2+实验室，口岸应急技术支撑能力稳步提升；建立海口海关“一盘棋”人力支援机制，组建349人的新冠肺炎疫情防控三级梯队和211人的新冠肺炎疫情防控骨干队伍，组织开展覆盖航空器、船舶、进口冷链食品和进口高风险非冷链货物检疫“四项业务”全流程的实操演练培训考核。2021年，该关共组织26批72人次对6个单位进行疫情防控支援；依托海南医学院校的教研资源，组织2期107人次关区非医学背景人员开展新冠肺炎疫情防控知识培训；全年开展新冠肺炎疫情防控实操演练和培训23次，参训人员达3,450人次，疫情防控能力全面提升。

▲2021年11月15日，海口海关举办关区新冠肺炎疫情防控队伍非医学背景人员培训班

【内部防控】2021年，海口海关建立《海口海关新冠肺炎疫情内部防控“日报告”台账表》，严格实行每日健康监测零报告制度和风险接触信息报告制度，同时，将共同居住人健康状况纳入干部职工每日健康监测范围；严格“绿码”上岗制，落实测温、查验健康码等防控措施，居家健康监测实行新冠病毒PCR核酸“三天两检”措施，将第三方服务人员纳入本单位管理范围，并根据排查情况形成相关台账；对疫情期间出差出行人员实行审批管理，倡导就地过节休假，非必须不出差、不出行，确保疫情防控“打胜仗、零感染”。

生物安全

【全民国家安全教育】2021年4月，海口海关以“筑牢口岸检疫防线、守护国门生物安全”为主题，在海南各口岸开展全民国家安全教育日暨《中华人民共和国生物安全法》(以下简称《生物安全法》)宣贯活动，在宣传点向进出境旅客普及法律知识，摆放宣传展板20块、发放宣传册1,000余册、防范手册300余册；开展国门生物安全进校园、进企业、进社区宣传活动，推送微信小提示、观看视频和举办

2 场次“国门生物安全知识讲座”，不断将全民国家安全教育活动引向深入，提高企业和群众知法守法意识。

▲2021 年 4 月 15 日，海口海关所属洋浦经济开发区海关关员向服务对象发放《生物安全法》资料

【支持博鳌乐城临床急需生物类药品便利化进口】2021 年 9 月，根据博鳌乐城医疗旅游先行区发展需求，海口海关在 2019 年创新实施“先审批入仓，后核销出仓”的保税仓监管模式基础上，进一步优化先行区特许药械审批监管流程，推动临床急需生物类药械审批对象从患者向医疗机构转变，支持将慈善捐赠纳入特许药械范围，联合海南省有关厅局印发《进一步优化监管服务支持海南博鳌乐城国际医疗旅游先行区高质量发展若干措施》，从根本上解决了先行区临床急需药械少量进口成本过高的难题，促进特许药械安全扩大进口，真正实现“患者等药”向“药等患者”的转变。2021 年，海口海关完成先行区临床急需生物类药械快速审批 47 批次，进口放行单克隆抗体药物和肿瘤检测试剂盒 1,223 盒（支），同比大幅增长 327% 和 1,698%，帮助 232 名恶性肿瘤及其他慢性重症疾病患者接受紧急治疗，4,277 人接受肿瘤筛查。

疾病监测

【境外新冠肺炎疫情防控措施和输入风险研判】2021 年 1 月，海口海关组建境外疫情风险评估工作小组，针对与海南通航密切的韩国、俄罗斯、新加坡、越南等高风险国家进行风险评估，预判可能对海南口岸带来的风险及提出针对性建议，全年共形成 337 份《海口海关全球疫情监测信息》，指导口岸动态调整工作重点和防控措施。按照海关总署要求，海口海关对港澳台地区疫情基本数据及趋势分析、疫情防控基本情况、疫情防控相关策略、疫情特点、解封进展情况等进行研判评估，全年向海关总署上报《港澳台地区疫情风险研判》信息 365 份，供决策参考。

【国家消除疟疾评估工作获世卫组织“精彩”评价】2021 年 5 月 23 日，海口海关在海南省消除疟疾现场认证评估汇报会上向世界卫生组织专家专题介绍 2010 年以来海口海关在疟疾健康宣教、口岸卫生检疫、病媒生物监测、联防联控机制建设、实验室和人员能力提升 5 个方面的经验做法和成效，以及在防止疟疾输入再传播工作中所采取的措施，并对世界卫生组织专家关注的问题给予详细回答。世界卫生组织专家对海南省消除疟疾工作所取得的成功表示祝贺，对海口海关的报告给予了

“精彩”评价，认为该关在消除疟疾工作中各项措施落实到位，防控成效显著，为海南省消除疟疾工作做出了贡献。6月30日，世界卫生组织（WHO）发布新闻公报称，中国正式获得世界卫生组织（WHO）消除疟疾认证。

卫生监督

【海南国境口岸食品安全监督抽检工作】2021年，海口海关落实党中央国务院关于食品安全监管的决策部署，以落实“四个最严”为根本遵循，制订食品安全监督抽检工作方案，按照监督抽检计划完成海南口岸食品安全风险监测及监督抽检170件次，覆盖2个食品大类，14个食品细类，监督抽检现场快速检测270件次，覆盖12个快速检测项目。同时以推进“双随机、一公开”为手段，组织开展国境口岸卫生许可单位及储存场地“双随机、一公开”抽查工作11次，抽查企业61家次，进一步提高海南国境口岸卫生监督执法工作规范、公平、公正、公开。

【海南国境口岸卫生监督工作】2021年，海口海关强化口岸日常卫生监督检查，严格按《食品安全法》及其实施条例和《出入境口岸食品卫生监督管理规定》，加强对口岸辖区内食品生产经营企业的食品、食品原料、食品添加剂及半成品采购、加工、贮存、运输、销售等各个环节的监督，对发现的问题及时提出整改意见，并跟踪整改落实情况；督促食品生产经营企业落实质量安全主体责任，约谈企业食品质量安全管理责任人，督促食品生产经营企业加强自律，共同抓好口岸食品安全工作；保障重大活动期间口岸卫生监督安全，健全海南口岸卫生安全监管长效机制，对各口岸辖区内的企业单位等进行“拉网式”卫生检查，及时发现问题和风险隐患，整改纠偏到位。顺利完成博鳌亚洲论坛、消博会等大型活动期间口岸食品、饮用水及环境卫生等卫生监督保障工作。

▲2021年3月10日，海口海关所属海口美兰机场海关关员开展实蝇监测工作

【海南国境口岸病媒生物和空气质量监测工作】2021年，海口海关根据海关总署发布的警示通报，及时下发病媒生物监测方案，加强媒介生物监测、控制工作，加强对口岸运营单位四害消杀工作监督。全年该关共监督其开展病媒生物消杀工作96次，捕获成蚊1,023只，捕获鼠类36只，捕获蜚蠊263只，病原体检测结果均为阴性，有效防止病媒生物及其传播的虫媒传染病经口岸传入。该关开展口岸空气质量和微小气候监测，对公共场所，如游泳池、住宿业及集中空调通风系统室内空气质量和微小气候实施监测。同时抽检顾客用品用具卫生状况 204 件次，开展国境口岸生活饮用水卫生监督抽检 388 件次，海南国境口岸覆盖率达到 100%，均未发现不合格情况。

（撰稿人：卢 江 刘佛民 张 特 罗 旭）

动植物检疫

概况

2021年，海口海关持续提升动植检业务能力，严格进出境动植物检疫监管，有效防范重大动植物疫情传入传出和外来物种入侵，切实筑牢口岸检疫防线。深化自贸港海关动植检业务改革，争取海关总署先后2次下放共5大类449个《协调制度》编码动植物及其产品检疫审批权限，全年共办理授权审批244批次，并推动全球动植物种质资源引进中转基地等重点项目落地；支持种虾进口10.80万尾，创近五年新高；积极做好进口新西兰种牛检疫监管准备；监管9,800头活猪安全供港，增长118%；保障中国从阿联酋首次引进的1,500株椰枣苗顺利落地中国热带农业科学院椰子研究所；支持洋浦澳斯卡粮油加工项目投产运营，海南首次进口油菜籽业务、首批大宗散装油料作物（大豆）成功落地，其中大豆经加工后出区内销，成为享受海南自贸港加工增值政策落地首单。

2021年，海口海关在口岸动植物检疫工作中共截获外来有害生物118种类、753种次，同比2020年（下同）分别增加11.32%和8.82%，其中截获检疫性有害生物15种类、62种次，分别增加50%和148%；自非贸渠道截获外来入侵物种50种次。

动植物疫情疫病防控

【动植物及其产品口岸检疫】2021年，海口海关以最严格措施做好非洲猪瘟、高致病性禽流感等重大动物疫情防控，登临检查来自非洲猪瘟疫区进境运输工具1,736艘（架）次，监督实施检疫处理301艘（架）次，封存猪肉及其制品102批次、重7.98吨。组织开展动物疫病监测，共采样1,738份，获得监测结果2,676个，均为阴性；开展进出口食用农产品和饲料安全风险监控，共抽样69个，获得监控结果865个，监测结果总体合格率99.90%。加强跨境电商进口宠物食品检疫监管，退运检疫证书不合格等问题商品35批次；落实国家种业振兴战略，指导企业改建种牛隔离场，海南省首批进口新西兰种牛在境外实施隔离检疫。

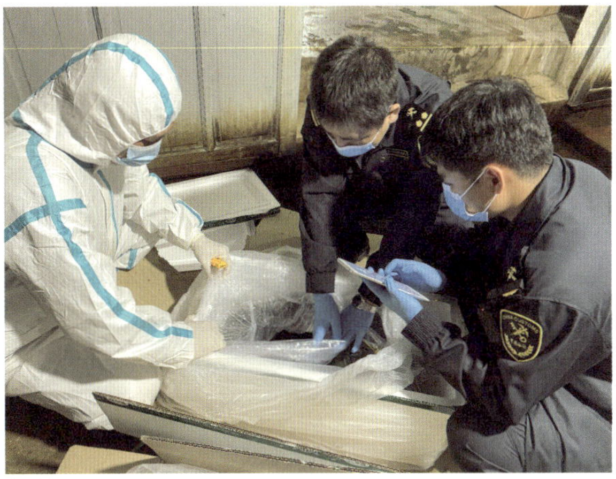

▲2021 年 4 月 29 日，海口海关所属文昌海关对进口种虾开展现场查验

2021 年，海口海关强化进出境植物检疫监管，在口岸植物检疫工作中截获检疫性有害生物 15 种类、62 种次，分别增加 50%和 148%；自非贸渠道截获外来入侵物种 50 种次；组织开展外来有害生物监测，共监测到检疫性实蝇 42 万余头。在口岸监测到各类有害生物 155 种，在口岸、加工厂、运输路线周边等区域监测到 85 种杂草和 31 种林木害虫及红火蚁等有害生物。在 5 批进境原木中检出重大检疫性有害生物，严格监管企业实施除害处理，专题向省领导及相关职能部门介绍相关情况。

动植物检疫制度建设

【全球动植物种质资源引进中转基地建设】2021 年，海口海关推动全球动植物种质资源引进中转基地建设，成立中转基地建设工作专班，在崖州湾科技城挂牌设立工作专班办公室。推动地方政府加快国家（三亚）隔检中心（一期）项目建设，实现主体结构封顶，聘请第三方专业机构提供咨询审核服务。加强中转基地生物安全保障能力核心区建设，对照设备最领先、技术最先进等要求，提出实验室仪器设备需求清单。申报“十四五”国家重点研发计划“生物安全关键技术研究”重点专项“全球动植物种质资源引进中转示范基地建设”项目通过答辩评审，申请专项经费 2,000 多万元。主动开展进口海洋哺乳动物风险分析，支持海南国际旅游消费中心建设。

▲2021 年 10 月 28 日，海口海关副关长敖必强到三亚参加海口海关崖州湾科技城工作专班办公室揭牌仪式

【承担国门生物安全重点项目】2021 年，海口海关参与海关总署承担的联合国开发计划署全球环境基金“减少外来入侵物种对中国农业生物多样性和农业生态系统威胁的综合防控体系建设项目”，制订 5 年期工作方案，向省政府专题报告获支持，协调农业农村部门、地方政府合力推进；参与全球“全健康”海南示范项目，争取规划资金，制订工作计划和项目任务

表；深入推进口岸动植检能力提升工程，获得海关总署资金支持。

【加强制度创新支持重点商品引进】 2021年，海口海关保障加工用去皮老椰子、粮食等大宗产品进口，支持海南旅游业和粮食加工产业发展。同时，海口海关牵头海南省农业农村厅、海南省林业局制定“进境植物繁殖材料隔离圃考核互认”创新制度，被列为商务部等20部门推进海南自贸港贸易自由便利化重要举措，全年共有6家苗圃享受互认便利措施；争取海关总署支持优化中转基地特许审批机制，制定监管措施和风险评估操作指南，指导4家引种单位办理特许审批；协调崖州湾科技城管理局加强特许审批引种单位管理，解决企业科研立项难题，支持上海农科公司进口德国马铃薯组培苗特许审批获海关总署批准。

（撰稿人：杨　巽）

进出口食品安全和商品检验

概况

2021年，海口海关贯彻落实习近平总书记关于食品安全“四个最严”和安全生产重要指示批示精神，压实各方责任，完善制度、强化监督，建立进口冷链食品“一线”“应急”“预备”3个梯队，做好进口冷链食品新冠肺炎疫情防控；从检疫审批、严格执行准入和监督抽检、严防疫情传入等4个方面，守住进出口食品商品质量安全底线；着力“夯基础、强队伍”，实施进境食品检疫“即报即批”措施，促进海南综合保税区燕窝产业发展。全年海南进出口食品商品未发生区域性、行业性、系统性质量安全事件。

进口食品安全监管

【进口冷链食品新冠病毒检测监管】2021年，海口海关贯彻国务院联防联控机制、海关总署和海南省联防联控机制各项部署要求，通过完善制度、加强培训、强化监督整改，提升进口冷链食品疫情防控能力；制定《海口海关从事进口冷链食品和高非冷进口商品工作人员职业暴露突发事件应急预案》《海口海关关于印发进口冷链食品和高风险非冷链进口集装箱食品商品检出新冠病毒阳性上报流程及复核确认材料清单的通知》2项基础制度；调整进口冷链食品安全监管工作人员实施“14+7+7”封闭管理措施，组建“一线”“应急”“预备”3个梯队共30人队伍。该关食商处联合监管处指导洋浦、海口港等隶属海关组织4场应急演练，开展5场进口冷链食品新冠肺炎疫情防控知识培训。通过视频监督、现场检查、督查核查等立体密集式检查手段，对发现的问题立行立改，督促一线关员严格落实海关总署各项规定，确保“打胜仗、零感染”。关区全年入境申报冷链食品134批次，实施海关新冠病毒核酸监测检测采样7批次，样品206个。预防性全面消毒监督137批次，其中海关监管20批次，地方监管117批次。

【进口食品风险监测】2021年，海口海关加强进口食品源头治理，严格审核输华食品准入资质、境外生产企业注册资质和食品进出口商备案资质。全年共实施进口食品化妆品抽样检验 2,704 批，共检出速冻鲜椰子肉、葡萄酒、哑光蜜粉等不合格进口食品化妆品 163 批次，原因为污染物超标、食品添加剂超范围使用等，全部依规作退运处理或技术整改，拒不合格产品于国门之外；制订 2021 年度进出口食品化妆品安全风险监测计划实施方案，开展肉类等进口食品化妆品安全风险监测、跨境电商零售进口食品化妆品风险监测共 12 批，织牢监管链条，防范进口食品安全风险。

【进口食品安全监督抽检】2021 年，海口海关针对进口化妆品、葡萄酒、速冻鲜椰浆等检出不合格情况，发布海口海关 2021 年进口食品化妆品检出典型案例 12 个，约谈企业责任人 3 次，向地方政府和相关协会通报辖区进出口食品安全问题 2 次，参与海南省食品安全委员会对全省各地落实有关进出口食品安全责任考核。通过检疫审批、执行准入和监督抽检等 4 个方面，防范瘦肉精超标产品输入，保障进口食品安全。对检出 1 批次的进口离岛免税某知名品牌化妆品，强化检验监管规范性和严谨性，组织开展复检，及时向海关总署进出口食品安全局报送不合格信息，促使该品牌商在其官方网站发布召回公告，在全国范围内首次召回不合格商品 4,000 余件。

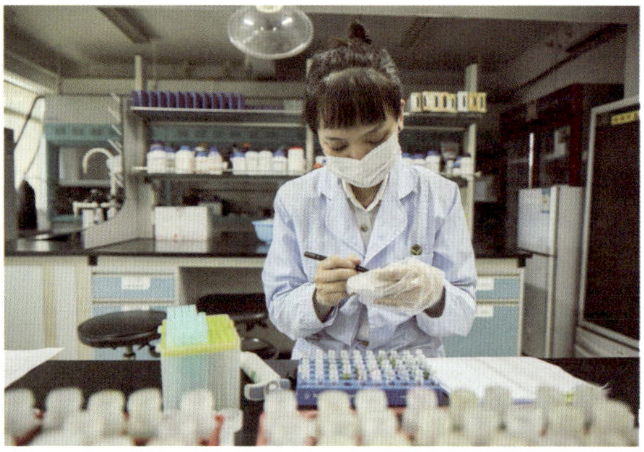

▲2021 年 9 月 8 日，海口海关技术中心工作人员对送检的蔬菜进行农药残留检测

【进口食品监管服务优化】2021 年，海口海关实施进境食品检疫“即报即批”措施，全年审核签发燕窝进境检疫审批许可证 10 份，2.58 吨，进口肉类产品检疫审批许可证 30 份，1 万余吨。帮扶企业了解我国食品安全相关法律法规，指导推动海南首次进口槟榔干、中药材蛤蚧；支持海南洋浦保税港区重点企业开展加工增值业务，出台支持海南澳斯卡国际粮油有限公司植物油检验监管便利化相关措施，帮扶企业在区内使用进口大豆等生产食用植物油，顺利出区销售，带动了一批企业在区内投资设厂。

出口食品安全监管

【出口食品风险监测】2021 年，海口海关印发《海口海关 2021 年出口动物源性食品安全风险监测和供港蔬菜专项抽样实施方案》《海口海关关于印发 2021 年度进出口食品化妆品安全风险监测计划实施方案的通知》《海口海关关于调整出口动物源性食品安全风险监测计划的通知》，完成出口食品化妆品监督抽检样品数 81 批次，出口欧盟水产品抽检样品数 837 批次，织牢监管链条，防范食品安全风险。

【境外通报核查】2021 年，海口海关按照“多查合一”作业要求，对 2 批出口水产品被国外预警开展核查，核实境外通报信息真实性，研判通报原因，查清问题根源，了解相关企业采取应急处置和改进管理措施情况，压紧压实企业主体责任。

进口商品检验

【进口商品风险预警】2021 年，海口海关制订实施方案开展 2021 年度目录外抽检工作，依托技术中心一级风险监测点优势，开展离岛免税纺织品、仿真饰品、婴幼儿产品等风险监测 50 批次，涉及品牌规格 40 个，检测项目 480 余项，指导该一级风险监测点完成化妆品、服装和仿真饰品 3 类消费品的风险分析报告上报海关总署商品检验司；针对查发退运的 1 批次无制造许可证进口无缝合金钢管压力管道，开展风险研判，提出二级布控需求，严防问题产品流入国内市场。

▲2021 年 6 月 15 日，海口海关所属三亚海关工作人员对进口服装进行检验监管

【重点敏感商品检验监管】2021 年，海口海关食商处发挥职能作用，严把产品质量关，及时指导隶属单位查发处置 1 批次进口固体废物旧锂电池 42.60 吨，处置销毁 1 批进口旧复印机夹带的压力容器，退运 1 批次进口不合格牙刷。

【危险化学品检验监管】2021 年，海口海关压紧压实关区进出口危险化学品及其包装检验监管责任，夯实隶属海关危险化学品安全生产主体责任，印发《进出口危险化学品及其包装检验监管工作指南》《海口海关关于进一步做好进口危险化学品检验监管有关工作的通知》《食商处关于进一步压紧压实进出口危险化学品和危险货物检验监管责任的通知》3 个文件。该关组织关区 50 人参加海关总署两期岗位资质培训考核，新增获得岗位资质 25 人，有效充实关区一线执法力量。

出口商品检验

【出口商品检验制度创新】2021 年，海口海关会同海南省商务厅等相关单位，开展出口二手车业务调研、出口标准确定、通关便利化流程制定等工作，推动海南首批 7 辆、货值 234.50 万元二手车顺利出口。推进制度创新见成效，出口成品油“即检即放”检验监管入选海南自贸港第十一批制度创新案例，该举措大幅提升通关效率，为企业年节约通关物流成本 700 多万元。

【出口危险化学品检验监管】2021 年，

海口海关执行国务院《危险化学品安全管理条例》和海关总署有关规定，按照出口危险化学品“产地检验+口岸查验”模式开展检验监管，确保出口危险化学品符合国际法规规定和运输安全，全年共完成出口危险化学品检验监管225批，未发生质量安全事故情况。

（撰稿人：王　慧　吴阳奎　应　黎）

口岸监管

概况

2021年，海口海关开展对“洋垃圾”、濒危物种及其制品、枪支弹药走私的打击，持续实施安全生产专项整治三年行动；坚持强化监管优化服务，打击“水客”走私和跨境电商进口走私，打击各类有害出版物传播，实施口岸核生化监测，提升口岸反恐应急处置能力，深化口岸物流查验业务改革，优化离岛免税监管模式，支持海南展会赛事发展，推进二级监控指挥中心实体化建设，发挥科技装备优势提升口岸实际监管效能；组织开展口岸监管专题理论研究，加强与海关总署相关司局配合，探索建立与海南自由贸易港相关的各项监管方案制订，全力支持海南自由贸易港建设。

运输工具监管

【基本情况】2021年，海口海关关区有9个隶属海关涉及运输工具监管业务，分别为：洋浦经济开发区海关、海口美兰机场海关、海口港海关、三亚海关、八所海关、洋浦港海关、博鳌机场海关、马村港海关、文昌海关。各运输工具监管现场执行海关总署对运输工具管理各项规定和具体要求，做好运输工具管理相关工作。

【业务数据】2021年，海口海关共监管进出境运输工具6,656艘（架）次，同比减少15.20%。其中，进出境飞机627架次，同比减少71.40%；进出境船舶5,013艘次，同比增长6.10%；进出境游艇20艘次，同比增长150%；进出境邮轮3艘次，同比减少81.30%。

货物监管

【货物查验】2021年，海口关区有8个隶属海关涉及口岸货运监管业务，分别为：洋浦经济开发区海关、海口美兰机场海关、海口港海关、三亚海关、八所海关、洋浦港海关、马村港海关、文昌海关。各口岸货运监管现场执行海关总署对口岸货运监管各项规定和具体要求，打击走私，防止毒品枪支、濒危动植物等违禁货物入境，2021年，海口海关共开展货物查验8,372票。

【查验业务改革创新】2021年，海口海关深化口岸物流查验业务改革，全面推广应用“先期机检”模式，将海关监管嵌入口岸物流运转过程中，极大减少集装箱在口岸上的流转环节，单辆车平均过机时间缩减至5分钟，机检设备过机量6,189个自然箱，机检率75.50%。推动海南省商务厅（口岸办）在洋浦港口岸试点口岸查验无纸化工作，依托国际贸易“单一窗口”实现海关查验信息、查验货物调箱、进出场站等信息的互通，提升物流及查验效率。推进进口货物“船边直提”和出口货物“抵港直装”试点工作，制定《进口货物船边直提和出口货物抵港直装监管工作操作指引》《海口海关安全智能锁操作指引（试行）》，加快企业通关速度，节约企业转存、运输成本。参与海南海事局创新境外船舶移籍和登记“一事通办”项目，该项目被海南省委省政府评为2021年第二届“海南省改革和制度创新奖”三等奖。

离岛免税监管

【正面监管】2021年，海口海关落实离岛免税政策有关要求，对离岛免税经营场所、监管仓库以及免税品备案、入出库、调拨、销售、提货、核销及税收征管等业务进行监管，对离岛免税经营企业、购物旅客违规情事进行处置，对利用离岛免税政策走私谋利的个人和团伙实施打击和处罚。配合海南省政府制定出台《海南自由贸易港免税商品溯源管理暂行办法》《海南自由贸易港免税购物失信惩戒若干规定》；推动配合海南省政府初步建立离岛免税商品溯源管理体系，实现对商品的溯源管理；支持新设免税店投入运营，升级海关监管系统适配邮寄送达和岛内居民返岛提取提货方式，改进支付验证、人证验核等技术管控手段；调整关区内离岛免税监管职责设置，多措并举落实现场监管；压实免税企业主体责任，落实行业监管；开展离岛免税政策宣传，打击离岛免税套代购走私行为。2021年2月2日，离岛免税购物增加了离岛旅客邮寄送达、岛内居民返岛提取两种提货方式。收件地址为海南省外的，可申请邮寄送达免税商品；岛内居民可选择“离岛寄存、返岛提取”免税商品。

▲2021年1月27日，海口海关所属三亚海关关员在免税店进行巡查监管

【业务发展】2021年，全岛离岛免税商店经营主体有6个，分别为中国旅游集团中免股份有限公司、海南省免税品有限公司、全球消费精品海南（贸易）有限公司、海南旅投免税品有限公司、中国出国人员服务有限公司、深圳市国有免税商品（集团）有限公司；离岛免税商店10家，分别为海口美兰机场免税店（T1、T2航站楼店面）、海口日月广场免税店、琼海博鳌免税店、三亚海棠湾国际免税城、三亚凤凰机场免税店、三亚海旅免税城、中服三亚国际免税购物公园、海发控全球精品免税城、深免观澜湖免税城；离岛免税提货点5个，分别为海口美兰机场隔离区提货点、海口新海港提货点、海口火车站提货点、三亚凤凰机场提货点、琼海博鳌机场提货点。2021年，海关监管离岛免税购物金额494.70亿元、同比增长80%，件数7,045万件、同比增长106.60%，购物旅客671.50万人次、同比增长49.80%，人均购物金额7,367.50元，同比增长20.20%。

快件邮件监管

【进出境快件监管】2021年，海口海关现有快递类海关监管作业场所3个，分别为：海口美兰机场国际快件中心、三亚凤凰国际快件中心、海口空港跨境电商国际快件中心。2021年，该关监管快件B类报关单32.20万件、同比减少31%，货值7,419万元、同比减少27.30%，征收税款203万元、同比减少21.60%。快件监管现场依据海关总署相关规定对个人物品类快件进行监管，通过配置分拣线及智能监管系统等软硬件设施，持续优化新快件通关管理系统功能，实现各区域有效分隔，包裹流向可控。

【进出境邮件监管】2021年，海口海关关区监管进出境邮递物品9.90万件，同比减少30.80%。邮检现场执行海关总署2010年第43号公告等进出境邮件监管规定，坚持先期风险筛查与现场重点查缉相结合，提高对重点国家地区、涉嫌毒品、枪支等违禁邮递物品的检查力度，坚持对邮递物品实行100%过机检查，有针对性地突出查缉重点，提升现场查缉处置能力。

跨境电商监管

【零售进出口监管】2021年，海口海关贯彻落实国务院及海南省关于促进跨境电子商务健康快速发展有关要求，配合相关部门建立健全跨境电商发展模式和体制机制，探索综保区跨境电商海关监管模式。关区跨境电商进口业务主要在海口综合保税区、洋浦保税港区开展网购保税进口（1210模式）。7月10日，海口综合保税区完成首票跨境电商直购模式（9610模式）出口业务。2021年，海口海关监管“跨境电商商品（1210模式）”进口清单211万件（票）、同比增长79.80%，货值8.89亿元、同比增长75.60%，税款9,638万元、同比增长130%；监管“跨境电商商品（9610模式）”出口清单42.50万件（票）。

【企业对企业出口监管】2021年6月22日，海关总署下发通知在全国海关复制推广跨境电子商务企业对企业（B2B）出口监管试点工作；7月2日，海口海关实行跨境电子商务企业对企业出口监管试点工作，促进跨境电子商务在海口关区健康有序发展，助力企业更好地开拓国际市场。

行李物品监管

【旅客行李物品监管】2021年，海口海关5个旅检现场分别位于：海口美兰机场海关美兰国际机场国际候机楼、三亚海关凤凰国际机场候机楼、博鳌机场海关国际候机楼，三亚海关凤凰岛国际邮轮港一期及二期联检大厅、海口港海关邮轮联检大厅。琼海博鳌机场进出境航班以博鳌亚洲论坛年会期间的专机、包机为主。各旅检现场执行海关总署对行李物品监管各项规定和具体要求，落实对进出境人员实施100%过机检查、对机检发现有疑问的行李物品实施100%开箱（包）彻查以及对进境旅客开箱（包）查验比例不低于5%的要求，打击走私，严防毒品枪支、濒危动植物等违禁物品入境。2021年，关区监管进出境飞机627架次，同比减少71.40%；监管进出境邮轮3艘次，同比减少81.30%；监管进出境人员367名，同比减少98.50%。

【涉外物品监管】2021年，海口海关涉外物品监管主要涉及留学回国人员购买国产免税小汽车、常驻机构进出境公自用物品审批备案等事项，分别在海南省政务服务中心、三亚市政务服务中心派驻人员，并在文昌海关、八所海关等隶属海关开展相关业务。2021年，海口海关审批办理留学回国人员购买国产免税小汽车96辆，非居民长期旅客自用物品进出境申请5宗，获准入境定居旅客安家物品申请1宗，常驻机构及常驻人员进境机动车辆后续监管1宗，外国驻中国使馆和使馆人员信息备案2宗。

场所场地监管

【基本情况】2021年，海口海关有8个隶属海关涉及监管作业场所（场地）业务，分别为：洋浦经济开发区海关、海口美兰机场海关、海口港海关、三亚海关、八所海关、洋浦港海关、马村港海关、文昌海关。各监管作业场所（场地）管理现场执行海关总署对监管作业场所（场地）管理各项规定和具体要求，做好场所（场地）日常管理。海口海关主动对接海关总署，深入一线实地指导地方政府和相关企业有序推进进境粮食、原木、肉类指定监管场地、综合性指定监管场地的立项、建设及审批等工作。

【业务数据】截至2021年年底，海口关区共有海关监管作业场所26家，进境指定监管场地9个（食用水生动物、种苗、水果各2个；粮食、肉类、原木各1个）。

▲2021年4月20日，海口海关训导员对海关监管工作犬进行日常训练

会展监管

【消博会品牌打造】2021年，海口海关建立健全与海南省商务厅、海南国际经济发展局等部门的沟通协作机制，对重要会展活动做到提前准备、提前对接、提前研究。印发《海口海关2021年首届中国国际消费品博览会通关监管服务保障方案》，细化9项便利监管措施，采取预约查验、优先查验、新冠肺炎疫情期间查验货主免陪同等便利措施，完成参展货物及物资通关监管工作；支持常年保税展示常态化，扩大展会溢出效应，允许展后转入海关特殊监管区域开展跨境电商业务，推动“展品变商品”。

【支持海南会展业发展】海口海关将继续在海关总署领导下，将消博会的监管经验及做法复制推广至热带农产品冬季交易会、体育用品和装备进口博览会等展会的监管服务工作中，加强与主办方的联系配合，坚守安全底线，高水平、高标准、高质量做好海关各项服务保障工作，助力海南省打造会展产业新高地。

口岸监管环节反恐

【反恐应急处置】2021年，海口海关强化对进出境运输工具、货物、行李物品、邮递物品和其他物品的实际监管，防范涉嫌恐怖主义的枪支等武器、弹药、核与放射物品、生物战剂、化学毒剂等物品非法进出境。在对外开放口岸组织开展反恐应急处置演练，围绕核辐射监测、生物有害因子监测、现场暴恐事件等情况开展桌面推演及现场实操演练。采购和配发防爆毯、核辐射防护服、生化防护服、生物有害因子检测仪等装备，完善海关安全防护装备配置，提高关员个人防护水平。2021年，海口海关与海南省生态环境厅完善口岸核辐射监测与鉴定处置工作，处置1起异地企业进口超标放射性矿产品情事。该关撰写的《赓续红色血脉 推进海关辐射探测工作》被2021年《海关监管实务与研究》（第一期）采编。

【反恐宣传教育】2021年，海口海关组织开展“全民反恐 共创平安”反恐怖宣传教育活动，制作宣传展板、宣传品200余份，印制和发放《公民反恐怖防范手册（2021版）》《反恐怖主义法》等宣传资料800余份，在海关各类监管现场放置宣传展板、播放反恐宣传视频，向出入境人员、交通工具员工和口岸工作人员等广泛开展宣传，普及枪爆、核生化等恐怖袭击事件的预防、处置、自救互救知识，提高广大群众反恐防恐意识，营造浓厚的全民反恐宣传氛围。

（撰稿人：杨　刚　陈　静　欧莉花
符　策　韩　彬）

政策研究与统计

概况

2021年，海口海关立足统计研究职能，围绕强化政策研究职能、提升数据分析水平、创新海关统计、完善数据管理四方面开展工作，组织海口海关牵头3项、参与7项署级课题研究；统计分析报告获省委省政府刊物采用38篇，创出历史新高；完成海南自由贸易港“二线”海关单项统计制度和海南与内地进出岛报关单格式课题研究，参与自贸港海关智慧监管平台统计业务系统设计；纠正各类差错报关单240份，涉及货值16亿元，处置涉嫌不实贸易统计人民币值为38亿元。

政策研究

【政策研究工作机制创新】2021年，海口海关出台《海口海关党委关于进一步加强政策研究工作的意见》，加强对政策研究工作的指导；修订《海口海关政策研究工作管理办法》，创新性地引入课题立项前专家评审、课题结题专家审阅、不合格课题退出等机制，在全国直属海关中率先探索课题成果知网学术查重等做法；将政策研究工作情况纳入对各部门单位工作质量考核；组建关区政策研究人才库，选拔首批入库人员313名。

【署级和关级课题研究】2021年，海口海关承办二批次共10项署级研究课题，其中牵头3项、参与7项；立项并完成关级课题17项；编发《政研参考》6期；编印2020年度海口海关政策研究报告专辑。2021年，海关总署《海关政研》《海关政策研究及统计工作》分别刊发海口海关课题研究成果1篇。

【海南自贸港统计制度研究】2021年，海口海关统计分析处主动开展并完成《海南自由贸易港“二线”海关单项统计制度研究》署级课题和《海南与内地进出岛报关单格式研究》关级课题研究；主动对接海关总署统计分析司和海南省相关部门单位，做好海南自贸港制度创新中涉及统计制度的顶层设计，先后反馈各种意见建议20多次。

【海关“十四五”规划宣传落实】2021年，海口海关对接海南省发改委等部门，推动将海口海关“十四五”期间重大项目纳入海南省“十四五”规划和专项规划。12月17日，海口海关制发《海口海关贯彻落实“十四五”海关发展规划实施方案》，结合海南自贸港建设和海口海关工作实际，梳理形成141项海口海关贯彻落实《“十四五”海关发展规划》细化和强化措施并进行任务分工，确保规划期内倒排时间有序推进。

统计调查

【专项统计调研调查】2021年，海口海关组建关区统计调查联络员队伍，组织实施外贸出口先导指数企业调查、跨境电商统计试点、进口货物使用去向统计调查等15次海关统计专项调查；开展我国高档消费品进口、跨境电商系统运输方式、疫苗出口剂量折算、天然气法定计量单位等4次海关统计专项调研，涉及样本企业60家，真实反映企业生产经营情况及诉求，为上级决策提供参考。

【自主调查研究】2021年，海口海关围绕党中央、国务院和海关总署党委关心、社会关切的农作物种子、海南外贸出口物流环节集装箱、全国及海南菠萝产业、海南椰子产业等方面，自主开展专项调查研究，针对调研发现的问题，及时提出有价值、有见地的意见建议。其中，针对农作物种子、出口集装箱物流、菠萝产业、椰子产业等自主开展专项调研，集装箱物流调研报告被总署有关载体采编，获3位省领导批示，椰子产业调研报告被总署有关载体刊发、被海关总署统计分析司统计调查报告成果载体转发。

【统计调查队伍建设加强】2021年，海口海关组建关区统计调查联络员队伍，组织参加海关统计调查工作培训班、“国际贸易统计和经济统计的综合应用”线上国际培训班、联合国统计司举办的国际服务贸易统计制度在线培训课程，共8名关员完成联合国统计司举办的国际服务贸易统计制度课程6阶段测试，并获得电子证书。

贸易统计

【报关单数据质量审核】2021年，海口海关对报关单数据质量实行“日监控、月审核、季复审”工作机制，通过系统参数检控+人工初核实现每日监控，月度抽调业务骨干集中审核，季度通过系统再次进行复核的方式，审核进出口报关单13万份，记录条196万条，纠正各类差错报关单240份，涉及货值16亿元。

【数据质量源头管理】2021年，海口海关结合关区特点和常见数据差错，提炼针对数量和重量、大型设备、起抵国等6条海口关区特色报关单数据检控参数，并加载到H2018贸易统计系统进行自动检控；通过集中工作、以干代训等方式对三亚、洋浦等隶属海关数据审核人员开展培训10人次，提升基层统计人员数据审核水平；针对性地加强与中免（海南）智慧零售科技有限公司、嘉里大通物流有限公司海南分公司等企业报关人员的沟通和指导，从源头上减少报关单申报错误。

【不实贸易管控】2021 年，海口海关定期对关区异常数据、高风险企业进行监控分析，发现涉嫌不实贸易进出口报关单 227 票、进出口记录 442 条，统计人民币值 38 亿元，涉及进出口企业 21 家。2021 年 10 月 28 日，海口海关组织召开联合防控联席会议；11 月 26 日，向国家外汇管理局海南省分局、国家税务总局海南省税务局、海南省商务厅等部门函告提示相关风险。

业务统计

【参与海关总署业务统计改革工作】2021 年 3 月、4 月、6 月，海口海关先后 3 次派员参加海关总署统计司组织的业务统计指标、业务统计系统和业务统计工作制度集中工作，完成系统建设需求任务书制定，提出海南版业务统计指标系统建设需求。4 月 29 日，海口海关对《中华人民共和国海关业务统计工作管理办法（初稿）》研究提出 6 条意见和建议，全部获海关总署采纳。

【业务统计指标审核分析】2021 年，海口海关审核业务统计指标记录 2.2 万条，发现并纠正错误 48 个。全年海口海关开展专题业务监测分析 5 篇，其中《海南离岛旅客免税购物政策实施十周年分析报告》获海关总署领导批示，《离岛免税政策调整（第六次）实施一周年效应明显》被海南省《政府要情》采用；参与海关总署每月形势分析及工作督查例会业务运行分析材料准备工作，开展检验检疫业务分析，并提出需加强再生钢铁原料进口监管、进口“再生塑料”有涉嫌固体废物情事、严防松材线虫疫情通过口岸传入等业务运行需要关注的问题 12 个；通过业务分析，向海口海关稽查部门发起专项稽核查建议 1 条，稽核查结果获缉私部门立案。

统计数据运用和管理

【数据开放共享】2021 年，海口海关在海南省政务信息共享平台共享 4 类 71 项报关单数据；每天向海南省社会管理平台报送进出口货运量及离岛免税数据；每月向海南省商务厅、旅文厅、财政厅等 13 个省市党政机关提供海南外贸统计及离岛免税销售数据报表 117 份；在海口海关互联网门户网站按月发布海南省外贸统计综合报表，按季度发布离岛免税购物数据；建立统计咨询服务专用互联网邮箱，提供社会公众统计数据咨询服务 17 人次。

【数据安全法宣传及制度规范】2021 年 9 月 1 日至 12 月 31 日，海口海关在关区范围开展学习宣传和贯彻落实《中华人民共和国数据安全法》（以下简称《数据安全法》）活动，举办统计业务知识培训班，邀请海南大学法学院黎其武副教授结合《数据安全法》实施的重要意义、理念及重点条文进行授课。海口海关统计分析处组织关区各部门单位梳理本领域业务数据管理制度，对标《数据安全法》要求，完善“统一管理，分级负责”的业务数据安全管理机制，形成合力，常态化抓好业务数据安全管理工作。

▲2021 年 9 月 24 日，海口海关举办统计业务知识（《数据安全法》）培训班

【新开发系统开发立项前置审核】2021 年，海口海关根据《海关业务数据应用系统（项目）数据安全规范指引 V1.0》有关要求，对“旅客通关管理子系统（海口海关）海口美兰机场旅客行李物品智能监管配套功能”“非贸业务管理子系统（海口海关）海南岛内居民日消品免税监管配套功能项目”“海关特殊监管区域管理子系统（海口海关）自贸港监管配套功能”3 个新开发关级系统进行前置审核，确保业务数据使用、系统安全模块符合数据安全有关规定。

统计新闻宣传和服务

【海关统计新闻宣传】2021 年，海口海关围绕海南自贸港建设一周年、重要节假日等关键节点，开展外贸新闻发布和离岛免税政策实施情况新闻宣传，回应社会关切，宣传自贸港建设成效，相关新闻报道在中央电视台《新闻联播》、人民网、《海南日报》、海南电视台等重要新闻媒体发布；参与海关总署外贸新闻发布工作，整理日常新闻素材积累及摘要 115 篇次。

【统计服务改革】自 2021 年 8 月 9 日起，海口海关开展高级认证企业自助打印报关单证试点改革工作，实现企业足不出户获取带有海关签章的正本报关单，年内共有 21 家企业根据需要自助打印报关单 64 份，其中跨关区报关单 14 份。2021 年 10 月，海口海关联合海南省发改委、统计局研究解决海南产业园区外贸进出口无法单列统计问题，为地方政府开展产业园区的绩效管理提供有效参考；协调推动解决大部分海南供港天然气未纳入海南本地外贸统计问题，支持海南外贸出口稳定增长。

监测预警

【全球贸易监测分析】2021 年，海口海关完成全球贸易监测中心（广东）日报、工作简报、国际小短文等信息编撰 36 篇；完成“十三五”期间全国消费品进口分析报告并出版；跟踪监测全国煤炭进口评述 6 篇、原油进口监测分析 3 篇；向海关总署统计分析司报送统计监测分析文章 112 篇，获总署有关载体采用 10 篇次。

【进出口监测分析】2021 年，海口海

关聚焦海南自贸港开放开发大局，结合海南产业特点，针对性分析自贸港背景下海南外贸发展，以及水海产品、医药品、消费品等特色商品进出口情况，及时反映海南外贸发展中面临的问题，获《海南信息》《政府要情》等省委省政府刊物采用39篇次，创历史新高，获冯飞等海南省领导批示11人次。

【关区业务运行监测分析】 2021年，海口海关通过海口海关形势分析及工作督查例会平台，每月汇报关区业务运行状况，及时提出洋浦集装箱拼箱货物放行不能提货、内外贸同船运输加注不含税油申报不规范、进口葡萄酒数据异常等需要关注的问题41个，得到海口海关关党委和相关部门的关注，并出台相关解决措施，有效推动关区业务稳定发展和内部管理。

（撰稿人：吴　敏　林柏荣　符太生　蒋林蓉）

企业管理和稽查

概况

2021年，海口海关企业管理和稽查处以服务好海南自由贸易港建设“零关税”政策落地为依托，推进业务改革创新。海口关区办理稽查作业59宗，查发问题作业34起，办结核查作业196宗；稽查工作效能、稽查工作成效评价、查检工作成效评价、企业信用管理工作效能、企业资质管理工作、加工贸易监管效能、海关特殊监管区域保税监管效能等绩效考核指标取得满分；开展“现场监管与外勤执法权力寻租”专项整治，梳理排查风险聚集关键岗位12个，明确廉政风险清单并制定9条措施推动整改，组织督促隶属海关整改2份保税仓库电子账册有效期超期问题，对存在权力寻租风险的104个稽核查外勤作业开展自查，发现4类执法不规范问题16个。

企业管理

【离岛免税信用管理监管】2021年，海口海关落实信用管理监管，配合海南省人民代表大会制定《海南自由贸易港免税购物失信惩戒若干规定》《海南离岛免税经营企业管理暂行办法》《海南自由贸易港免税购物严重失信惩戒若干规定（草案修改稿）》等地方法规，向海南省社会信用联席办公室推送8批次共38个离岛免税严重失信主体名单（均为自然人）。

【资质管理改革】2021年，海口海关简化报关单位备案流程，推行“不见面受理”和“容缺办理”，持续推进“一窗通办”“一网通办”，实现报关单位备案等事项全流程不见面网上办理。2021年关区新增备案企业数18,987家，同比增长240%，截至年底备案企业26,895家。海口海关向海关总署推荐海南佳德信食品有限公司、海南蔚蓝海洋食品有限公司等11家出口食品生产企业对欧盟、沙特和中国港澳地区注册，配合海南省商务厅开展果蔬、水产品等海南省优质农产品供港澳工作，会同海南省商务厅、海南省农业农村厅、海南省市场监督管理局等部门推进“同线同质同标”工程，培育海南翔泰渔业股份有限公司、海南泉益食品有限公司等10家出口水产品生产备案企业产品获得海南本土品牌“海南鲷”认证。

保税监管

【“零关税”原辅料监管机制优化】2021年，海口海关配合海关总署进一步完善金关二期加工贸易保税监管系统，于2021年3月顺利完成“零关税”原辅料专用电子账册系统功能测试并上线运行。2021年12月1日“零关税”原辅料政策实施一周年，海口海关共为海南金海浆纸业有限公司、海南逸盛石化有限公司、海南航空控股股份有限公司、海航航空技术有限公司等4家企业办理“零关税”原辅料进口货值31.88亿元，减免税款4.35亿元。

▲2021年7月8日，海口海关所属经济开发区海关、洋浦港海关派员到海南金海浆纸业有限公司进行政策宣讲和实地调研

【海南自由贸易港保税油相关政策落地实施】2021年，海口海关组织开展海南自由贸易港进出岛航班加注保税航油业务流程测试，结合业务试点情况，重点针对拟新增征免性质代码测试进口报关单申报逻辑检控规则，研究起草相关配套操作细则，做好海关监管相关准备工作。

【加工贸易保税监管】2021年，海口海关支持海南金红叶纸业有限公司实施企业集团加工贸易监管模式；批准设立保税仓库5个、出口监管仓库1个；支持拟入驻海口空港综合保税区的企业进口自用机器设备提前适用综保区税收政策，免征税款165万元。海口海关关区2021年全年加工贸易进出口值142.33亿元，保税监管场所进出口值196.46亿元，海关特殊监管区域进出口值649.31亿元。

稽查核查

【跨境电商专项稽查】2021年，海口海关研究制定《跨境电商企业备案验核重点》，采取网上巡查、实地复核、现场申报等方式清理企业资质问题，对960家企业交易网址真实性和交易流程合规性进行验核，存在问题143家，取消资质122家，注销17家。分类梳理511家跨境电商企业，研选其中10家高风险企业开展专项稽查，查发伪报贸易方式、低报价格、库存短少等问题5起并移交有关部门处理，涉案货值1.80亿元。

【自贸港稽核查模式创新】2021年，海口海关探索海南自由贸易港建设背景下的稽核查模式，配合海关总署出台《海南自由贸易港“零关税”进口货物海关稽核查办法》，参与海南自由贸易港海关智慧监管平台需求分析，推动“互联网+稽核查”项目落地；研判海南自由贸易港海关后续监管形势及监管资源需求，制订海关稽核中心项目方案，谋划“封关运作”后海关后续监管配套事宜；研判自用生产设备、原辅料、交通工具及游艇等“零关税”政策涉及业务风险，关注“零关税”进口货物后续动向，选取上述三类“零关税”进口货物企业开展专项稽查9起。

▲2021年4月16日，海口海关所属海口港工作人员在海口港整车口岸对进口汽车开展查验工作

属地查检

【查验管理模式优化】2021年4月30日，海口海关调整部分机构编制和职责职能，明确由企业管理和稽查处负责承担货物“出口申报前监管”和“进口放行后检查”等执行管理职责，海口关区属地查检业务管理模式由条线式优化为分段式，更加符合新海关发展要求。

【属地查检安全保障】2021年，海口海关贯彻落实海关总署关于海关系统安全生产和新冠肺炎疫情防控工作部署，严格执行海关总署针对安全生产和疫情防控下发的进一步加强进口危险化学品检验监管工作、做好海关系统进口冷链食品安全监管工作人员封闭管理、海关新冠肺炎疫情防控工作人员安全防护管理、进口商品口岸环节新冠病毒预防性消毒作业指导等制度措施，关区进出口危险货物属地查检环节安全生产工作和进口冷链食品属地查检环节防疫工作实现“零事故”。

（撰稿人：利明徽　陈　伟）

查缉走私

概况

2021年，海口海关深入学习贯彻习近平总书记关于打击走私工作重要指示批示精神，坚决落实公安部党委和海关总署党委部署要求，开展教育整顿和党史学习教育，保持高压严打，推进反走私综合治理，加强打私专业能力建设和缉私队伍建设，护航海南自贸港建设。

2021年全年海口海关刑事立案98起，案值约5.48亿元，同比分别增长27.30%、35.10%，一级挂牌督办案件3起；采取强制措施369人次，同比增长44%，其中逮捕59人、刑事拘留105人；移送起诉案件35起，移送起诉88人。行政立案305宗，案值2,564万元，同比分别增长3.01倍、2.81倍。海口、湛江海关缉私局开展打击离岛免税"套代购"走私联合行动，黄埔、海口等海关缉私局开展"2·23"打击走私木材行动被海关总署列为2021年打击走私十大典型案例。

▲2021年2月25日，海口海关召开2021年关区打私工作会议

侦办案件

【打击离岛免税"套代购"走私】2021年，海口海关打击离岛免税"套代购"走私共刑事立案70宗，行政立案248宗，涉案案值约2.66亿元，涉嫌偷逃税款约3,600余万元；打掉团伙65个，抓获涉案人员480余人，采取刑事强制措施172人，移诉33宗77人；对8,370名违规旅客进行资格罚，对38名构成犯罪的严重失信主体实施联合惩戒。全年共开展震慑式警务行动180余次，现场查问2,200余人次，责令退货货值1,355余万元。

【"蓝天"及"护卫"专项行动】2021

年，海口海关查办进口固体废物走私行为案3宗，退运固体废物篱风螺20吨、锂电池42.60吨；开展打击珍稀植物制品走私专项行动，立案侦办走私刺猬紫檀木案件15宗（含2020年2宗），该系列案案值4.28亿元。

【跨境电商进口走私“断链刨根”专项整治行动】 2021年，海口海关联合海南省公安厅及多地海关缉私部门，开展3轮打击跨境电商走私行动，打掉走私团伙3个，案值约1.94亿元。

▲2021年12月1日，海口海关缉私局开展打击跨境电商进口走私“断链刨根”专项整治行动

【“国门绿盾2021”专项行动】 2021年，海口海关开展打击非法引进外来物种和种子苗木专项行动，立案侦办椰苗走私案1宗，打掉一个以伪报品名、瞒报夹藏等手段将境外种用椰子走私进口后育苗销售牟利的走私团伙，查证走私种椰1,804吨。

【打击成品油走私】 2021年，海口海关立案侦办成品油走私案件1宗，查证走私成品油8,000余吨，案值4,300余万元。

【新一轮禁毒三年大会战】 2021年，海口海关开展“净边2021”“寄递渠道禁毒百日攻坚”“2021春季攻势”“2021夏季攻势”“2021秋冬攻势”等专项行动，先后4次联合地方公安开展毒品查缉；全年侦办毒品案2宗，查扣新型毒品LSD（麦角酸二乙基酰胺，俗称“邮票”）20张，查办精神类药品案件14宗，查获三唑仑、氟硝西泮等国家管制精神药品共2,995粒。

反走私能力建设

【风险防控】 2021年，海口海关推进关区全岛封关准备工作专班非设关地监管专项工作，推进全岛封关准备工作专班非设关地监管工作组，细化反走私法律法规、联防联控机制建设等工作；开展全岛封关后反走私综合治理体系建设研究、自贸港犯罪形态专项调研，形成《关于海南自由贸易港全岛封关后反走私综合治理体系建设研究报告》《维护国家自贸港区域市场经济安全防控海南岛内居民免税日消品走私风险初探》《自贸港新业态走私犯罪形态分析研究——海南跨境电商走私犯罪现状及防范》等报告；建设自贸港案件信息数据库等情报基础工作，推进情报线索经营和核查。

▲2021年6月18日，海口海关缉私局召开案情分析会研究办理案件问题

【针对性防护训练】2021年，海口海关开展枪支操作和实弹射击训练考核；选拔精干警力成立“应急救援队”，组织队员至省120急救中心参加心肺复苏、气道异物梗阻术等急救培训；邀请海口市消防救援支队专业教官就消防安全知识、车辆消防等方面进行培训，实操灭火器材，开展应急消防疏散演练。

智慧缉私

【“四个中心”建设】2021年，海口海关强化指挥中心的决策辅助、指挥调度和协调枢纽作用，探索构建“情指勤舆”一体化运作模式；办案中心配置3D地图；案管中心完成系统升级；情报中心加强硬件建设、网络搭建和技术支持，电子物证实验室参加CNAS远程评审，通过专家组对实验室的管理体系、环境设施、技术能力等方面的检查和考核。

【查缉技能比武】2021年，海口海关邀请海南省人民警察高级培训学校专业教官开展专题训练指导和比武设计，结合离岛免税“套代购”类案件特点和侦办实际，设置实战中易出现的突发紧急情况，提升民警临场调度和场控能力，促进和完善模块化用警模式。全局100名民辅警组建10支查缉队伍参加比武。

法制建设

【分发打击离岛免税“套代购”走私法制宣传材料】2021年，海口海关主动对接省委政法委，提供打击离岛免税“套代购”法制宣讲文本，共同制作动画宣传片、印刷宣传册。

【打击离岛免税“套代购”走私法制宣传进校园、进企业】2021年，海口海关缉私局抽调业务骨干组建法制宣传专班，面向全省16所高校、多个社区及免税经营企业开展普法宣传100场次，参与群众约3万人次；与各免税企业开展座谈，进一步规范相关企业经营管理秩序，强化法制宣传，提升防范“套代购”走私风险意识。

▲2021年7月7日，海口海关缉私局在海南大学组织开展打击离岛免税“套代购”走私宣传进校园活动

综合治理

【自贸港反走私联防联控体系建设】2021年，海口海关推进“1+9”环北部湾琼州海峡反走私联合作战体系建设，前移直属缉私科办公地点至新海港，与湛江局驻海安港警务室建立24小时联络机制，联合海关总署缉私局和湛江海关缉私局成立研判专班，与湛江局交换情报线索21条。

【海南省社会管理信息化平台反走私功能实战化运作】2021年，海口海关在海南省社会管理信息化平台设计方案方面参加船舶监控预警系统、资金流系统需求分析，研提风险防控数据共享、人脸识别系统等方案；在中心运行方面推动反走私情报中心协同作战机制建设，派驻专人驻守反走私情报中心，促成海南省公安厅技侦、网安部门进驻该中心，联合开展风险研判，先后5批次向海南省打私办推送疑似离岛免税套代购号码，并通过海南省公安厅发送警示短信。

▲2021年6月9日，海口海关缉私局面向离岛免税企业开展普法宣传活动

【支持海南省综合执法站建设】2021年，海口海关印发支持综合执法点试点建设工作方案，与64个综合执法站建立对口联系；积极推进缉私业务交流，派出业务处室负责人进行反走私工作专题授课；加强与综合执法站信息互通和合成作战，全年完成综合性调研1次，接收线索5条，共同经营线索1条。

【反走私协同共治】2021年，海口海关强化与各级打私办的协作，配合省打私办修订举报奖励办法，与海口、三亚等市打私办联合开展查缉、反走私宣传等活动；走访地方公安、海南海警局，就开展打私联合行动、开展业务交流、情报信息共享等进行讨论；走访联系战略支援部队、海南省高院、省检察院、省司法厅、省市场监督管理局、海南大学等有关单位，加强工作沟通交流。

▲2021年10月27日，海口海关关长施宗伟带队到湛江海关调研打击治理离岛免税“套代购”走私工作，图为召开协同打击治理海南离岛免税“套代购”走私工作专项推进会

队伍建设

【党史学习教育】2021年，海口海关印发党史学习教育实施方案，围绕党史学习教育7项学习内容和9个方面重点工作，制定《党史学习教育任务推进表》，细化18项工作任务。推行“晨读+晚课”“每周一小考、半月一统考”等学习机制，组织编发应知应会手册3册，组织参观红色教育基地、主题教育展览10余次。

【缉私队伍教育整顿】2021年3月起，海口海关自下而上先后分两批开展缉私队伍教育整顿。全局梳理出缉私刑事执法领域风险节点61项、行政执法领域风险节点45项、职能监控风险节点36项和非执法领域执行控制风险节点79项，滚动查摆出117项制约队伍建设发展的顽瘴痼疾并逐项整改清零，新建、修订各类规章制度77项，紧贴自贸港打私工作实际，制定“我为群众办实事”“我为基层解难题”项目清单共35项。教育整顿期间，接受中央督导组实地督导2次，海关总署缉私局巡回督导组实地督导3次。

（撰稿人：房　晶）

风险管理

概况

2021年，海口海关深入落实“责任强化年”要求，坚持系统观念，全面践行总体国家安全观，以提升风险防控效能为目标，坚持风险整体防控与精准防控有机结合，坚持情报驱动与大数据支撑同向发力，积极推进制度机制创新，推动海关风险管理工作高质量发展，重点抓好自贸港海关风险防控体系研究、离岛免税风险防控、“四张清单”商品风险防控、洋浦港保税区“一线放开、二线管住”海关监管模式风险防控、“云擎”应用等工作，服务新时代“一流海关”建设及海南自由贸易港建设大局。

风险信息

【风险防控信息采集】 2021年，海口海关聚焦“洋垃圾”、濒危物种、新冠肺炎疫情等风险及关区业务特点，拓宽风险信息来源，针对性开展风险信息收集，强化风险信息监控，重抓风险信息质量和时效性，督促和指导一线查发情事等风险信息报送，减少风险信息的漏报、错报和晚报，发布风险信息118条。

2021年，海口海关更新关区风险信息联络员名单，点对点开展风险信息工作交流，共享优秀风险信息写作案例，注重实例中的业务能力培养，提升风险信息质量，编辑的“问题地图”、韩国美得妥肉毒素安全风险等7条信息被《全国风险信息周报》采编。

【风险防控信息共享转化】 2021年，海口海关分门别类建立风险信息存储库，组织风控部门、缉私部门及各业务部门实现风险信息互联、互通、互享，根据信息敏感性发布12期风险要情，向关领导及关区科级以上干部分级共享内、外部信息156条，获关长批示5次。全年风控分局强化风险信息向风险预警、风险布控、监控核查、稽核查指令、缉私线索等的处置转化，共转化信息25条次，提升风险信息应用效能。

风险预警

【违规情事查发】 2021年，海口海关强化自主分析，运用“云擎”等大数据分析系统开展业务数据分析监控，针对异常进口货物，发布“足贴”不符合跨境电商进口规定等多条风险预警，隶属海关根据预警查发跨境电商进口含动物疫病流行国家（地区）相关动物源性成分宠物食品等多起违规情事。

【风险预警发布】2021 年，海口海关积极对接海关总署风险防控局（上海），提交全国风险预警建议，对照全国风险预警信息评估关区风险态势，针对性向各隶属海关发布风险预警；加强与各业务部门、隶属海关联系配合，征集风险预警需求，组织开展业务风险联合研判，向各业务部门、隶属海关发布风险预警。

▲2021 年 5 月 7 日，海关总署风险管理司、海关总署风险防控局（上海）等一行到海口日月广场免税店及海关监管场所调研

风险分析处置

【风险分析】2021 年，海口海关上报船舶漏报滞期费风险、跨境电商渠道进口非正面清单药品风险、离岛免税“套代购”走私风险、邮递渠道禁限类印刷品走私风险等风险态势建议 6 篇、风险分析 6 篇，其中船舶漏报滞期费风险、跨境电商渠道进口非正面清单药品风险、离岛免税“套代购”走私风险等 3 篇风险态势选题建议被海关总署选为全国风险态势报告；强化风险分析转后续处置效能，转稽核查建议 74 条，同比增长 3.60 倍，其中稽核查后移交缉私立案 5 家企业。

【货运渠道风险分析】2021 年，海口海关在货运渠道布控查获固体废物贝壳和旧锂电池案件 2 起、含涉濒危成分化妆品 54 票，以及濒危木种榉木制家具和未清洗的鸭毛各 1 批；强化对物流链、商品属性等分析，加强对检验检疫、禁限管制、侵权、品名规格数量伪瞒报风险的布控查验，全年人工分析布控查获率高于全国平均水平；针对进口河砂、宠物食品、电子配件等重点敏感商品，撰写风险分析报告 5 篇，配合缉私局相关部门调取梳理数据。

【非贸渠道风险分析】2021 年，海口海关制定邮递渠道安全准入风险防控“清邮”行动方案，组织风险联合研判 5 次，与监管、缉私等部门开展联合查缉行动 4 次；邮递方面，拦截濒危、有毒有害食品等安全准入风险情事 294 起，移交新型毒品 LSD（麦角酸二乙基酰胺，俗称“邮票”）、“水客”拆单走私、雪茄低价申报集货走私等缉私线索 3 条，发布邮递物品风险布控规则评估情况通报 12 份；快件方面，拦截濒危、有毒有害食品等安全准入风险情事46起，分析发现“水客”拆单走私、葡萄酒低价申报集货走私等风险，移交缉私线索2条；跨境电商网购保税布控有效率高于全国平均水平，开展打击跨境电商进口走私“断链刨根”专项整治行动，专题分析虚假交易风险，对宠物食品、酒类、奶粉等开展风险联合研判，移交缉私线索8条。

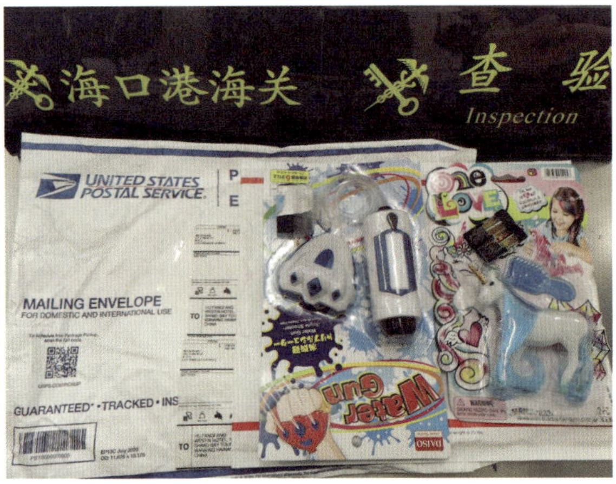

▲2021年10月25日，在海口海关所属海口港海关邮检现场查获玩具邮件中夹藏的毒品大麻烟油

大数据应用

【风险数据共享】2021年，海口海关对接海南省大数据局、海南省教育厅、海南省旅游和文化广电体育厅等单位，推动获取海港离岛车辆人员信息、旅行团信息、高等院校在校学生信息等数据，协调海关科技部门对接海关总署信息中心，将相关数据“入池”，丰富大数据资源，不断夯实大数据分析基础。

【大数据风险分析监控模型】2021年，海口海关紧紧围绕打击治理海南离岛免税“套代购”走私重点工作，对异动情况、异常人群等开展分析研判，总结走私风险特征，动态提炼风险特征要素，设置40余个监控指标，优化调整6个海关总署风险项目监控模型，在“云擎”系统构建大数据分析监控模型13个，其中“不同人员使用同一手机号购买免税品风险分析模型”和“返岛和邮寄离岛提货方式人次金额查询监控模型”获海关总署风险司审核认证，作为“云擎”平台级应用在全国海关推广应用。

▲2021年7月31日，海口海关关员在中免日月广场免税店现场测试离岛免税商品溯源码

口岸风险联合防控

【打击治理离岛免税“套代购”走私】2021年，海口海关实体运作海南口岸安全风险联合防控工作机制，与中国人民银行海口中心支行点对点建立打击海南自由贸易港免税商品“套代购”走私协作机制，及时处置“套代购”走私风险；深化综合治理，推动法制宣传“进校园、进社区、

进企业”，联合海南省打私办先后面向省内 20 所高校 5,900 余名高校师生、免税店及港口码头等企业员工 3,740 余人开展政策宣讲，与海南省委政法委、省打私办联合推出《打击离岛免税“套代购”走私法制宣传片》。

【新冠肺炎疫情和濒危物种安全风险防控】2021 年，海口海关对接海南省公安、航空、港口、边检等部门，筛选新冠肺炎疫情风险重点对象，对海南口岸进境运输工具下达登临检疫布控指令，布控船舶检出新冠病毒阳性病例；与国家濒危物种管理部门建立常态化沟通渠道，在贸易渠道布控查获含涉濒危成分化妆品 54 票、濒危木种刺猬紫檀52 吨，在非贸渠道布控查获花旗参、人参、虫草、鲟鱼籽等濒危野生动植物及其制品 38 票。

（撰稿人：左保杏子　刘　敏　周春松　钟帅彬　潘　韬）

第五篇

综合保障

政务管理

概况

2021年，海口海关发挥参谋助手、综合协调、服务保障等职能作用，进一步提高“三办三服务”（办事、办文、办会及服务发展、服务决策、服务落实工作）水平，对政务工作实施科学化、规范化、精细化管理，推动海南自由贸易港建设、新冠肺炎疫情内部防控等重点工作落细落实，年内保障署省领导会见、调研座谈等各项政务活动13次，保障海口海关与海南省主要部门、重点企业座谈政务保障工作50余次，为关区新时代“一流海关”建设提供保障。

应急值守

【政务应急值带班管理】2021年，海口海关严格执行三级值带班制度，即关领导在岗带班，处级干部、值班员24小时在岗值班制度。值班人员严格遵守各项值班纪律要求，严格执行各项值班制度规定，严禁发生擅离职守、漏接电话等情事，同时掌握突发事件处置和报告流程等值班应知应会内容。该关办公室严格值班工作督促检查，全年未发现漏接电话、擅离职守等造成重大事故情况。

【值班信息报送】2021年，海口海关办公室多次在重大节假日等关键时间节点向海关总署报告一把手重要节点带头在岗带班、重大节假日检查值班值守工作和慰问值班值守人员的值班应急先进经验；向海关总署电话和微信报送应急值班系统使用中发现的199开头的手机号码无法录入系统、数据表格无法正常导入等问题，并主动联系加入“海关总署应急值班运维群”。2021年，该关共向海关总署报送值班信息70条，进一步畅通值班信息报送渠道。

政务信息

【完善政务信息工作机制】2021年，海口海关完善信息约稿、采编、撰写等机制，试行“办公室出题、业务部门审核、隶属海关主笔”的联合协作组稿模式；围绕海关总署和海南省委省政府决策部署，整合各大网络新闻媒体平台舆情信息，捕捉对自贸港建设具有参考价值的决策做法，向海关总署及海南省委省政府提供决策参考。2021年，《海南离岛免税铁路渠道“套代购”走私态势得到有效控制》《海口海关立体式推进青年干部理论学习激励青年岗位建功》等信息9篇，4月份我国消费品进口增长等信息18篇获海关总署内部期刊采用；《1—4月海南消费品进口增速稳居全国第4位》《美兰空港口岸4月份进出口实现年内首次正增长海关建议结合空港综保区重点打造航空产业》等信息126篇获海南省委省政府办公厅《政府要情》《海南信息》等各类信息载体采用。

会议管理

【会议管理规范】2021年，海口海关加强对关区各类会议的前瞻性预判并做好合理安排，严格按照程序和要求进行审批，从严控制会议数量、会期和参加人员规模，清理、减少各类临时性、突发性会议活动。建立健全会议计划档案，做好对会议审批文件、会议通知及实际参会人员签到表等资料留存。2021年，该关办公室顺利完成各类会议保障工作。

公文处理

【公文办理】2021年，海口海关规范公文审核标准，落实重要文稿“双人唱校”制，修订印发《海口海关公文处理工作办法》，进一步落实精简文件要求、提高公文质量，巩固公文精简成效，重点加强对便函、公文处理纸等非正式文件的管控。2021年，该关机关发往隶属海关正式文件同比数量减少，便函、部门函等非正式文件减少幅度较大。

【参政辅政】2021年，海口海关组织办公室等相关部门起草署省领导会见工作汇报、谈话参考及调研点基本情况等文稿200余篇次，梳理审核各类重要业务材料300余份，推动促成有关重要工作事项议定。该办不断提高理论研究和以文辅政水平，牵头组织起草2021年海口关区工作会议主报告、党委专题民主生活会、政协提案等重要文稿；围绕支持海南自贸港建设深入思考，参与海关总署部署的重点产品专项调研工作，承担完成关级课题、学会主题征文共3篇。

督查督办

【重点专项督查】2021年，海口海关建立学习、传达、督促、落实闭环链条，先后就习近平总书记对打击离岛免税商品“套代购”走私做出的重要批示、海南自贸港建设分工任务、优化口岸营商环境和关区年度重点工作等进行督办督查，发挥督察例会平台作用，全年共召开关区形势分析及工作督查例会12次，拟定例会督办任务88件，起草发布督查通报12期；开展海口海关2021年关区综合性大督察工作，会同相关部门对关区各隶属海关进行实地督查检查。2021年，该关共办理海关总署、海南省及关内各项督查件400余件，按期完成率100%；处置国务院“互联网+督查”平台转办线索1件，是中央驻琼单位中唯一一个连续5年获评“优秀”的单位。

【督查检查形式创新】2021年，海口海关针对企业反映的现实困难，采用“四不两直”形式，不打招呼、直插业务一线了解第一手信息；与企业面对面交流，倾听企业的心声；召开业务协调会，排查堵点难点；建立滚动督办清单，对主办部门实行限时销号管理，确保企业反映的问题第一时间得到解决。2021年，企业反映的出口报关单结关不及时导致无法退税、进口冻品滞港时间长、崖州湾科技城进口设备税收优惠等问题均已销号，在回访中得到企业好评。

建议提案办理

【服务人大政协工作】2021年，海口海关配合起草全国政协提案2件，配合做好全国政协领导在琼调研和会议保障，建立省人大代表联系渠道。2021年，该关共办理海南省“两会”建议提案19件，其中，省人大建议7件（均为协办件），省政协提案12件（主办3件、会办9件）。不定期接收政协代表的日常提案，全年共办理日交办提案5件。上述提案均按要求办结，并达到“5个100%”（按时办复率100%、答复函件规范率100%、沟通走访率100%、应公开复文公开率100%、建议提案人对办理结果满意率100%）目标。

【提案推动改革创新】2021年，海口海关针对海南省儋州代表团提出的《关于建设洋浦国际冷链物流中心的建议》，加快冷链货物流转，向海关总署争取下放138类《协调制度》编码的进境肉类产品检疫审批权，已授权食品种类由原有225种扩大为363种，进境食品检疫审批实现最快1日内办结。针对彭正强委员提出的“关于海南自贸港建设防范外来入侵生物的建议”的提案，海口海关开展打击非法引进外来物种和种子苗木“国门绿盾2021”行动，在关区内重点打击非贸渠道非法引进种苗和外来物种的行为；制订年度入境口岸监测和检疫性实蝇、外来杂草等专项监测工作计划，在全省各对外开放口岸、省内重点区域常态化开展外来有害生物监测工作。与省农业农村厅等职能部门加强联防联控，共同做好红火蚁监测防控和水葫芦等外来入侵生物监测防治工作。

保密管理

【保密教育宣传】2021年，海口海关组织各部门单位在工作中已经或可能接触、知悉国家秘密的人员，包括领导干部、在岗干部职工、工勤人员等共计981人签订《保密承诺书》；组织人员参加海关总署、海南省国家保密局举办的各类保密培训班共计36人次；邀请海南省委国安办专家开展国家安全专题培训，举办反间防谍宣传活动，通过发放挂图、警示教育片、保密书籍等保密宣传教育资料，以涉密人员为重点，开展“保密意识”和“保密常识”教育。

【保密管理责任制落实】2021 年，海口海关根据关区工作部署确定涉及保密工作的各项考核指标，根据部门职责进行任务分工，按节点做好测评申请、制度完善、日常管理、环境检测、自查自评等第三次涉密网络风险评估测评准备工作。及时做好密件的收发文工作。2021 年，海口海关办公室接收并办理文件 10,599 份，发文 1,832 份，确保关区公文流转秩序正常。2021 年 9 月，海口海关保密办经海南省保密办 2021 年度保密工作考核，最终以 90 分的成绩获得“优秀”等次。

档案管理

【档案资料规范完善】2021 年，海口海关根据海关总署办公厅要求做好档案归档、整理等基础性工作，2020 年度文书档案已通过海关总署办公厅视频验收；完成 1977—1999 年永久性文书档案清理、鉴定、修复、组卷，合计 5,100 余件 458 卷，确保专业档案应收尽收、应归尽归。同时，该关做好档案库房管理，定期开展消防安全检查，在汛期等特殊时期做好库房用电、门窗安全检查和节假日安全提示；开展档案库房安全检查工作，各档案库房管理单位指定专人负责，重点针对现有设施设备配置、档案实体安全、档案库房安全等方面开展，把档案库房安全责任制落到实处。

【特色专题档案开设】2021 年，海口海关结合关区工作特点，开设海南自贸港建设档案、红色档案、扶贫档案等，在年度档案宣传日通过发放宣传资料、投稿海关总署组织的“红色档案征文”等形式丰富档案宣传活动内涵，全面记录新时代海口海关事业发展的历史性变化、取得的历史性成就，不断丰富完善海口海关史料记载工作。

政务公开

【政务主动公开】2021 年 9—10 月，海口海关开展为期 2 个月的“我为群众办实事”——海南自贸港海关政策“走进重点市县、重点园区、重点企业”巡回宣讲活动，面向全省地方党政部门、省内 11 个重点园区及其他产业园区和重点企业及行业协会开展“面对面”交流。同时，该关采用 12360 海关热线电话、海口海关微信公众号等多种形式畅通海关线上政策咨询渠道，按照企业群众需求，每月在门户网站本关统计栏目公开海南外贸进出口和海南离岛免税销售情况等数据，持续更新“疫情防控和六稳六保”专栏，全年该关门户网站公开各类信息 737 条，解读回应 44 条，办理群众留言 141 条。该关不断提高政府采购透明度，全年办理海关政府采购意向公开 20 条。该关改进依申请公开工作，对所有依申请公开事项实行全过程跟踪，不断提升申请人满意度，全年受理依申请公开 11 件，较 2020 年增加 57.10%，申请事项主要集中在进出口食品安全、海关统计、离岛免税等方面。

【平台服务功能公开】2021 年，海口海关建立《海口海关门户网站栏目维护表》，明确每个栏目责任分工，建立关区门户网站管理微信群，加强督促对公开信息的更新检查。全面优化门户网站页面布局，确保信息公开平台运行规范高效。重构行政执法公示栏目的布局和页面，在行政执法的事前、事中、事后三个环节，依法公开相关执法信息。完善海口海关 12360 微信公众号政务服务功能，设计开发“离岛免税异常数据核销小程序”，进一步减少购物旅客申请人工核销的流程和核销时间，全年共受理离岛旅客异常数据 3,933 条。同时，该部门完成海关 12360 热线与 12345 热线归并工作，完善 12360 热线知识库动态维护更新机制，通过高频率使用知识库全面提升话务人员业务能力，

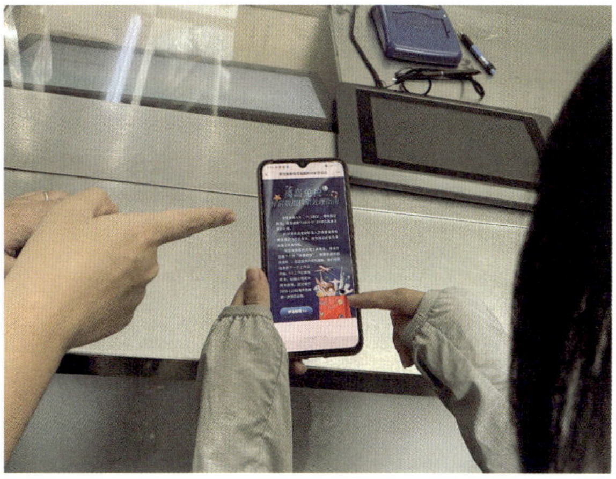

▲2021 年 8 月 10 日，海口海关推动 12360 微信公众号上线离岛免税异常数据核销小程序

提升为企业和群众提供“一号答”“一站式”的政策咨询服务质效。

信访工作

【信访事件源头治理】2021 年，海口海关紧盯国庆、党的十九届六中全会等重点时期和重要节点，组织关区各部门单位深入开展矛盾纠纷排查化解工作，妥善解决群众反映强烈的突出问题，保证矛盾不上交，人员不上行；加强上下联通，对涉及到有关规定不够明确的信访问题，主动向上级请示和相关部门联系，及时研究解决途径和办法，妥善解决疑难信访问题；组织开展应急演练，着力提高保障公共安全和处置突发公共事件的能力，最大限度地预防和减少突发公共事件及其造成的损害，保障公众的生命财产安全。

【诉求反映渠道拓宽】2021 年，海口海关充分整合利用现有诉求反映渠道，搭建 12360 热线、微信、门户网站、邮件等相融合全方位的便捷诉求反映平台。安排专人值班读网，及时受理反映问题、解答群众疑问、办理群众反映问题。2021 年，该关共受理海南省网上信访系统转办的信访件 20 件，受理海口海关门户网站信访留言 15 件，信访办结率 100%；受理海关总署信访办转办信访件 2 件，办结 1 件，转入涉法涉诉程序 1 件。

新闻宣传

【媒体宣传】2021 年，海口海关聚焦

展示海关支持海南自由贸易港建设的生动实践，争取上级部门及新闻媒体支持，突破性实现中央电视台《新闻联播》播发任务量位于全国海关前列，全年完成中央电视台《新闻联播》6次播报海口海关工作（4次为单条新闻），中央电视台采播新闻62条，《人民日报》刊发20篇，《光明日报》《经济日报》等刊发78篇，《中国国门时报》刊发97篇，海南电视台《海南新闻联播》采播新闻65条，《海南日报》等地方媒体刊发120篇，平均3天刊发1篇（条），居全国海关前列，扩大了海口海关的社会影响力。

▲2021年5月29日，海口海关负责人接受中央电视台《海南自由贸易港建设总体方案》发布一周年采访

【围绕特色优势策划宣传】2021年，海口海关在习近平总书记“4·13”重要讲话发表三周年和《海南自由贸易港建设总体方案》发布一周年等重要时间节点，宣传该关贯彻落实党中央国务院决策部署，深化制度集成创新支持海南自由贸易港高标准建设高质量发展的举措，中央电视台采访施宗伟关长并在中央电视台《新闻联播》节目《奋斗百年路 启航新征程 今日中国 海南：开放新高地 奋进自贸港》予以播放，《中国日报》头版头条报道《Hainan FTP eyes greater opening-up》发布施宗伟关长相关采访。在全国“两会”期间发挥施宗伟关长全国政协委员的影响力，被中央及地方各大媒体平台尤其是中国海关官方媒体平台连续7日报道、刊播全国政协委员关长专题新闻23篇（条），《人民政协报》和人民政协网先后3次刊发关长采访内容。把握消博会央媒集中来琼报道的机会，与中央电视台、中央人民广播电台、新华社、《经济日报》、《中国日报》等密切联系，关领导在消博会现场接受中央电视台采访，中央电视台《新闻直播间》《第一时间》《经济信息联播》、新华社、央广网、《经济日报》、《中国日报》、《人民政协报》等中央媒体及《海南日报》、海南电视台等地方主流媒体持续报道海口海关服务保障消博会有关工作。

【海关系统平台宣传】2021年1月26日、27日，海口海关在《中国国门时报》专版宣传组稿任务，先后在《中国国门时报》发表《坚定笃行守望相助——海口海关大力推进脱贫攻坚工作回顾（专版）》《蹄疾步稳 砥砺前行 海口海关全力推进海南自由贸易港建设开好局起好步（专版）》2个专版报道。全年该关在《中国国门时报》发表27篇头版稿件，撰写的《国家（海南）热带植物隔离检疫中心：

让农民赚了口袋、富了脑袋》获得中国海关传媒中心“2021 国门传播奖”二等奖。

【舆情管理】2021 年，海口海关建立舆情监测每月值班制，通过海关总署舆情监测数据平台筛选有价值信息，为海关总署提供舆情决策参考。在海口海关公务员录取期间，会同人事部门开展舆情监测工作，其间未发生投诉举报和负面舆情，顺利保障完成海口海关 2021 年度考试录用公务员报名资格审查。同时，加强涉及新冠肺炎疫情防控信息的宣传引导，关注舆情动态，协调各单位部门教育引导干部职工不得传播发布非官方的、未经证实的有关疫情防控措施及不实消息，避免引起群众误读误判。

（撰稿人：卢劲松　刘云方　刘　祎
张　恒　陈小燕　赵　瀛）

财务管理

概况

2021年，海口海关按照党政机关过“紧日子”要求，紧密围绕“政治建关、改革强关、依法把关、科技兴关、从严治关”，集中财力优先保民生、重点保运转、精准保发展，进一步健全财务保障和管理机制，完善制度标准体系建设，为海关事业发展中的各项改革和建设提供后勤保障。

税费私货管理

【涉案财物管理】2021年，海口海关建立涉案冻品及“双无”固体废物移交地方处置工作机制，促成《海南省查扣走私冻品归口处置试行办法》和《海南省强化危险废物监管和利用处置能力改革行动方案》印发落地实施；完成涉案财物拍卖企业及评估企业名单库筛选，15家企业入选拍卖企业及评估企业名单库，其中拍卖企业10家，评估企业5家；制定《海口海关涉案财物社会仓储管理办法》，规范涉案财物仓储管理。

【涉案财物处置】2021年，海口海关深化与公众网络平台的合作力度，全年通过网上平台成功拍卖涉案物品4批次；争取林业、海洋、药监、环保等地方主管部门对海关涉案财物处置工作的支持，向海南省林业局移交罚没物品1批；规范涉案财物销毁及移交处置工作，销毁及发还涉案财物1批；根据海关总署财务司开展库存罚没外币清理处置工作部署，处置库存多年无法兑换外币1批。

【税费管理】2021年，海口海关开展税款入库监控，提升税收入库效率，全年入库税款78.18亿元。

预算管理

【预算保障和绩效管理】2021年，海口海关争取中央财政资金支持，统筹存量资金、地方应有支持等财力资源，充实预算盘子。该关坚持厉行节约、精打细算，持续调整优化支出结构，关区一般性财政支出较2020年同期减少7.62%，“过紧日子”见成效。完善预算绩效管理制度和指标体系，开展重点项目绩效评价工作，促进评价结果与项目资金安排相挂钩，推进预算和绩效管理工作的进一步融合。

【抗疫物资保障】2021 年，海口海关健全以中央财政保障为主、地方联防联控机制为辅等多渠道支持的新冠肺炎疫情防控保障机制，向海关总署争取到 2021 年新冠肺炎疫情防控经费预算 1,395.14 万元，接受地方无偿调拨防疫物资折算成资金 103.73 万元。

【缉私经费保障】2021 年，为顺应缉私管理体制调整平稳过渡，海口海关初步建立新的缉私财务保障机制，财务处采取经费跟踪预警、邮件提醒等多种方式进一步优化缉私财务服务工作的同时加强规范性审核，并结合关区总体预算情况和缉私工作部署，对临时性紧急事项的缉私经费缺口，统筹做好资金保障工作，优先保工资、保运转、保基本民生。

基建管理

【基本建设】2021 年，海口海关修订并执行新的海关基本建设管理制度，履行竣工项目总验收程序，协调海关总署完成八所海关业务技术综合用房维修改造项目、海口海关总关单身交流干部宿舍项目、海口海关热带虫媒传染病实验室、海口海关热带植物隔离检疫中心实验楼及附属设施 4 个项目总验收工作，开展总关业务技术及综合用房维修改造等项目实施过程监督管理，促进在建项目平稳有序推进。

▲海南自由贸易港全岛封关运作建设项目之一——海口海关技术中心实验室改造项目

【政府采购】2021 年，海口海关完善政府采购管理制度，进一步明确各部门职责分工及操作流程；落实职能管理，推进采购执行监督管理；通过一事一议方式公开选择招标代理单位、集体会审招标文件等管理方式，提升政府采购公开透明度，防范采购管理风险；突出重点，主要关注招标代理单位产生、政府采购计划审核及报备、采购方式和招标文件审核、采购信息公开等关键环节，进一步规范采购工作。

【自贸港重点项目建设】2021 年，海口海关支持海南自贸港建设，谋划海南自由贸易港海关智慧监管平台、自贸港口岸监管设备、海南国际旅行卫生保健中心建设、海南自由贸易港海关智慧监管平台基础保障项目即海口海关智慧监管技术业务用房、海口海关技术中心实验室改造、海口海关植物隔离检疫中心文昌三亚苗圃升级改造、海口海关水上缉私（监管）码头及船艇建造、海南自由贸易港全港创卫、海南自贸港国门生物安全和商品质量安全风险监测及快速反应监管能力建设等9个重点建设项目，将项目清单报送国家发改委、海关总署和海南省发改委。财务处组织完成海关智慧监管平台项目保障项目、海南国际旅行卫生保健中心等5个项目的可研报告，报省发改委审批立项；协调海口市政府和江东新区管理局落实海关智慧监管平台保障项目和海南国际旅行卫生保健中心建设项目用地31.47亩。

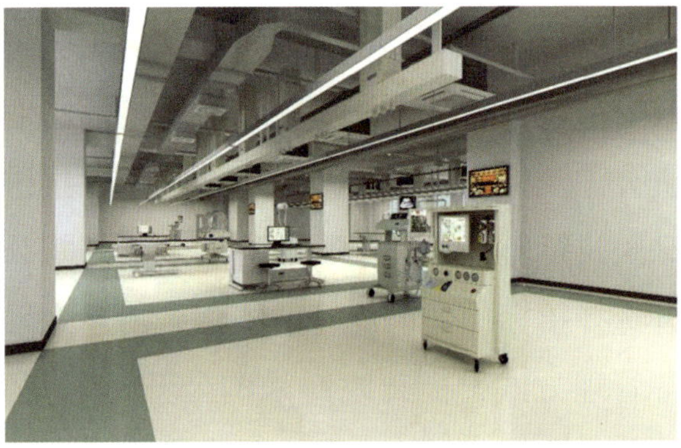

▲海南自由贸易港全岛封关运作建设项目之一——海口海关技术中心实验室内部改造项目

资产装备管理

【车辆管理】2021年，海口海关组织各单位对资产系统的车辆信息进行更新完善，确保信息真实完整。该关结合审计整改要求，对各单位车辆的使用登记情况及公示情况进行定期督促检查；执行“定点加油、定点维修、定点保险”及“一车一卡”等，把公务用车管理制度落到实处。

【资产盘活】2021年，海口海关立足关区2020—2022年房地产处置利用三年规划，重新梳理制订关区闲置资产处置利用计划，利用关区内部功能调整、使用权无偿调剂等形式开展16处闲置资产的盘活利用工作，完成盘活利用9处，正在推进7处。

机关财务管理

【会计核算】2021年，海口海关贯彻落实中央“过紧日子”要求，根据预算开展财务审核，对于预算要求严格控制的相关费用与经费使用部门密切配合，建立台账登记制和定期对账制，按时做好财务凭证出具、工资发放、公积金和社保缴纳工作；按时完成并上报各类报表和决算报告。

【业务指导与培训】2021年3月，海口海关采取送教上门的方式开展对各隶属海关财务工作指导，从财务内控管理、会计基础工作等方面着手，结合财务检查等方法完成对洋浦港海关的现场业务指导。11月，组织开展年度财务培训，针对各类财务检查、内部审计、巡察中发现的共性问题，以远程直播的方式进行问题分析与讲解。12月，以跟班学习的方式，完成博鳌机场海关会计人员带教工作。

【税务指导与筹划】2021年3—6月，海口海关通过多种方式指导和协助在职及退休职工办理2020年度个人所得税汇算清缴，通过建立微信群、电话等方式随时解答职工关于个人所得税相关政策的疑问。2021 年 12 月，海口海关完成全体在职职工和退休人员 2021 年个人所得税缴纳筹划和汇算清缴指导工作。

事业单位财务管理

【提质增效】2021 年 4 月，海口海关召开事业单位工作座谈会，立足长远思考改革发展路径，增强事业单位发展的紧迫性，保障事业单位良性循环发展。2021 年修订印发《海口海关事业单位监督管理委员会工作规程》，规范事业单位监督管理委员会工作，发挥监委会对事业单位重大经济活动事项的监督管理作用。

▲2021 年 4 月 28 日，海口海关召开事业单位工作座谈会

【国有企业改革】2021 年，海口海关推动隶属事业单位所属企业开展国有企业公司制改革，在全面摸清底数的前提下指导下属三家企业制订公司制改革方案，一企一策，倒排时间点和路线图，按照规定时间完成公司制改革，从根本上解决全民所有制企业由政府承担无限责任等问题。

【事业单位所属企业脱钩】2021 年，海口海关按照海关总署《海关事业单位所属企业脱钩工作方案》要求，停止下属企业海南椰海实业开发有限公司执收的进出境检疫处理业务；业务职能部门梳理形成需要剥离的业务清单，涉及技术中心、保健中心和隔检中心 3 个事业单位共 13 项业务，按要求于 2021 年 9 月 1 日停止；财务处持续跟进海关总署财务司对参股公司退股的工作指导，督促后勤管理中心依法依规，有序开展参股公司退股工作。

（撰稿人：丁淑菲　邓红壮　李玉梅　张　凯　陈文竹　钟小卫　陶进桂　曾　兴　蔡　宇　蔡　汾）

科技发展

概况

2021年，海口海关贯彻落实“五关”建设要求和海口海关党委各项决策部署，按照“责任强化年”要求，推进“科技兴关”，完成全年各项工作任务。“进口原辅料”“进口交通工具及游艇”“进口自用生产设备”“加工增值30%政策”等早期收获项目的信息化系统上线使用，海南岛内居民日用消费品免税购物海关监管和数据交换平台完成开发，开发离岛免税海关监管系统溯源码管理功能。立项国家重点科研项目1项，金额2,450万元；立项省部级科研项目6项，总金额539万元，较2020年分别增长100%和345%，其中立项海南省重大科技计划项目1项，金额500万元；首次进入全国海关科普讲解比赛决赛，首次获得海南省科普讲解比赛3等奖；组织2021科技活动周各项活动获全国科技活动周组委会和科技部荣誉证书。保障H2018等重点项目全年稳定运行，完成智能审图信息化平台（2021版）、业务网国产邮件平台等系统上线，完成“护网2021”网络攻防演练、中国共产党成立100周年网络安全保障、业务数据安全治理等专项工作。

信息化建设

【海南自贸港信息化建设】 2021年，海口海关配合海关总署完成“进口原辅料”“进口交通工具及游艇”“进口自用生产设备”“加工增值30%政策”等项目的信息化系统上线使用，开发完成海南岛内居民日用消费品免税购物海关监管和数据交换平台；配合海关总署完成《海南自贸港海关智慧监管平台可行性研究报告》编制；参与海关自贸港智慧监管平台基础保障项目建设，编制《海口海关数据中心机房建设方案》；开发离岛免税海关监管系统移动应用端App，升级离岛免税海关监管系统2次，保障离岛免税“邮寄送达”“返岛提取”等新政顺利实施；开发离岛免税海关监管系统溯源码管理功能，接收各类溯源码数据1,849万条，向湛江海关共享旅客提货信息等实时数据1,489万条，为联合打击“套代购”提供信息化支撑；

推动海南自贸港监控指挥平台（二期）项目开发；组织研发“AR 全景可视化监管平台”，构建立体可视化视频地图；创新应用通信运营商视频监控云平台接入模式，每年为海口海关节省设备和线路投入50万元，为企业节省线路投入114万元。海口海关已获得海南省交通运输厅等20家单位6,943万条共享数据，并推送至海关总署大数据池。

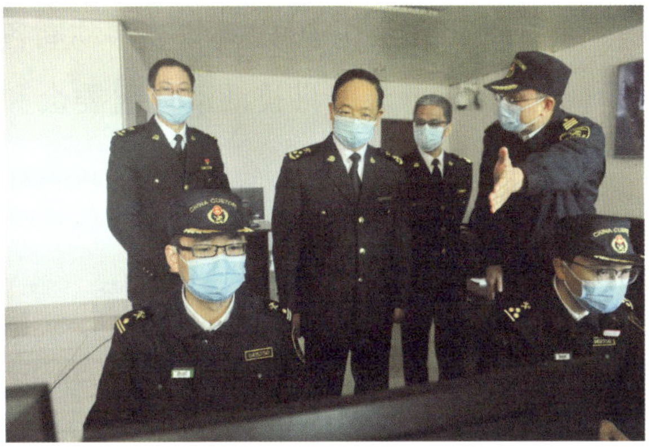

▲2021年1月18日，海口海关关长施宗伟到洋浦经济开发区海关了解机检设备使用情况

【信息化支撑保障】2021年，海口海关完成署级信息系统运维保障242次，各类重要关级信息系统139次，办理海关总署快速通报616条，完善海口海关内控平台37次；完成智能审图信息化平台（2021版）等署级系统上线，对H986设备、CT机进行智能审图算法更新；组织完成“安全生产月”工作要求及庆祝中国共产党成立100周年关区网络信息系统安全保障任务，参加“护网2021”网络信息系统安全攻防演习，持续做好业务数据安全专项清理，共清理账号1,518个、多余授权217个，2021年该关防病毒软件安装率持续保持100%，平均设备病毒感染率降至0.20%以下；开展异常业务数据安全管理，共受理异常业务数据申请53次，持续做好数据导出管控，共处理数据导出申请单1,132次；优化基础支撑平台性能，增强稳定性和承载能力，确保海关H2018新一代通关管理系统等信息系统安全稳定。

实验室管理

【实验室安全管理】2021年，海口海关各类实验室检测项目扩项1,100项，扩大检测方法160个，增加食品、化妆品等7类检测对象，截至2021年12月31日，海口海关实验室检测能力项目总数达到7,938项。年内，科技处组织对实验室进行专项安全检查4次，为实验室配置各类设备102台件，对2020年实验室仪器设备使用开展绩效考核。

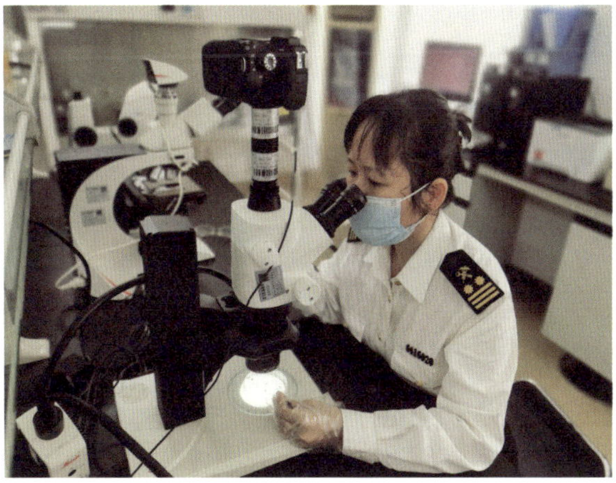

▲2021年3月10日，海口海关所属海口美兰机场海关关员在初筛实验室进行显微镜镜检

【科技战“疫”】2021年，海口海关

组织购置核酸检测实验室相关设备56台件，提升实验室核酸检测能力；完善实验室感染应急处置预案，持续开展核酸检测实验室生物安全巡查和实验室安全检查，促进防护和检测安全；组织开展2021年实验室新冠病毒核酸检测能力实操考核，11人取得检测资质。

科研管理

【科研能力提升】2021年，海口海关组织立项国家重点科研项目1项，金额2,450万元；立项省部级科研项目6项，总金额539万元，较2020年分别增长100%和345%，其中立项海南省重大科技计划项目1项，金额500万元。立项海关技术规范制（修）订项目7个，2021年结题的2项科研项目均按时验收；发表SCI收录论文或中文核心期刊论文共5篇，获得3项专利授权，2人入选海南省食品安全专家库。

【开展科普宣传】2021年，海口海关组织参加2021年全国海关和海南省科普讲解比赛，该关1人首次晋级全国海关科普讲解比赛决赛，1人首次获海南省科普讲解大赛3等奖；组织2021年科技活动周各项科普活动获得全国科技活动周组委会和科技部荣誉证书。

（撰稿人：李　坚）

督察内审

概况

2021年，海口海关贯彻习近平总书记重要讲话和重要指示批示精神，准确把握海关督审工作新任务新要求，根据海关总署党委、海口海关党委关于督察内审工作的部署，全面落实海口海关“责任强化年”工作安排，重点围绕习近平总书记重要指示批示和党中央、国务院重大决策部署开展督察，改进内部审计工作方式，深化内控机制建设，完善执法评估体系，强化督察审计，监督与其他监督贯通融合，助力海口海关各项工作高质量发展，服务新时代“一流海关”建设及海南自由贸易港建设大局。

督察监督

【署级专项督察】2021年，海口海关组织督察内审处、卫生检疫处、口岸监管处等组成督察组，对海口海关进境高风险货物风险监测和预防性消毒措施落实情况、进出口危险化学品监管措施落实情况开展2个专项督察。督察期间，督察组以问题为导向，调阅文件记录112份，谈话了解95人次，分析电子通关数据650条，发现存在预防性消毒作业录证不规范、实验室危险化学品安全管理存在隐患等6个问题，均督促责任部门整改落实完毕。

【关区自主督察】2021年6月至12月，海口海关结合工作实际，自主对海口海关支持海南自贸港建设措施落实情况、优化口岸营商环境措施落实情况、监管设备管理及使用情况开展专项督察。期间共调阅文件记录350份，谈话了解72人次，分析电子通关数据3,250条，发现存在洋浦保税港区现有的硬件条件与海南自贸港建设要求有一定差距、部分无人机设备长

▲2021年12月9日，海口海关组织参加海关总署落实国家审计整改工作专题视频会议

期闲置未使用等6个问题，并推动解决硬件设施建设、加注保税油相关政策落地等工作中存在的5个方面难题。

内部审计

【署级专项审计】2021年5—7月，海口海关对推动重大决策部署贯彻落实、强化监管优化服务、贯彻执行中央八项规定及其实施细则精神3个重点方面开展专项审计自查，同期对实验室建设开展专项审计调研。协调财务处等相关部门，持续做好2020年海关总署专项审计发现海口海关地下车库及人防工程项目未及时编制竣工财务决算问题的整改。

【关级各类审计】2021年，海口海关根据干部变动情况以及工作需要，对海口港海关开展任中经济责任审计、对隔检中心开展离任经济责任审计、对椰城海关开展专项审计。针对内部审计发现问题，开展审计“回头看”，截至2021年12月31日，27个问题已整改完毕，1个问题正在整改。

内控建设

【内控组织建设】2021年，海口海关党委听取督审内控工作专题汇报1次，海口海关关领导对内控机制建设工作批示部署7次。隶属海关均成立内控工作领导小组，建立领导小组例会制度、会议决定事项督办制度，并对内控工作具体实施进行分工。2021年8月27日，海口海关召开海口海关内控工作领导小组会议，督审处（内控办）领导通报内控工作情况并部署相关工作，要求落实主体责任，强化工作协同配合，筑牢“基层自控”“职能监控”“专门监督”三道防线，健全权力运行制约和监督体系。

【内控综合管理】2021年10月19日，海口海关以“直播”形式举办海口海关内控工作培训班，全年赴海口美兰机场海关、马村港海关等隶属海关开展“送教上门”培训3次，对关区巡察干部开展内控专题培训1次、线下“一对一”辅导56次、线上协助解决HLS2017系统应用疑难和辅助数据分析建模97次，编发《琼关内控》29期。同年6—9月对海口港海关、椰城海关开展内部控制评价工作，发现隶属海关在内部控制的组织领导、制度建设等方面3类问题，提出评价建议6条。

【内控节点指标体系建设】2021年，海口海关优化更新海口海关内控节点54个，涉及税收征管、口岸监管、财务管理等6个业务领域，其中海南自贸港特色业务内控节点18个；应用内控节点开展检查355次，查发问题321个，主要集中在税收征管、口岸监管、综合业务相关工作；抽取100个署级内控节点，评价其在海口海关的落实情况并形成《海口海关内部控制评价报告》专题报告。

【内控前置审核】2021年，海口海关协助海关总署督察内审司对《中华人民共和国海关进出口商品检验采信管理办法

（征求意见稿）》等11项规章制度提出建议明确评估审查的内控措施及审查时限等复核意见17条，对海口海关印发的《海口海关涉案财物社会仓储管理办法》等16项规章制度、2项信息化应用项目、1项改革措施开展内控前置审核，提出复核意见19条。该部门结合业务执法一线岗位技能强化行动对《海口海关工作手册汇编》进行内部评审，及时维护更新《海口海关工作手册汇编》23次，抓好关区行政执法和内部质量管理的考核评估，提升海口海关各项工作质量。

执法评估

【署级专题执法评估】2021年8月，海口海关按照“数据+指标+分析+调研”工作模式要求，协助完成署级专题执法评估项目“全国海关技术性贸易措施工作成效”的书面调研及问卷调查工作，对海口海关技术性贸易措施应对工作现状、存在困难进行分析，对海关总署及直属海关层面加强技术性贸易措施工作提出意见建议，供决策参考。

▲2021年6月30日，海口海关执法评估工作组就关区跨境电商监管评估指标设置开展研讨

【关级执法评估工作】2021年，海口海关完成“海口海关跨境电商监管情况执法评估”及“海口海关卫生检疫执法评估”2个自选专题评估项目，指出检疫查验条件受限造成疫情防控风险等8个主要问题和风险点、信息化建设能力有待加强等2个需要关注的突出问题并提出改进建议，评估结果通报相关部门改进工作，发挥执法评估的宏观评价、服务决策和内部监督作用。

（撰稿人：许晓君）

第六篇

隶属海关

洋浦经济开发区海关

【概况】1993年9月4日，海关总署批复成立洋浦经济开发区海关筹备处；2003年4月30日，海关总署批复同意洋浦经济开发区海关正式开关，同年9月9日挂牌开关。2021年，洋浦经济开发区海关共设有办公室（党委办公室）、人事政工督审处（党委组织宣传部）、综合业务处、属地查验处、监管处、稽查处等6个内设机构，为偏属地综合型海关，口岸业务辖区为洋浦经济开发区（洋浦保税港区除外）、儋州市，属地业务辖区为海南省西部片区（含东方市、儋州市、三亚市、五指山市、昌江县、白沙县、陵水县、保亭县、乐东县、琼中县、洋浦经济开发区、洋浦保税港区）。2021年，该关落实海口海关关于洋浦经济开发区海关、洋浦港海关一体化运作的工作部署，6月15日，洋浦两关正式实施一体化运作模式，洋浦两关12个内设部门整合为6个部门，分别为办公组、人政组、协同监管组、综合业务组、联合查检组、稽查组，下设15个小组，实现洋浦地区海关对外统一协调，对内统筹运作的新局面，助推洋浦建设海南自由贸易港先行区示范区取得成效。

【推进海南自贸港制度创新】2021年，洋浦经济开发区海关推动“洋浦保税港区海关监管经验复制推广”“保税油加注跨部门集成监管模式”“简化报关单位备案手续”“洋浦保税港区内消费业态海关监管模式”“海关核查认可企业自查结果模式制度创新”5项海关监管创新举措落地，2020年落地的出口成品油“即检即放”检验监管、洋浦保税港区物流分离监管2项创新举措入选2021年海南省制度创新案例，并获得洋浦经济开发区制度创新突出

▲2021年12月1日，海口海关所属洋浦经济开发区海关、洋浦港海关关员在国际集装箱码头对集装箱货物实施开箱

贡献奖一等奖。“加工增值货物内销免关税”政策、内外贸同船境内船舶加注保税油政策以及跨境电商新零售等新业态顺利落地。“零关税”三张清单政策持续释放红利，为企业在进口环节缓缴或免征税款超8亿元。

【优化口岸营商环境】2021年，洋浦经济开发区海关成立压缩整体通关时间专项工作小组，排查延缓通关时效症结，实施进口原油“先放后检”制度、“先入区，后检测”制度，通关时间压缩50%以上。推进西部陆海新通道国际航运枢纽建设，促成洋浦国际集装箱码头公司获批进境水果指定监管场地资质，获核准为进境原木指定监管场地（B类）。释放政策红利助力企业发展，出口成品油“即检即放”创新监管模式为企业扩大出口产能150万吨，节省运营成本965.90万元，节省滞期费用331万元；“主动披露”海关优惠政策为企业减免滞纳金74.39万元；指导辖区12家企业参与增值税一般纳税人资格试点，可抵扣进项税额8亿元。

【落实口岸风险防控】2021年，洋浦经济开发区海关毫不松懈抓好新冠肺炎疫情防控工作，做好进口冷链食品和高风险非冷链集装箱货运口岸环节检疫工作，2021年未发现新冠病毒感染。落实安全生产专项整治三年行动，开展辖区危险化学品监管场所安全监管巡查和集中整治，推进三级监控指挥中心建设。重点打击“洋垃圾”入境，打击濒危物种走私犯罪活动，洋浦两关一体化运作查获进口固体废物2批，退运含有濒危成分的进口食品化妆品4批，立案侦办走私濒危植物制品等刑事案件11宗，立案调查进口固体废物等行政案件8宗，案值4.29亿元，同比增长97.70%。严把不合格食品、高风险货物进口关，查获并退运不合格农产品、特种设备压力管道、宠物食品等32批。

【全面从严治党】2021年，洋浦经济开发区海关深入开展“现场监管与外勤执法权力寻租”专项整治工作，抓好巡视巡察问题整改，广泛开展廉政警示教育。稽查联合党支部党建品牌“稽流勇进”获海关总署党建培育品牌复核认定，监管联合党支部同时获评海南省直机关“标准化党支部示范点”、海南省直机关“先进基层党组织”。

▲2021年6月17日，海口海关所属洋浦经济开发区海关、洋浦港海关组织开展“铭党史、守初心、担使命”主题党日活动

【干部管理】2021年，洋浦经济开发区海关巩固全国文明单位创建成果，成立抗疫志愿服务青年突击队，解决抗疫一线人员实际困难，参加乡村振兴、扶贫活动、爱心助学活动，获评“椰树杯——我参与·我奉献”全民大行动“先进组织”。加强关员能力建设，监管处获评“海南省三八红旗集体”，属地查验处获评“全国食品安全工作先进集体”，黎文同志获评海南省“三八红旗手标兵”，邝继凯同志获评海南省“优秀共青团员”。

【两关一体运作项目】2021 年，洋浦经济开发区海关开展“我为群众办实事”实践活动，推进洋浦地区海关“一体化运作”项目顺利实施，整合洋浦两关人力资源和优化业务流程，实现了洋浦地区海关“一口对外”协调和业务一站通办，该项目入选全国海关第一批“百佳项目”。

（撰稿人：郭　瀚　周秀琳）

海口美兰机场海关

【概况】中华人民共和国海口美兰机场海关（以下简称“海口美兰机场海关”）于2009年正式建关，属于海口海关下设的隶属海关，系正处级单位；2021年，海口美兰机场海关内设13个科级机构：办公室（党委办公室）、综合保障科、人事政工督审科（党委组织宣传部）、综合业务科、监管一科、监管二科、卫生监督科、旅检综合科、旅检一科、旅检二科、旅检三科、旅检四科、免税品监管科，辖区范围为海口美兰国际机场（以下简称“美兰机场”），包含海口空港综合保税区（以下简称“空港综保区”）、美兰机场二期国际货站和国际快件中心、美兰机场离岛免税店、美兰机场国际航站楼等特殊监管区域和监管场所。

【业务数据】2021年，海口美兰机场海关受理报关单11,495份，同比增长43.40%，监管进出口货物6,913吨，货值22.32亿美元，分别下降22.20%、31.70%，税收入库数5.37亿元，增长30%；2021年1月1日至8月4日（2021年8月5日至2021年年底，美兰机场口岸无国际快件业务），海口美兰机场海关监管国际快件价值7,432.11万元；2021年，海口美兰机场海关签发国境口岸卫生许可证150份，保障美兰机场二期商业如期运营；对辖区开展卫生监督检查541次，发放卫生监督意见书67份，累计责令整改251项次。

【新冠肺炎疫情防控】2021年，海口美兰机场海关落实“外防输入、内防反弹”工作要求，建成海口海关首个空港口岸负压隔离室，组建疫情防控三级梯队，6月23日在海口海关第一批实施疫情防控“14+7+7”封闭管理工作，截至2021年年底累计封闭管理95人次，有效落实“三查三排一转运”与“7个100%”要求；2021年，海口美兰机场海关检疫监管美兰机场出入境航班587架次、人员5,474人次（受疫情影响美兰机场口岸进出境客运航班停航，仅有货运包机等运行）；坚持“人、物、环境”同防，完成高风险非冷链货物采样38批次，结果均为阴性；成立“挑毛病”专家组定期对口岸疫情防控一线人员自身防护情况进行检查，严格出差出行审批管理和办公场所等区域管理，全年累计开展健康、轨迹等排查8万余人次、核酸和抗体检测6,500余人次，实现内部人员“零感染”。

▲2021年9月16日，海口海关所属海口美兰机场海关开展口岸新冠肺炎疫情防控骨干队伍专业实操培训及考核工作

【服务海南自贸港建设】2021年1月13日，海口美兰机场海关成功受理自贸港首票“两头在外”原辅料“零关税”进境飞机维修业务，全年利用“零关税”政策为企业免缴税款719.94万元；2021年，海口美兰机场海关开展离岛免税业务改革流程再造，推进“邮寄送达”和“返岛提取”提货模式，5月11日完成对海南数字贸易科技服务有限公司美兰国际机场提货点验收工作，全年监管离岛免税监管销售、提货金额138.87亿元，增长77.47%；11月8日，海口美兰机场海关助力空港综合保税区“一线”放开、“二线”管住进出口管理制度试点获海关总署批复；11月29日，海口美兰机场海关保障企业申报进入空港综合保税区的自用设备适用《国务院关于促进综合保税区高水平开放高质量发展的若干意见》（国发〔2019〕3号）中的“提前适用”政策，系该政策在海南首次实施；2021年，海口美兰机场海关助力美兰机场二期国际货站和国际快件中心、美兰机场T2航站楼离岛免税店、空港综保区分别于11月23日、11月29日、12月2日通过验收。

▲2021年9月8日，推进海南自由贸易港建设工作专班到海口美兰机场海关调研

【优化口岸营商环境】2021年，海口美兰机场海关推广“提前申报”“两步申报”“汇总征税”“进境地保税仓申报”等通关便利化措施，完成国务院要求的通关时间较2017年压缩超过1/3的目标；2021年3月27日，海口美兰机场海关助力首条定期国际货运航线（“海口—巴黎”航线）开通，全年保障10条“客改货”洲际货运航线在美兰口岸开通；2021年，海口美兰机场海关完成博鳌亚洲论坛2021年年会通关服务保障工作，4月20日助力首届消博会首批空港进境奢侈展品顺利通关；2021年，海口美兰机场海关推动海南首票9610跨境电商货物出口。

【打击离岛免税“套代购”走私】2021年，海口美兰机场海关实施离岛免税溯源码监管，创新开展“海关—安检—航站区 TOC 部门—免税企业”联动机制，组织开展 4 次离岛免税政策宣讲，劝阻出隔离区的旅客 470 人次，查获离岛免税违规情事 11 起、涉及金额 49.29 万元，包括海口海关首宗直播代购免税品违规情事和首宗利用溯源码监管发现“套代购”违规情事。

【海航破产重整税收征管】2021 年，海口美兰机场海关成立工作专班，定任务、定人员、定时限，分货物类型、分企业逐一核查，加班加点完成税收核算、债权申报、税款催缴等工作，建立租赁飞机、发动机、航材“三本账”，形成含 120 余万数据单元台账，开展 3 轮与企业之间的面对面对账。

▲2021 年 5 月 13 日，海口海关所属海口美兰机场海关青年干部理论学习小组到海航航空技术有限公司宣讲自贸港“零关税”自用生产设备及民用航空维修用航空器材进口税收相关政策并为企业纾困解难

【党史学习教育活动】2021 年，海口美兰机场海关通过党委会、党委理论学习中心组学习会、支部“三会一课”等形式开展专题学习，举办“红色讲坛”“党课开讲啦”等庆祝中国共产党成立 100 周年系列宣传活动，在“我为群众办实事”实践活动中完成办实事项目 52 项，收到各界赠送锦旗、感谢信 13 份。实施党建“强基提质工程”，2021 年海口美兰机场海关 1 人获评海南省“优秀党务工作者”、省直机关 2020—2021 年度“优秀党务工作者”，1 个党支部获评省直机关 2020—2021 年度“先进基层党组织”。

【专项整治】2021 年，海口美兰机场海关对照“现场监管与外勤执法权力寻租”专项整治要求，查摆各类廉政风险点 18 个、专项整治问题清单 15 项，建立执法一线科长电子廉政档案，对执法一线工作时间较长的 12 名关员进行岗位轮换，完善离岛免税巡查等岗位操作规程 5 份，运用“第一种形态”进行诫勉谈话 1 人次、提醒谈话 4 人次，推进清廉海关建设。

【队伍能力建设】2021 年，海口美兰机场海关组织编制《海口美兰机场海关创建全国文明单位工作方案（2021—2023 年）》，动态维护海口美兰机场海关《工作手册》，推进执法一线技能强化、执法一线科长队伍建设，实施青年理论学习工程，建立卫生监督饮用水采集和旅检卫生检疫 2 个实训点，完成新冠肺炎疫情防控等各类培训演练；2021 年，海口美兰机场海关加强队伍梯队建设，选拔任用 7 名副科长，15 人晋升一级至四级主办，持续推进“一流空港海关”建设。

（撰稿人：李潇浪　周　丹）

海口港海关

【概况】中华人民共和国海口港海关（以下简称“海口港海关”）于2012年正式建关。该关主要负责办理海口市（不含海口综合保税区和海口美兰国际机场）、定安县、屯昌县、临高县等市县辖区内相关集装箱进出口货物、交通工具、码头及火车站离岛免税品、进口整车、邮轮旅检和全省邮递物品进出境等海关业务监管工作，是海口海关关区业务种类比较多的口岸型海关和主要业务现场之一。

2021年，海口港海关聚焦“五关”建设要求，落实“责任强化年”，开拓进取、努力创新，完成各项重点工作任务，新时代“一流海关”建设取得新成效。2021年，该关共设有8个内设科室：办公室、综合保障科、人事政工督审科、综合业务科、监管一科、监管二科、邮检科、免税品监管科。

【主要业务数据】2021年，海口港海关共受理报关单1.45万份，运用审单放行合格评定模式出具入境检验检疫证明2,810份，税收入库1.74亿元。海口港口岸进出口货运量42.30万吨、同比减少30.80%，货值16.70亿美元、同比增长44.20%，征收税款1.75元、同比减少37.70%；进出口集装箱（标准）30,808箱次，同比减少44.50%；进出境船舶50艘次，同比减少72.38%；进出境运输工具服务人员2,835人次，同比减少0.60%；监管进出境邮递物品8.20万件，同比减少29.38%，征收行邮税263万元；寄递、货运渠道查获并移交案件线索29宗。

【新冠肺炎疫情防控】2021年，海口港海关做好出入境船舶登轮检疫，执行“三查三排一转运”口岸检疫措施，做到“四个必严”，坚持“人、物、环境”同防，实施进口高风险非冷链货物检测和预防性消毒工作，防控疫情通过境外货物输入风险。与地方部门、口岸单位建立联系配合机制，形成闭环管理。2021年，海口港海关检疫监管出入境船舶50艘次，审核船员健康申报664人次，对船员采样检测144人次；对进口高风险非冷链货物采样检测283批、1.04万份，未发现疫情疫病情况。组建“挑毛病”安全防护专家组开展常态化督查和“四不两直”检查，共组织开展安全防护应急演练 2 次、桌面推演 4 次，提升一线监管人员安全防护意识、规范操作能力，防止职业暴露感染。抓好全员安全防护，定期对一线监管人员进行新冠病毒核酸检测，对卫生检疫岗位人员实施封闭管理，做到全员“零感染”。畅通“绿色通道”，保障防疫物资通关“零延迟”“零等待”。

【服务海南自贸港建设】2021 年 5 月，海口港海关完成首届消博会监管服务工作。展会期间，累计组织 108 人次进行巡馆，监管暂时进境展品 53 批次、货值 5,416.90 万元，2 人次被中共海南省委办公厅、海南省人民政府办公厅评为“首届中国国际消费品博览会先进个人”。2021 年，海口港海关支持海口港汽车整车进口口岸发展，监管进口汽车整车 45 辆、货值 1,508.40 万元；保障海南自贸港首批 7 辆、货值 234.50 万元的二手车出口。开展海南自贸港海关政策巡回宣讲，覆盖 2 市县，及时解答企业关心的“零关税”政策享惠主体、税号清单、监管证件等问题，保障“零关税”政策落地实施。监管“零关税”进口货物 1.04 亿元，减免税款 2,444.30 万元。监管海南自贸港首辆“零关税”进口汽车、首架“零关税”进口飞机顺利通关放行，分别减免税款 8.40 万元、61.30 万元。以《中华人民共和国海南自由贸易港法》颁布为契机，引导企业支持和参与海南自贸港建设。配合地方部门做好新海港客运综合枢纽站建设规划布局工作。

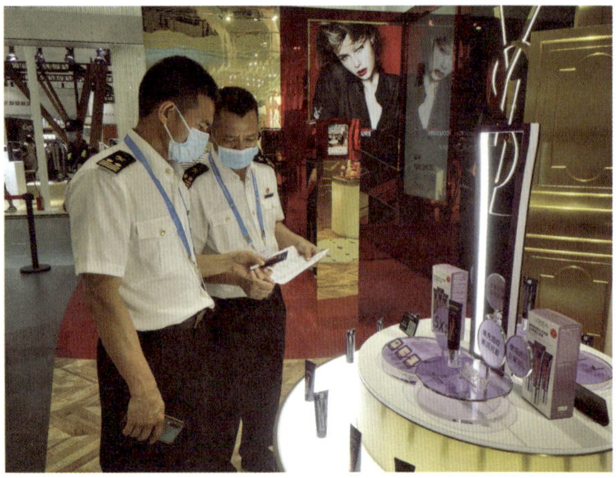

▲2021 年 5 月 7 日，海口海关所属海口港海关关员在首届消博会期间开展巡馆工作

【维护国门安全】2021 年，海口港海关开展“国门利剑 2021”“新一轮禁毒三年大会战”“蓝天 2021”“断链刨根”“国门绿盾 2021”等专项行动。2021 年，邮递渠道监管进出境邮递物品 8.20 万件，查获毒品 0.20 千克、精神管制药品 3,887 粒，查获疑似砗磲、象牙制品 3 宗，查办“蓝网行动 2021”实施以来第一起侵权案例；货运渠道查发各类涉关涉检异常 71 起，退运货物 5 批次。做好商品质量安全监管，对进口离岛免税食品化妆品实施特定附条件放行监管创新模式。依托风险分析平台，跟踪免税品、进口汽车、跨境电商消费品等敏感商品，开展好风险分析研判。与口岸监管部门及有关单位互助执法，“打、防、管、控”立体防线逐步筑牢。开展动植检能力提升工程，开展好口岸动植物检疫，防控口岸登革热、埃博拉、霍乱、非洲猪瘟、禽流感等重大传染

病传入，防止疫情输入造成叠加。落实安全生产专项整治三年行动部署，有序开展危险化学品检验监管，未发生安全事故。

▲2021 年 4 月 12 日，海口海关所属海口港海关开展“大手拉小手 共守国门安全”活动

【打击离岛免税“套代购”】2021 年，海口港海关落实海关总署副署长胡伟、孙玉宁调研及海口海关关领导指示精神，组织监管现场健全完善长效工作机制 3 项，加大对提离免税品的正面监管力度，防范离岛免税品“回流”和“套代购”风险。2021 年，共核销提离免税品异常数据 1,007 条，查发免税品“回流”情事 261 起、货值 426 万元；依法对 50 名违规旅客实施资格罚；首次向缉私局移交案件线索 3 条；联合缉私局、湛江海关开展打击“套代购”行为 6 次，查获运输走私免税品汽车 12 辆、“水客”120 人，涉案货值 259 万元。

【支持海南新兴业态发展】2021 年，海口港海关支持海南省办好博鳌亚洲论坛年会、首届消博会等各类大型会议展览；服务全域旅游示范区创建，支持长影“环球 100”、澳牛引进等项目发展；支持先进装备制造、高新技术研发等产业原材料进口，服务新兴产业建设布局；助力海南胡椒、果粉、海南罗非鱼等特色产品扩大出口，支持扩大群众“菜篮子”商品进口。

【优化口岸营商环境】2021 年，海口港海关落实跨境贸易便利化 15 条措施，实施“提前申报”“即检即放”等通关便利措施，部署开展为期 3 个月的压缩通关时间专项行动。2021 年，海口港口岸进口整体通关时间较 2017 年压缩 69.00%。加大对 H986 移动车载式集装箱检查系统、邮检 X 光机、移动单兵作业系统等监管装备的使用力度，智慧监管效能显著提高。试点开展进口货物“船边直提”和出口货物“抵港直装”，给企业提供多元化通关服务。推动自助打印报关单落地，助推企业“无纸化”管理。释放原产地证书红利，共签发各类原产地证书 7,807 份、签证金额 30.90 亿元。向企业宣贯 RCEP 关税减让规则，帮助企业抢抓 RCEP 新机遇。免除 69 家次企业相关查验仓储吊装费用 2.90 万元。持续优化窗口服务，支持辖区外向型经济健康发展，受到企业好评，共收到企业赠送的锦旗 13 面、感谢信 2 封。

【党史学习教育】2021 年，海口港海关成立党史学习教育领导小组，印发《党史学习教育工作任务安排表》，确定 24 项具体抓落实措施。建立党史学习教育专题读书班，制定 4 期专题学习计划，带动全员学原文、读经典。开展微信线上“党史上的今天——百年党史天天读”活动，在政务网上开设“党史学习教育专栏”，推动党史学习教育实现常态化。依托中共琼崖一大会址、海南省史志馆和烈士陵园等红色资源开展爱国主义教育，引导党员干部追溯初心。开展“学史·铸魂”红色讲坛、“七一”歌咏活动，组织观看《榜样5》专题节目、红色电影《1921》等，不断增强党员干部爱党爱国情怀。千方百计为群众办实事、为企业解难题，19 项关级层面重点项目完成率 100%。把学习贯彻习近平总书记“七·一”重要讲话精神作为重大政治任务，确定 3 个专题开展集中研讨，引导全体党员继续弘扬光荣传统、赓续红色血脉，将党史学习教育引向深入。

【党建工作】2021 年，海口港海关“第一议题”制度层层夯实，跟踪督办重点工作任务 73 项。专题研究党建工作 6 次，制订党建工作责任清单；落实意识形态工作责任制，每半年召开 1 次党委会议专题研究意识形态工作。深入推进“强基提质工程”、“四强”支部建设和模范机关创建，通关桥头堡、邮路先锋等党建品牌热源效应不断放大。综合业务科党支部复核通过全国海关基层党建培育品牌并获评“海口海关‘四强’支部示范点”，综合业务科党支部签证岗、邮检科党支部查验岗获评海口关区“党员示范岗”。深化党建带团建，形成党团互促互进共同发展的良好局面。实现脱贫攻坚与乡村振兴有序衔接。组织开展“抗疫情防返贫”活动 44 期。巩固深化精神文明建设成果，开展严纪律树形象以优良作风庆祝中国共产党成立 100 周年活动，锻造忠诚干净担当的准军事化纪律部队。2 名干部分别被中共海南省委直属机关工委授予 2020—2021 年度“海南省优秀共产党员”、“海南省优秀工会积极分子”称号。

【廉政建设】2021 年，海口港海关完善权力制约和监督制度，印发“三重一大”决策制度实施办法，出台对“一把手”和领导班子监督的 33 条措施。开展“现场监管与外勤执法权力寻租”专项整治工作，自查 27 个关键岗位、30 个风险点，发现问题 30 个，海关总署、海口海关检查组实地检查反馈问题 8 项，均已整改完毕。运用监督执纪“四种形态”特别是“第一种形态”，提醒、诫勉谈话 7 人次，党纪政纪处分 2 人次，追责问责领导干部 3 名，不断提升管干部带队伍的针对性和有效性。建立 5 名执法一线科长廉政档案，设定个人廉政教育情况、个人重大事项报告等 2 项指标。实施警示教育月活动，深刻汲取案例教训，开展 3 轮次警示教育，9 名党支部书记讲廉政党课 18 次。

【教育培训】2021 年，海口港海关举办党委中心组学习 14 场次，组织干部轮训 2 期，推动党的创新理论入脑入心、见行见效。利用党支部“三会一课”、青年理论学习小组学习研讨等形式，迅速掀起学习贯彻党的十九届六中全会精神热潮，不断深化党员干部对全会精神的理解及把握。有序推进业务执法一线岗位技能强化行动，明确6个阶段14项重点工作任务。2人分别获评海口关区业务执法一线岗位技能强化标兵及业务执法一线岗位技能强化多面手。用好职务与职级并行两道“阶梯”，激励干部干事创业，完成2批次副科级领导干部转正考核、13人次职级晋升。

【内控机制】2021年，海口港海关开展“责任强化年”活动，加强内控机制建设，强化新海廉平台应用，动态完善《海口港海关工作手册》和《海口港海关职位说明书》，制定《海口港海关案件审理委员会工作规程》《海口港海关疫情防控物资管理办法》等内部管理制度，推动行政执法和内部管理同步提升。

（撰稿人：王　婷）

椰城海关

【概况】2021 年，中华人民共和国椰城海关（以下简称“椰城海关”）深入开展“责任强化年”活动，探索监管服务创新，履行属地监管职责，推进“一流海关”建设，认真完成年度各项工作任务。

椰城海关于 2019 年 1 月 18 日在海口挂牌（海关总署 2018 年 12 月 14 日批复设立），业务辖区包括海口、澄迈、定安、屯昌、临高、海口综合保税区 6 个市县区的属地海关业务。

2021 年，椰城海关下设 11 个科级机构：办公室（党委办公室）、人事政工督审科（党委组织宣传部）、综合业务科、企业管理科、稽查一科、稽查二科、加工贸易和保税监管科、查检科、海口海关驻海南省政务服务中心审批办公室（以下简称“审批办”）、免税品监管一科、免税品监管二科。

【主要业务数据】2021 年，椰城海关完成出入境检验检疫 7,555 批次，货值 32.51 亿元，其中出境检验检疫 7,519 批次、货值 31.31 亿元，入境检验检疫 36 批次、货值 1.20 亿元，签发各类检验检疫单证 7,849 份；监管进出口商品 136 批，同比增长 234%，货值 2.57 亿元，同比增长 214%；监管进出境食品、化妆品 9,986 批次，查验送检 641 批次，查获不合格产品 9 批次；监管免税品卸货 2,873 车次、2,565.82 万件，调拨出库 203 车次、494.65 万件，退运出库 83 车次、116.05 万件；监管购买免税品 292.99 万人次、1,680.22 万件，总金额 134.63 亿元，同比增长 100.41%；监管岛民返岛提取免税品 70.77 万件、货值 5.31 亿元；办理海关行政审批、其他政务服务业务 34,759 件，同比增长 3.30 倍；新增企业备案数量 9,904 家，同比增长 4 倍。

▲2021 年 1 月 11 日，海口海关驻省政务服务中心审批办关员解答企业咨询

【窗口服务】2021 年，椰城海关在现场办事大厅设立咨询服务窗口，以“点对点、面对面”形式为企业提供精准服务；通过现场沟通、电话接听、微信“关企联系群”等方式宣贯政策，解答企业咨询海南自贸港原辅料“零关税”、离岛免税政策和岛内居民日用消费品免税等问题；推广应用“单一窗口”，提供 24 小时预约签证服务，缩短签证流程时间；做好原产地企业备案、减免税及 E-CIQ 检验受理工作，受理原产地企业备案 54 家、产品备案 50 次，减免税审核 4,421 份。

【免税品监管】2021 年，椰城海关结合“查堵点、破难题、促发展”要求，修订《椰城海关免税品监管工作方案》《椰城海关免税品监管岗位操作规程》，优化监管作业流程；推进免税品出入库业务网上审单、视频监控巡查力度、试行智能关锁优化装卸监管、简化转关调拨手续等措施，降低企业物流通关成本；开展免税品正面监管，实现免税品溯源码全覆盖；承接免税品监管工作整建制划转及进口免税品属地查验职责，保障 2 家免税店开张运营，辖区免税店增至 4 家；推动海控全球精品（海口）免税城（二期）、2 个免税品监管仓通过验收，新增监管库容近 5 万平方米，完成首届消博会免税品展销出库监管。推动岛民返岛提取免税品政策 5 月 1 日落地。

▲2021 年 4 月 29 日，海口海关所属椰城海关团支部到免税店开展政策宣讲

【食品商品监管】2021 年，椰城海关做好进出口食品和商品检验属地监管，创新动植物及产品检验检疫属地管理模式，提供“5+2”全天候预约便捷监管服务，在查验环节将资料审核环节前移，做到“随约随检随出证”，严防口蹄疫、高致病性禽流感等重大动物疫病传入传出；开展进出口食品化妆品安全监督抽检和风险监测，监督抽检 641 批次，查获一般贸易食品不合格 4 批次；对不合格免税品依规处理，从源头上切断不合格免税品流通途径，监管免税品 330 批次，货值 1.06 亿美元，查获不合格免税化妆品 5 批次。

【落实自贸港政策】2021 年，椰城海关落实“对优质农产品出口免于出具检验检疫证书和备案”创新措施，共帮扶 119 批、货值 988.90 万美元的海南优质农产品享受“双免”政策红利；支持海南省重点民生项目活牛项目落地，对进口种牛隔离场改建和检疫监管工作全程跟踪指导，助推海南省首个大规模进境种牛指定隔离场通过验收；用好“零关税”原辅料政策及加工增值货物内销等税收优惠政策，为辖区企业设立2本原辅料“零关税”账册，进口货值152.46万美元；加工贸易内销征税1,138.69万元，同比增长5.40%；保税仓库进出境货值1.05亿美元，同比增长1.90倍。

【政务服务】2021年，椰城海关依托“多证合一”“政务服务清单”推进政务服务质效再上新台阶，新增企业备案数量9,904家，其中6,707家企业通过“多证合一”备案，实现“一表申请、数据推送、自动办理”；推进报关单位注销便利化，企业通过“注销便利化”申请注销8家，核实企业营业执照注销、吊销状态依法注销153家；《中华人民共和国海关注册登记和备案企业信用管理办法》发布后，主动开展政策宣讲，增强企业参与提升信用等级培育积极性；引导企业通过“多报合一”报送海关年报，减轻企业负担；通过“政务服务清单”推动审批服务便民化，56项入驻省级平台事项均已实现全流程网上办理；对政务服务事项“服务事项覆盖度”“办事指南准确度”等20项内容自查整改，为打通数据壁垒实现数据互通、数据共享奠定基础。

【稽查核查】2021年，椰城海关开展打击跨境电商进口走私“断链刨根”专项整治行动，实施跨境电商专项稽查作业，验核跨境电商资质企业63家；加强后续监管风险防控，实施稽查作业38家，移交缉私部门4家，涉税69万元；开展企业核查74家，完成主动披露作业4家，对48家企业进行技术贸易调查，追补税款40万元。

【打击离岛免税“套代购”走私】2021年，椰城海关加强免税品监管业务运行全链条管理，对离岛免税品入出库、销售、特殊提货方式进行实际监管，防止“回流”和“套代购”。加强重点环节抽查，针对风险程度较高的理货、入出库环节进行视频监控，实现无死角监管；定期不定期抽查监管入出库车辆，对理货异常数据逐一调取监控记录进行核实。开展现场实际监管，在主要销售时间段对免税品销售场所及监管仓库增加巡查频次，调整视频监控时间段、监控重点，明确监控发现异常处置方式。成立数据审查专项组，结合“查堵点、破难题、促发展”要求，以“漏洞思维”方法对关区3家免税品经营主体离岛免税特殊提货方式（邮寄送达和返岛提取）关键业务数据开展审查。约谈企业相关负责人，重申海关监管要求，压实企业主体责任，督促免税店加强员工教育管理，及时报告并制止免税品“套代购”走私。

【新冠肺炎疫情防控】2021年，椰城海关推动新冠肺炎疫情防控常态化，确保安全防护“零感染”。做好内部安全防护工作，强化“个人养成防护、后勤保障防护、专项排查防护”三道防线，严格落实个人防护“三件套”。选派业务骨干参加关区口岸新冠肺炎疫情防控骨干队伍及实操培训，3名业务骨干赴洋浦口岸支援一线疫情防控工作。推进免税品监管业务网上审单、纸质单证分报集送，加强视频监控巡查力度，减少人员流动，督促企业开展免税品货物预防性消毒处理工作，落实最小单元货品消毒等要求。

【政治建设】2021年，椰城海关召开党委会28次、理论中心组学习14次，各党支部从严落实“三会一课”制度、开展主题党日活动282次。以庆祝建党百年为契机，组织开展党史学习教育，开设党史学习教育专栏，邀请院校教授开展“学史铸魂”红色讲坛、组织“永远跟党走”朗诵活动，到金牛岭解放海南岛战役烈士陵园、琼海周士第将军纪念馆、中共琼崖第一次代表大会旧址等地开展主题党团日活动。深入开展“我为群众办实事”实践活动，建立党委“我为群众办实事”清单项目14个，各党支部项目27个。深入推进“提质强基工程”。强化政治监督，组织开展椰城海关专项审计工作。助力乡村振兴，选派1名科级领导干部驻昌江黎族自治县乌烈镇峨沟村任第一书记，与昌江县乌烈镇峨沟村开展党建结对共建活动。做好党员管理工作，按期转正2名预备党员，吸收2名入党积极分子为预备党员。

▲2021年6月29日，椰城海关查检科党支部开展“忆峥嵘岁月，聚自贸力量”主题党日活动

【精神文明建设】2021年，椰城海关开展“永远跟党走”朗诵、庆祝中国共产党成立100周年歌咏、“三八节”理财沙龙、庆祝中国共产党成立100周年书画摄影创作活动征集等活动，营造团结向上和谐的氛围。椰城海关荣获第六届“海南省文明单位”称号，审批办获评海南省2019—2020年度“政务服务先进单位”，吴清花获评海南省2019—2020年度“政务服务优秀工作者”，畅丹家庭获评第三届“海南省文明家庭”。开展“国门生物安全进企业”、“国门生物安全进校园”、离岛免税政策宣讲、“秀英湿地卫士”“消费助农来帮‘芒’”“学党史，办实事”为民志愿集市等志愿服务活动7次，干部职工参加献血活动7人次，椰城海关志愿服务队获评“海口市优秀青年志愿服务集体”称号。

【准军事化纪律部队建设】2021年，椰城海关开展“内务规范月”活动和全员队列训练，每月进行内务督查；开展工作纪律专项整顿，节假日期间紧盯“四风”问题进行监督检查，开展各级领导干部配偶、子女及其配偶从业行为自查抽查工作，强化监督执纪。开展“现场监管与外勤执法权力寻租”专项整治，推进廉政警示教育；排查业务管理薄弱环节及问题反映集中、风险点聚集的关键岗位，梳理廉政风险表现42条，发放《海关工作人员外出执法监督告知单》407份。落实意识形态工作责任制，开展日常谈心谈话和外出廉政谈话131次。学习海口海关警示教育大会精神，引导干部职工提高认识，守好底线，强化担当，履行职责。

【人事管理】2021年，椰城海关2名正科长、5名副科长试用期满转正任职，对3名新录用公务员任职定级，对2名职级公务员进行岗位调整，完成103人正常晋升和职级晋升的工资调整和补发。公开招聘5名协管员，落实协管员福利待遇，每月按时发放协管员工资福利，缴纳社会保险、公积金等，保障协管员合法权益。

【教育培训】2021年，椰城海关通过自主培训、实操练兵、轮岗学习、集体研讨、知识讲座等多种方式开展业务执法一线岗位技能强化行动；实行“科长带头讲，科室关员轮流讲”，将理论培训成果转化成业务实操，开展新冠肺炎疫情防控应急演练，提高一线科室疫情应急处置能力。推进青年理论学习提升工程，成立以党委委员为联系指导人的青年理论学习小组，培养在政治上靠得住、过得硬的青年干部。持续开展教育培训，强化“带教”新关员工作。制定《椰城海关2021年培训计划》，邀请关外专家和关内业务骨干授课，组织教育培训10次，提高干部职工业务能力和综合素质。

（撰稿人：王喜雪）

三亚海关

【概况】中华人民共和国三亚海关（以下简称“三亚海关”）于1984年10月正式建关，属于海口海关下设的隶属海关，系正处级单位。2021年，三亚海关内设10个科级机构：办公室（党委办公室）、综合保障科、人事政工督审科（党委组织宣传部）、综合业务科、监管一科、监管二科、查检科、免税品监管一科、免税品监管二科、驻三亚市政府政务服务中心审批办公室。内设副处级派驻机构2个：驻三亚凤凰国际机场办事处，驻三亚国际邮轮港办事处，其中驻三亚凤凰国际机场办事处内设6个科级机构：综合科、旅检一科、旅检二科、旅检三科、旅检四科、卫生监督科；驻三亚国际邮轮港办事处内设2个科级机构：综合科、邮轮监管科。三亚海关口岸业务管辖区域包括：三亚市、五指山市、陵水县、保亭县、乐东县、琼中县、三沙市（货运监管业务）。

三亚海关缉私分局于1999年11月设立，系正处级单位。2021年，三亚海关缉私分局内设7个科级机构：办公室、人事政工科、侦查科、情报技术科、查私科、法治科、驻机场缉私科。

【新冠肺炎疫情防控】2021年，三亚海关落实“外防输入”措施，加强与地方联防联控机制的沟通协作和信息共享，共同开展筛查、移交、处置等点对点衔接和数据信息互联互通，妥善处置船舶聚集性疫情等突发事件。利用“空窗期”提升口岸核心能力，完成负压采样室、快筛实验室等基础设施建设，增配智能检疫设备，实现入境检疫全流程电子化。坚持“人、物”同防，严格做好高风险非冷链集装箱货物口岸环节新冠肺炎病毒检测和预防性

▲2021年1月29日，海口海关所属三亚海关关员在清水湾游艇会码头实地查看帆船情况

消毒工作，对高风险货物采集8,814个样本，检测结果均为阴性。加强口岸一线工作人员个人防护，严格落实入境人员卫生检疫岗位工作人员封闭管理“四必须”“五件套”“六个不”，确保海关封闭管理场所与其他单位封闭管理场所严格物理隔离。

【离岛免税监管】2021年，三亚海关对离岛免税监管模式实施诚信化、集约化、智能化为重点的制度创新。实施远程监管和随机巡核查相结合的新型模式，全面推广运用无纸化作业，运用“溯源码”、大数据等技术构建全流程监管链条，探索系统自动审单，优化离岛免税监管流程，推动政策享惠人群覆盖公务机旅客，监管销售额达到361.08亿元，同比增长74.82%。自主探索实施免税品关区一体化通关模式，所涉货物实现运抵当天即可申报。

【服务海南自贸港建设】2021年，三亚海关深入辖区政府、重点企事业单位等开展“三走进”等政策宣传推介活动，指导企业应享尽享“零关税”等优势政策，辖区累计进口“零关税”自用生产设备近1.06亿元。用好用足游艇“免担保”和“零关税”叠加政策，监管“免担保”入境11艘次，免除担保3亿元，进口“零关税”游艇29艘。主动服务全球动植物种质资源引进中转基地建设，在规划建设方面提供专业咨询服务，支持国家（三亚）隔检中心顺利投建，推动1家进境植物隔离检疫圃通过考核，指导三亚市保税物流中心（B型）顺利通过验收。

【监管通关制度改革】2021年，三亚海关率先将“两步申报”通关改革与“免税品关区一体化”叠加融合，全面推行原产地证书智能审核、无纸申报、自助打印、应用签证等手段，持续提供预约通关、“船边验放”“随到随检”等便利化通关服务；建立报关单预警监测机制，巩固了压缩整体通关时间成果，优化跨境贸易营商环境经验入选国家发改委《中国营商环境报告2020》。三亚市外贸发展竞争力获得全国第17名，辖区外贸达到219.15亿元。

【主要监管业务数据】2021年，三亚海关前置化风险分析研判，严防不合格产品、“洋垃圾”等入境，审结报关单7,120份，同比增长31.54%，实施查验1,038次，同比增长339.83%，查获濒危物种及其制品17批次、铅超标红酒1批次。高质量完成税收征管，加强进口商品归类和价格审核，累计审价补税504.6万，两税入库达2.87亿元，同比增长18.50%。圆满完成“博鳌亚洲论坛”年会等口岸重大活动食品安全保障工作，从严做好口岸卫生监督，累计办理卫生许可53项，监督整改204项。

【简政放权】2021年，三亚海关深化“放管服”改革，巩固完善全流程“不见面”审批，全面落实“证照分离”改革，主要业务实现“零跑腿”，2021年辖区新增企业备案4,972家，同比增长658%，实有企业数量达到6,148家，国际贸易“单一窗口”海关主要业务应用率达到100%。

【走私案查办】2021年，三亚海关缉私分局坚持“破大案、打团伙、摧网络”，办理刑事案件38宗、行政案件117宗，案件数量占海口关区的40%，查获毒品（LSD）20片。聚焦离岛免税、“零关税”四张清单等新兴业态，组建联合风险研判工作小组，强化监管链条风险分析，严格执行重点区域不间断值守和巡查，累计移交涉嫌“套代购”走私人员线索逾5,000人次。

【党史学习教育】2021年，三亚海关成立党史学习教育领导小组，制定专项教育工作计划及学习安排，各支部累计开展学习研讨逾400次。组织开展主题党日、现场教学、讲座、演讲、知识竞赛等系列主题活动，党史学习教育经验成效获海关总署政工办、“金钥匙”等载体刊发8次。深入开展“我为群众办实事”活动，解决进口煤炭、水泥异地监卸等多个实际困难。

▲2021年7月5日，海口海关政治部主任褚碧波在三亚红色娘子军纪念园参加海口海关所属三亚海关党史学习教育主题党日活动

【“强基提质工程”】2021年，三亚海关以“四强”支部建设为抓手，压紧压实党建责任，以先进支部为示范点，打造特色鲜明的“样板间”。2021年，三亚海关综合业务科获评“省直机关标准化党支部”“2020—2021年度省直机关先进基层党组织”“海南省五四青年奖章集体”，该关李琳参与党建创新案例荣获省直机关“椰树杯”党建创新引领工作创优大赛第一名，王颖获海南省2021年党员自贸港知识竞赛第一名。

【干部管理】2021年，三亚海关探索研究分类推优办法，建立成绩单制度，实现正负双向激励并举。组建疫情防控专班，建立疫情防控双向支援灵活机制，调配干部职工逾100人次。选优配齐一线执法科长，透视分析全关干部队伍基本情况，“个性化”定制培养途径，制定业务执法一线岗位技能强化能力建设清单200项。

▲2021 年 11 月 9 日，海口海关所属三亚海关与昌江县石碌镇山竹沟村开展党建共建活动，签署党建共建协议

【精神文明建设】2021 年，三亚海关顺利通过全国文明单位复核，获评“海南省首批无烟党政机关示范单位”，海南省卫生先进单位等荣誉称号，1 个家庭获评全国“最美家庭”，2 个家庭获评海南省“最美家庭”，1 人获评海南省“三八红旗手”、海南省直机关优秀共产党员等荣誉。2021 年，三亚海关安排邮轮港办与海口海关定点帮扶单位海南省昌江县石禄镇山竹沟村开展党建共建，派资深党员任该村第一书记，以支部共建促进乡村振兴。

（撰稿人：王纯豪）

八所海关

【概况】中华人民共和国八所海关（以下简称“八所海关”）于1958年10月1日正式建关，是海口海关所属的最早成立的隶属海关。八所海关下设4个正科级内设机构：办公室、综合业务科、监管一科、监管二科。辖区范围包括东方市、昌江县、白沙县。2021年，八所海关以习近平新时代中国特色社会主义思想为指导，深入开展“责任强化年”活动，持续优化口岸营商环境，深入开展行政审批业务改革，抓好口岸新冠肺炎疫情防控，强化辖区花卉、种虾、供港活猪监管，以扎实的服务成效推动海南自贸港建设发展。

【业务数据】2021年，八所海关共受理报关单144份，同比（下同）增长10.80%；监管进出口货物573.20万吨，增长27.50%，货值66.10亿元，增长42.50%，主要进口商品为煤炭、液化石油气及催化剂，出口商品为尿素、铁矿石及甲醇等；开征税款2.43亿元，增长89.80%；签发原产地证书14份，增长7.69%，签证金额2,858万美元，增长57.61%；办理海关进出口货物收发货人备案257家，增长851.90%。

【新冠肺炎疫情防控】2021年，八所海关做好“外防输入”口岸新冠肺炎疫情防控工作，落实“三查三排一转运”“7个100%”等措施，加强与东方市疫情防控指挥部相关单位联防联控，组织开展口岸疫情防控应急处置演练1次，共监管进出境船舶243艘次、同比增长24%，检疫进出境人员4,918人次、同比增长29.60%。对入境需采样的船员采集样本353人次。

【严守国门安全】2021年，八所海关严格执行进出口食品化妆品监督抽检和风险监测计划、食用陆生动物安全风险监控方案、入境种用水生动物疫病监测计划，共检验监管进出口货物301批次，货值8.50亿美元，分别增长1倍和36.60%。

【优化口岸营商环境】2021年，八所海关推广“提前申报”“两步申报”等通关改革措施，推进口岸通关和物流作业无纸化，简化监管证件，持续压缩整体通关时间。2021年八所口岸进口整体通关时间6.97小时，位列海南各口岸首位。

【调研成果】2021年，八所海关发挥海关“数据+研究”作用，开展统计预警分析和课题研究，为八所口岸发展建言献策。向东方市政府提供研究建议《八所海关关于应对“零关税”对东方市“三农”冲击的报告》《八所海关关于服务东方市“三农”工作支持东方市乡村振兴措施的函》《八所海关工作专报》等4篇次。

【脱贫攻坚】2021年，八所海关共计下乡71次261人次，共投入扶贫资金19.7万元，扎实推进定点帮扶单位东方市板桥镇田头村持续巩固拓展脱贫攻坚成果，并与乡村振兴实现有效衔接，被中共海南省委、海南省人民政府授予“海南省脱贫攻坚先进集体”称号。

▲2021年1月15日，海口海关关长施宗伟在八所海关定点扶贫点田头村开展海口海关2021年春节访贫送温暖慰问活动

【党史学习教育】2021年，八所海关党委班子将“两个维护”作为最坚定的政治信念，把学习贯彻习近平总书记重要指示批示精神作为党委会、形势分析及工作督查例会“第一议题”，结合海关工作实际与辖区特点，系统把握其中蕴含的深刻内涵和精髓要义，举一反三、全面推进。2021年，八所海关共开展专题学习30次，集中学习研讨7次，专题党课9次，通过“三会一课”、主题党日活动有序开展党史学习，推动党史学习教育常态化长效化。

▲2021年3月26日，海口海关所属八所海关开展“党史宣传暨学史·铸魂海关红色讲坛”讲党史活动

【全面从严治党】2021年，八所海关开展“现场监管与外勤执法权力寻租”专项整治工作，结合实际优化《执法执勤车辆使用审批表》设计，以书面提醒方式督促执法一线干部切实履行外出执法廉政监督规定，印发专项整治中长期工作方案，相关做法得到海关总署下沉检查组的高度肯定。八所海关持续加强纪法教育，组织对《中国共产党章程》《中国共产党纪律处分条例》《中华人民共和国公务员法》等文件深入学、反复学、重点学，筑牢干部拒腐防变思想防线，着力推进清廉海关建设。

【支部建设】2021年，八所海关持续

深化“强基提质工程”，深挖支部品牌内涵，构建党建和业务统筹谋划、党建述职考核评议相结合的工作机制，提升党支部组织生活的吸引力和参与度，激发支部战斗堡垒作用和党员先锋模范作用。2021年，八所海关刘明凯获评海南省直属机关优秀党务工作者，监管一科党支部荣获海口海关2020—2021年度先进基层党组织、海口海关第二批“四强”支部。

（撰稿人：吴宛珊）

洋浦港海关

【概况】2018年4月，根据国务院机构改革方案，原出入境检验检疫队伍及职能划入海关，同年12月，海关总署批复设立中华人民共和国洋浦港海关（以下简称“洋浦港海关”）。2021年，洋浦港海关设有办公室（党委办公室）、人事政工监察督审科（党委组织宣传部）、综合业务科、监管一科、监管二科、监管三科6个内设机构，为口岸型海关，口岸业务管辖区域为洋浦保税港区。2021年6月15日与洋浦经济开发区海关正式实施一体化运作模式，洋浦地区海关实现对外统一协调和业务一站式办理。

【支持海南自贸港建设】2021年，洋浦港海关先行先试洋浦保税港区“一线”放开、“二线”管住货物进出口管理制度，实行“一线”径予放行、“二线”单侧申报。打造便民窗口构建优质服务体系，在洋浦政务服务中心窗口开设咨询岗，畅通咨询渠道，积极研究回应地方诉求，解决政策瓶颈促进政务服务提质增效。2021年累计入库税款51.30亿元，同比增长12.50%，吸引企业入驻洋浦达1,780家，同比增长3.60倍。

▲2021年12月1日，海口海关所属洋浦经济开发区海关、洋浦港海关关员在中石化（香港）有限公司石油罐区调研

【落实新冠肺炎疫情防控“外防输入”工作】2021年，洋浦港海关监管检疫出入境船舶4,040艘次，检疫出入境人员5.98万人次，新冠病毒核酸采样4,635人次，向地方交接转运离船入境船员421人，发现5艘次船舶有新冠病毒阳性病例，并及时妥善处置。

【筑牢口岸生物安全防线】2021年，洋浦港海关开展“国门绿盾2021”行动，洋浦口岸共截获有害生物269批、113种、784种次，同比分别增长8.03%、

50.67%、149.68%，其中检疫性有害生物79批、16种、112种次，占比分别为32.64%、14.16%、14.28%。海南口岸首次检出的检疫性有害生物4种，首次截获的非检疫性有害生物16种。对截获有害生物采取熏蒸除害检疫处理、货物退运处理，对来自非洲猪瘟疫区船舶的生活垃圾、泔水开展消毒处理，保障我国生物安全。

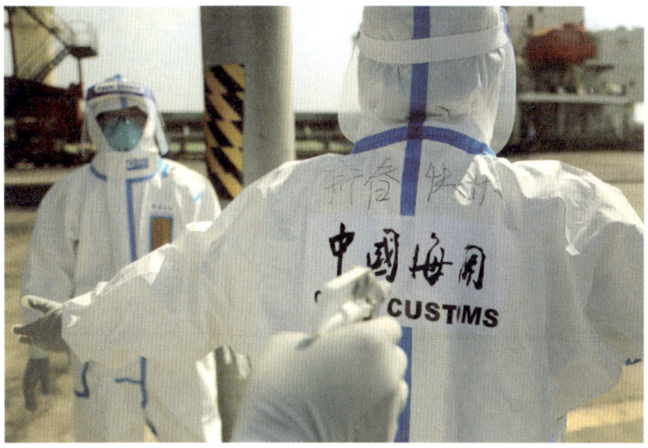

▲2021年2月21日，海口海关所属洋浦港海关关员在做登轮前的卫生消毒

【能力建设】2021年，洋浦港海关开展一线执法能力建设，精心培养执法一线科长、业务标兵，深入开展“现场监管与外勤执法权力寻租”专项整治工作，开展廉政警示教育，营造风清气正环境。成立洋浦两关新冠肺炎疫情防控联合指挥部，统筹洋浦口岸疫情防控工作，建立疫情防控三级梯队，健全疫情防控三位一体安全防护体系，落实“14+7+7”封闭管理，组织一线关员、码头工作人员实操培训演练、安全防护培训共10次，打好“安全防护攻坚战”。

【法治建设】2021年，洋浦港海关落实“蓝网2021”专项行动部署，查发商标侵权情事。落实“八五”普法工作要求，开展“宪法宣传周”、《海南自贸港法》《生物安全法》《民法典》等宣传活动，推进全关树立法治思想；依托志愿服务队，开展“国门安全进校园”等一系列志愿服务活动，主动扛起社会普法责任。

（撰稿人：郭　瀚　周秀琳）

博鳌机场海关

【概况】中华人民共和国博鳌机场海关（以下简称“博鳌机场海关”）为海口海关隶属正处级海关，2020年12月18日正式开关运作，办公地点位于琼海市博鳌机场联检楼二楼，内设办公室、综合业务科、监管科；为口岸型隶属海关，口岸业务管辖区域为博鳌地区（含博鳌机场、博鳌乐城国际医疗旅游先行区、博鳌免税店等相关区域），主要承担进出境人员、物品、运输工具、货物监管，受理各项海关业务咨询、申报，开展辖区内验估、查验、统计、检验检疫等海关业务。

【主要业务数据】2021年，博鳌机场海关共监管离岛免税提货5.18万人次，提货票数16.25万票，提货件数38.88万件，提货金额3.19亿元；监管博鳌免税店离岛免税购买3.65万人次，票数6.33万票，件数24.03万件，金额1.66亿元。监管进口药械入保税仓472票、货值2.67亿元，出仓812票、货值2.78亿元；全年收取进口关税等，共286.92万元。

【博鳌亚洲论坛年会监管服务保障】2021年，博鳌机场海关结合口岸实际情况重设检疫流程，落实设施设备大检查，开展全流程应急演练，强化口岸卫生监督，完成1个快速检测实验室方舱和1个负压采样室方舱的建设并通过验收；协调琼海市卫健委等3家相关单位，制定应急处置合作机制，加强联防联控。

【服务海南博鳌乐城国际医疗旅游先行区】2021年，博鳌机场海关积极服务乐城“永不落幕”国际创新药械展，第一时间为企业参展货物办理暂进备案审核；围绕原辅料清单“零关税”、生产设备“零关税”等企业关切问题开展政策宣讲，引

▲2021年9月29日，海口海关所属博鳌机场海关关员在海南博鳌乐城国际医疗旅游先行区开展宣讲

导企业充分运用通关便利化措施；优化整合人力资源，保证药品出仓的时效性，协助乐城先行区引进临床急需特许药物那加硫酶，保障患者全球同步用药。

【打击治理离岛免税“套代购”走私】2021 年，博鳌机场海关督促企业提升并完善人脸识别、电子关锁、提货点场地建设等相关硬件设施，支持免税品溯源管理体系建设，实现香化、酒类、手机三大类商品溯源管理，优化免税商品销售、提货、防回流、核销、日常监督检查、后续核查等环节的正面监管；定期对博鳌机场口岸免税品提离信息数据开展监控分析，持续开展政策宣传，保持打击和治理的高压态势。

【政治机关建设】2021 年，博鳌机场海关始终把学习习近平总书记重要指示批示精神作为“第一议题”，通过党委会、理论学习中心组等形式开展集体学习 31 次，确保习近平总书记重要指示批示精神和党中央重大决策部署落实到位。深入开展党史学习教育，丰富学习教育形式，在集体学习之余开展书记讲党课、党员讲党史、主题演讲、知识竞赛等多种类型学习教育活动，在“党在我心中”全国海关党史知识竞赛中做到“三个 100%”。博鳌机场海关积极服务地方经济社会发展，被省直机关工委授予省直机关第三批“创建文明单位示范点”。

【基层党建】2021 年，博鳌机场海关以实际行动走好“两个维护”第一方阵，开关后迅速成立党总支，下辖办公室党支部、综合业务科党支部、监管科党支部等 3 个党支部，创建党员先锋岗 1 个，着力提升基层党组织的凝聚力、战斗力。推进准军事化纪律部队建设，开展“学、练、讲、操”行动，提升一线岗位人员技能；成立“博识翱翔”青年理论学习小组，1 名青年党员参加“勇当先锋建功自贸”自贸港知识竞赛并获得一等奖，1 名青年党员参加第 17 届“振兴杯”全国青年职业技能大赛海南省选拔赛暨海南省青年服务技能竞赛并获得第二名。

【全面从严治党】2021 年，博鳌机场海关党委坚持政治引领，精准履行主体责任，全面落实一岗双责，用好监督执纪“第一种形态”，年内开展提醒谈话、经常性谈心谈话等 32 人次，形成“一级抓一级、层层抓落实”的良好局面；深入开展“现场监管与外勤执法权力寻租”专项整治工作，汲取典型案例教训，组织纪法学习及警示教育 24 次，扎紧制度的“笼子”，提升治理能力和水平；组织开展 6 次岗位练兵和业务规范学习，推进各项监管执法工作规范化、标准化，一体推进“不敢腐、不能腐、不想腐”反腐倡廉举措，筑牢干部职工拒腐防变思想防线。

（撰稿人：王鹤儒　相鲁川　黄　丹　黄　宇　符仙礼）

文昌海关

【概况】中华人民共和国文昌海关（以下简称“文昌海关”）为海口海关隶属正处级海关，于2018年12月在原海口海关驻清澜办事处的基础上筹建，2019年6月13日正式开关运作，办公地点位于文昌市疏港路2号，内设办公室、综合业务科、监管科、查检科4个科室。功能类型为偏属地综合型海关，口岸业务管辖区域为文昌市、琼海市（不含博鳌机场、博鳌乐城国际医疗旅游先行区、博鳌免税店等相关区域）、万宁市，属地业务管辖区域为文昌市、琼海市、万宁市（以下简称“辖区3市”）。

【主要业务数据】2021年，文昌海关共审结进出口报关单1,033份，同比（下同）增长19.15%；监管进出口货运量29万吨、下降21.62%，货值15.90亿元、增长13.87%；主要出口商品有罗非鱼、天然气、章雄鱼苗、供港活动物及椰子制品，主要进口商品有海南博鳌乐城国际医疗旅游先行区急需药械、种虾、椰子及锆中矿等；完成进出境货物检验检疫2,352批，增长4.62%；注册企业1,007家，增长5.24倍；实征税款3,784.07万元，增长57.52%。

【口岸新冠肺炎疫情防控】2021年，文昌海关完成清澜口岸应对重大疫情卫生检疫基础设施项目建设，完善联防联控快速响应机制，做到全程闭环管理。全年共监管进出境船舶30艘次。2021年7月8日，文昌海关顺利完成紧急救助入境越南籍船舶12名船员入境检疫工作。

▲2021年9月18日，海口海关所属文昌海关关员对进口椰枣苗进行查验

【正面监管】2021年，文昌海关开展进出口食品化妆品安全风险监测工作，共有264批次累计5,032检测项次；开展进境种虾现场查验及隔离检疫工作，累计47

批次423检测项次；开展调运粮食监管工作，共监管98船次累计13.23万吨调运粮食；开展供港活猪监管工作，现场监装供港活猪123批次、4,920头，共抽取540个血样进行非洲猪瘟等疫病监测；开展出口动物源性食品风险监测工作，共抽取罗非鱼样品664个。

▲2021年4月12日，文昌国际航天城管理局与海口海关签订合作协议

【助力海南自贸港建设】2021年，文昌海关推广“提前申报”、“两步申报”、原产地自助打印、智能审单等业务改革，持续压缩整体通关时间，“两步申报”应用率55.21%，清澜口岸进口整体通关时间31.78小时。2021年，文昌海关共接受海南博鳌乐城国际医疗旅游先行区内企业进口临床急需药械申报货值2.59亿元，增长97.71%；积极促成海口海关与文昌国际航天管理局签订合作协议。2021年，文昌海关共接受进口“零关税”自用生产设备申报11票，货值4,867.97万元，减免税款1,077.61万元。2021年3月23日，办理首票自用生产设备“零关税”通关放行被海南卫视《潮起海之南》栏目报道。文昌海关落实“六稳”“六保”要求，服务辖区3市外贸发展，据统计，2021年辖区3市进出口总值为12.97亿元，同比增长44.59%。

【走私案查办】2021年，文昌海关开展“国门利剑2021”、“绿盾”、打击离岛免税“套代购”等专项行动，完善反走私联防联控工作机制，维护辖区经济社会安全。2021年共办理刑事立案3宗，其中5月23日查获的大规模椰苗走私案件获省领导批示；立案查处行政案件14起，其中涉税案件1起。

【党史学习教育】2021年，文昌海关以“谋、学、思、干”为抓手推进党史学习教育。党委会专题学习8次、党委中心组理论学习15次，特别邀请“七一勋章”获得者王书茂书记讲授党课；党委委员、支部书记及党员代表讲党课21次，开展红色讲坛10场，开展“党日活动+”系列活动20余次，开展“我为群众办实事”案例清单25项；10篇次党史学习教育信息被各层级宣传媒体采用。

【从严治关】2021年，文昌海关扎实开展“现场监管与外勤执法权力寻租”专项整治工作，深入开展警示教育月活动。不断强化准军事化纪律部队建设，强化党委自身建设，强化纪律作风日常养成，全年开展经常性谈心谈话61人次。完成巡视巡察问题整改，按专项审计要求，逐项开展自查，制定、修订《文昌海关财务事项审批管理办法》《文昌海关政府采购实施细则》等5项制度，调整分离1个不相容岗位。

【“强基提质工程”】 2021年，文昌海关落实党建工作责任，执行“三会一课”制度，深化支部品牌内涵，争创“四强”支部，将“党建+文明创建”工作模式有机融入文明单位创建工作。2021年，文昌海关被中共海南省委、海南省人民政府评为第六届海南省文明单位。综合业务科党支部被中共海南省直机关工委命名为第三批“机关标准化党支部示范点”；1名同志被中共海南省直机关工委评为“两优一先”优秀党务工作者；1名年轻干部参加海关总署支教志愿者工作，1名年轻干部参加海关总署财务司专项集中工作。

（撰稿人：黄　功）

马村港海关

【概况】中华人民共和国马村港海关（以下简称“马村港海关”）是海口海关隶属的正处级单位，属偏口岸综合型海关；内设办公室（党委办公室）、综合业务科、监管一科、监管二科 4 个正科级机构。业务辖区为澄迈县和海口综合保税区，承担辖区进出口货物物品验估、查验、统计和运输工具、货物物品、人员的检验检疫以及打击走私等工作。

【业务数据】2021 年，马村港海关受理报关单（办结）28,579 份，同比（下同）增长 507.30%；查验 444 票；监管进出口货物 361.40 万吨、增加 26.10%，货值 373.63 亿元人民币、增长 181.30%；监管进出口集装箱（标准）11,714 箱次，增加 156%。2021 年，马村港海关办理行政处罚案件 9 宗，涉案金额 567.37 万元，对 6 批次涉及侵犯知识产权货物采取行政强制措施。

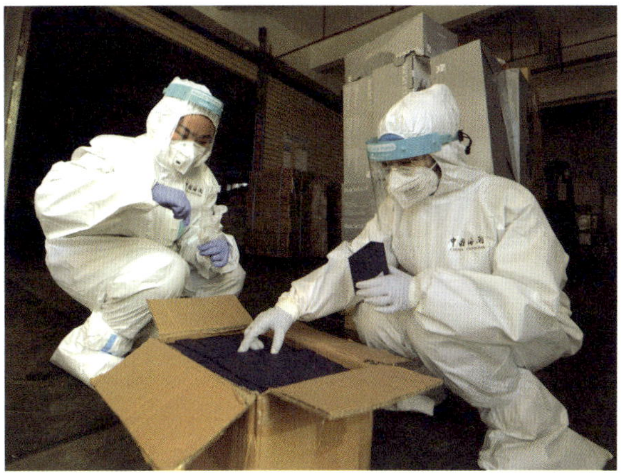

▲2021 年春节期间，海口海关所属马村港海关工作人员坚守岗位查验货物

【跨境电商】2021 年 3 月 12 日，马村港海关印发《马村港海关跨境电子商务“网购保税+保税展示”模式监管操作规程（暂行）》，7 月 10 日，完成海南省首票跨境电商出口业务。截至 12 月底区内跨境电商企业达 612 家，支持企业在区内设立跨境电商+区内消费体验店，丰富跨境电商业务模式。马村港海关通过店面巡查、仓库盘查核查和卡口监管等方式，查处违规违法行为，防范监管风险。2021 年，马村港海关与外部执法单位联合执法 2 次，关（暂）停 4 家企业相关业务，向缉私局移交线索 9 条，对 6 家企业分别做出警告与罚款行政处罚，约谈企业 12 家。

【新冠肺炎疫情防控】2021 年，马村港海关坚持“外防输入、内防反弹”总策略，坚持“人、物、环境同防”“多病共防”，严格落实“三查三排一转运”检疫措施。落实新冠肺炎疫情防控安全防护工作要求，组建2组工作专班、1组预备队。全年该关监管进出境船舶356艘次，向地方转运302人次。

【制度创新】2021年5月11日，马村港海关放行海南自由贸易港进口首艘“零关税”集装箱船舶，货值6,500万，减免税款1,506万余元；11月22日，参与制定的国际船舶移籍“一事联办”创新制度获评海南省政府发布的海南省第十三批制度创新案例，该制度获得中共海南省委、海南省人民政府评选的第二届“海南省改革和制度创新奖”三等奖。12月1日起，海关总署将洋浦保税港区先行先试的“一线放开、二线管住”进出口管理制度扩大到海口综合保税区试点。12月9日，首单“加工增值”货物内销税收减免呼吸机在该关通关放行，享受4%关税税率减免。引导企业利用“加工增值30%免关税”政策，在已实现产值1,000万元的基础上继续扩大产业规模。12月13日，海口综合保税区首次以“径予放行”形式入区货物。

【党史学习教育】2021年，马村港海关结合习近平总书记“七一”重要讲话等系列重要讲话精神、党的十九届六中全会精神等开展党委会专题研讨6次、党委理论学习中心组学习11次，举办习近平总书记“七一”重要讲话精神学习宣讲活动8次，班子成员讲党史学习教育专题党课5次；举办“学史·铸魂”红色讲坛，邀请“西沙”海战亲历老兵雷家炳同志讲授《西沙战斗永放光芒》主题党课。“知行”青年干部理论学习小组集中学习研讨6次，各支部通过“三会一课”和主题党日等方式开展专题活动156次，支部书记讲授专题党课12次，其他党员讲授党课10次。该关打造党史学习教育宣传廊、学习成果汇报展板，关员演唱录制红歌视频《唱支山歌给党听》被“学习强国”等媒体采用。党总支委员撰写党建课题《加强政治机关建设，提高基层党组织政治判断力、政治领悟力、政治执行力初探》获海南省省直机关党建优秀研究成果三等奖，监管一科基层党支部书记问答案例入选海关总署《支部工作“百问百答”汇编》。该关向海关总署、中央及地方媒体等渠道报送信息35条、简报13篇，被海关总署采用8篇，被中央及地方媒体采用新闻稿件11篇次，互联网播放转载相关内容7篇次，点击量22,515次。

▲2021年5月25日，海口海关所属马村港海关保障国宝佛首回归

【优化营商环境】2021年，马村港海关落实24小时通关制度，压缩通关时间，为企业节省运营成本。参加海南自贸港政策“三走进”巡回宣讲活动，举办马村港海关海南自贸港政策宣讲会3次，受众150人次；围绕“美好生活民法典相伴”、跨境电商政策交流等主题开展线上线下志愿宣讲13次，受众760余人；派关员针对马村港三期码头验收工作、码头监管场地管理、抗台减灾等工作进行指导。制定简化审批程序，提高办事效率项目5个，受益300余人。

【基层党建】2021年，马村港海关以党建为引领，开展争创“四强”支部活动，组织各党支部对标“四到位”标准开展自查，动态补充提高，提升党建标准化、规范化水平，扎实推进“强基提质工程”。马村港海关党委建立“我为群众办实事”相关制度7个，制定25项47条落实措施，为基层党员干部办实事20次，积极参与海关总署“我为群众办实事”百佳项目争创活动，1个项目入选海口海关部门单位重点项目。2021年2月5日，马村港海关获评海南省文明办评选的第六届“海南省文明单位”。

（撰稿人：胡慧宣）

三沙海关

【概况】中华人民共和国三沙海关（以下简称“三沙海关”）于2019年4月28日在西沙永兴岛挂牌（海关总署2018年12月14日批复设立），是我国最南端的海关机构。三沙海关为属地型海关，属地业务管辖区域：三沙市（非货运监管业务）。三沙海关处级领导职数：1正2副，下设2个科室：办公室（党委组织宣传部）、综合业务科。2021年7月，海关总署党委发文将三沙海关纳入海关扎根艰苦地区边关。2021年，三沙海关以“责任强化年”活动为契机，履行南海“维权、维稳、保护、开发”使命，发挥海关职能作用，服务三沙经济社会发展，推进年度工作任务完成。

【政策宣传】2021年，三沙海关对接三沙市在研究推进海南自贸港建设方面需求，宣传海关支持海南自贸港建设工作情况及海关监管相关法律法规，参加三沙市争取自贸港优惠政策企业座谈会，研究三沙市外向型经济发展方向，解决三沙市民航公务包机适用海南离岛免税政策等问题。

【生态环境保护】2021年，三沙海关配合三沙市对上岛植物和植物产品开展检疫，跟进上岛物资检疫建设进展，协调做好上岛物资检疫其中涉及海关事项。2021年，三沙海关在巩固本底调查成果基础上，联合海口海关热带植物隔离检疫中心开展三沙市永兴岛实蝇监测及种群动态研究项目，补充完善三沙实蝇监测基础资料，摸清三沙实蝇种类和发生规律，加强和完善防御体系。

▲2021年4月14日，海口海关所属三沙海关开展生物安全进校园活动，为孩子们赠送标本

【新冠肺炎疫情防控】2021年，三沙海关提高队伍在南海涉外救援中的新冠肺

炎疫情防控能力，加强与三沙市疫情防控指挥部沟通协调，落实驻岛人员网格化疫情防控管理要求，推动联防联控机制落实到位。

【学习教育】2021 年，三沙海关发掘三沙红色教育资源，组织党员干部与驻岛官兵和渔民共同重温在中国共产党领导下维护南海主权的历史，开展“我为群众办实事”“我为海南自贸港建设添砖加瓦”等实践活动 6 次。

▲2021 年 3 月 5 日，海口海关副关长敖必强与三沙市委常委、副市长王海宇座谈

【党建共建】2021 年，三沙海关以成立三沙海关党总支为契机，推进“四强”支部建设和党支部标准化建设，突出三沙特色，探索驻岛模式下党建工作方式方法，开展与驻岛部队党建共建活动，推进党建品牌创建工作。

【精神文明建设】2021 年，三沙海关组织全员加入永兴岛志愿服务队，驻岛人员积极参与垃圾分类、环保宣传等志愿服务活动，全年累计开展志愿服务活动 100 小时。2021 年 1 月，三沙海关被评为“第六届海南省文明单位”。

【驻岛工作】2021 年，三沙海关落实驻岛值班制度，按照三沙市疫情防控要求，做好人员物资上岛申报工作。全年，三沙海关赴永兴岛驻岛值班 110 人次，人均驻岛值班时间约 50 天。

（撰稿人：蔡　鑫）

第七篇

事业单位和社团组织

海口海关后勤管理中心

【概况】2021年，海口海关后勤管理中心（以下简称“后勤管理中心”）以“责任强化年”活动为契机，发挥职能作用，服务海关中心工作，完成新冠肺炎疫情防控、服务保障、规范管理、经营创收等年度工作。

2019年5月5日，海口海关后勤管理中心与原海南出入境检验检疫局机关服务中心整合为海口海关后勤管理中心，内设机构为办公室、财务部、项目管理部、物业管理部、政府采购部、生活服务部、车辆管理部、监管犬管理部和三亚分中心；下属企业为海南椰海实业开发有限公司、海南椰海大酒店有限责任公司和三亚椰海大酒店有限责任公司。

【餐饮管理】2021年，后勤管理中心落实过“紧日子”“制止餐饮浪费行为”要求，职工食堂每天统计用餐人数，做到适量配餐，精打细算，控制开支；在食堂就餐区、外卖点张贴“厉行节约，反对浪费”宣传画，安排“餐饮监督员”开展监督，提示用餐按量取用，杜绝“舌尖上的浪费”，在海秀办公区食堂、玉沙办公室食堂开展“制止舌尖上的浪费 光盘行动从我做起”抽奖活动。

▲2021年4月27日，海口海关后勤中心开展“制止舌尖上的浪费 光盘行动从我做起”抽奖活动

【车辆管理】2021年，后勤管理中心将安全生产、安全行车放在首位，车辆管理部门每周召开安全例会，组织学习法律法规和相关案例开展教育；每周组织车辆检查，定期保养，发现安全隐患及时维护和检修；制定制度，完善出车用车审批，杜绝超速、疲劳驾驶、酒后驾驶，逢节必提醒，强化安全意识。保障署领导用车5批次，保障关党委、各职能部门和隶属单位用车736批次，保障各类审计、巡察、

督导组用车21批次，运送一线防疫工作人员2批次。

【物业管理】2021年，后勤管理中心发出各类温馨提示、通知单3,150份，办理客户服务事项120件，办理各小区装修改造业务31户；在海秀办公区设立水电费充值点和充电桩，为住户日常生活提供便利；开展防风防雨等巡查防护工作，为干部职工提供安全办公和生活环境。

▲2021年3月28日，海口海关后勤中心工作人员做好出入人员登记检查工作

【财务管理】2021年，后勤管理中心坚持科学理财，做好经费预算管理、后勤服务各项经费保障和经营创收等；加强财务基础建设，强化预算管理和财务绩效考核，提升财务工作规范化，科学化水平；以创建节约型机关为目标，加强财务预算、食堂采购制作、服务社商品采购等成本管理；加强经营创收管理，派员到各现场熟悉系统运算程序，核准账目；防控风险，开展自查，梳理风险岗位和风险点。

【项目管理】2021年，后勤管理中心推动完成海口海关业务技术及综合用房维修改造项目，解决部分区域漏水、消防等安全隐患，营造良好办公环境。启动“琼海关税务司官邸旧址”景观绿化工程。启动监管犬基地新建犬舍项目建设。

（撰稿人：王丽红　王　珊　许　明　杨　烁　郑怀堃　傅保锋）

海口海关技术中心

【概况】2021年，海口海关技术中心（以下简称“技术中心”）推进“一流技术中心”建设，形成一支技术能力强、素质过硬、经验丰富的技术团队，同时具备完善的实验室设施和基础环境配套条件。

技术中心主要承担海南口岸海关执法技术保障职责，同时为政府、社会提供检疫检测业务；依据ISO/IEC17025和ISO/IEC17020国际标准要求建立实验室管理体系，设有3个国家重点实验室（国家热带水海产品检测重点实验室、国家进口化妆品检测重点实验室、国家石油化工产品检测重点实验室）、3个区域性实验室（工业产品检测区域实验室、动物检疫区域实验室、食品检测区域实验室）和1个分中心（洋浦石化分中心）。

技术保障

【种质资源设备及人才建设】2021年，技术中心参与审议国家（三亚）隔检中心（一期）建设动物检疫实验室建设布局、环境设施、仪器设备等；夯实人才基础，3人入选“海口海关外来入侵物种防控技术专家组”，2人入选“海口海关自由贸易港建设海关人才库”。

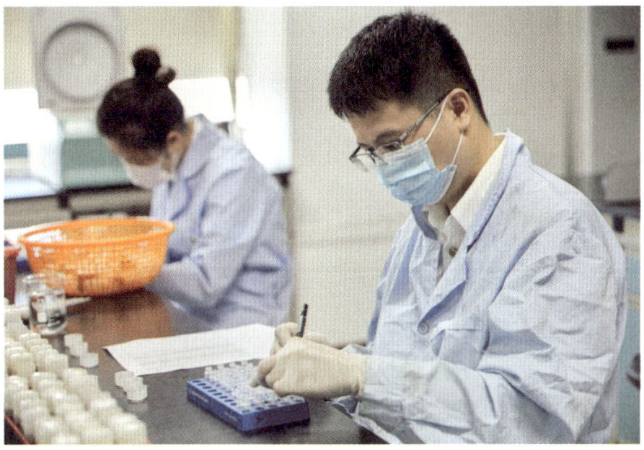

▲2021年9月8日，技术中心工作人员将处理好的食品样品装瓶上仪器检测

【新冠肺炎疫情防控技术优化】2021年，技术中心梳理进口冷链食品农产品和高风险非冷链产品检测新冠肺炎疫情防控风险点，研究符合现状的进口冷链食品农产品和高风险非冷链产品检测新冠肺炎疫情防控措施，优化再造样品受理、制备、称量、前处理等流程，尽可能减少接触人员和影响区域，并组织开展演练。

【技术中心湾岭工作站挂牌】2021年，技术中心认真贯彻落实海口海关与地方政府合作框架协议精神，发挥海关的技术、设备和人才优势，在海南湾岭农产品加工物流园挂牌设立海口海关技术中心湾岭工作站，助力琼中黎族苗族自治县农业技术研究推广中心开展荔枝、蜜柚等农产品检测，服务地方政府开展饮水安全工程和水生态环境治理。

能力提升

【加强濒危物种鉴定和固体废物属性鉴别能力建设】2021 年，技术中心开展象牙等濒危物种鉴定能力和橡胶、聚酯切片等固体废物属性鉴别能力建设，35 项检测参数通过资质认定和实验室认可，为打击走私濒危物种和“洋垃圾”提供技术支撑。

【资质认定和实验室认可】2021 年，技术中心组织检测方法研发并完成扩项评审，检验检测资质范围已覆盖 110 类检测对象、7, 614 项次检测参数、1, 504 个检测标准。

【科研攻关】2021 年，技术中心获批海南省自然科学基金“海南养殖水产品中乙基多杀菌素及其代谢物残留状况分析及暴露健康风险评估”项目 1 项，合作参与海南省重大科技计划《国际贸易场景下区块链的监管和金融创新应用》所属项目“面向精准监管的多源业务过程异构要素数据融合技术模型以及技术标准”；1 项海关技术规范制（修）订项目“进出口食品中麦芽酚的测定液相色谱-质谱/质谱法”获批立项。

（撰稿人：陈文慧）

海南国际旅行卫生保健中心（海口海关口岸门诊部）

【概况】2021 年，海南国际旅行卫生保健中心（海口海关口岸门诊部）（以下简称“保健中心”）贯彻落实新冠肺炎疫情防控各项部署要求，强化实验室能力建设；履行技术保障职能，完成各项工作任务目标，保持保健中心持续健康发展。保健中心于 1999 年 10 月 26 日成立，下设 5 个正科级内设机构：综合部、检验部、虫媒和传染病检测实验室、预防保健部、三亚分中心。

健康体检和预防接种

【提供体检和预防接种服务】2021 年，保健中心发挥主观能动性，主动拓展业务领域，提高服务水平，本着“科学严谨，优质高效，公正热忱，持续改进，为受检者提供满意的服务”理念，从文明用语、着装形象、主动服务、首问负责制等方面，坚持人性化服务，以优质服务促业务发展。

【体检和预防接种主要业务数据】2021 年，保健中心共体检 16,793 人次，同比增长 58.51%；检出各类病例 2,619 例，检出率 15.60%。预防接种 842 人次，同比减少 50.30%，其中接种黄热病疫苗 138 人次、霍乱疫苗 685 人次、流感疫苗 2 人次、乙肝疫苗 13 人次、甲肝疫苗 4 人次。签发各类证（单）9,987 份，其中签发国际旅行健康检查证明书 2,813 份、外国人体格检查记录 1,941 份、艾滋病毒检验报告单 112 份、海船船员健康证明 4,774 份、疫苗接种或预防措施国际证书 346 份、预防接种禁忌证明 1 份。

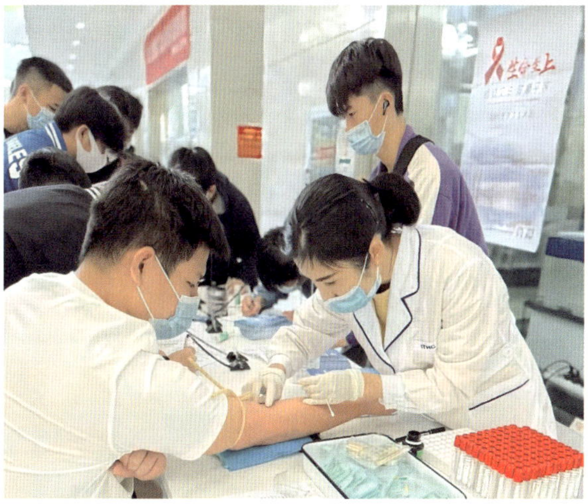

▲2021 年 12 月 1 日，海口海关保健中心三亚分中心开展“世界艾滋病日”宣传工作

传染病检测

【提升传染病检测能力】2021年，保健中心加强实验室建设，开展检验项目147项，其中临床检验项目84项、分子生物学检验项目55项、医学媒介鉴定项目8大类；在洋浦口岸新建P2+移动方舱实验室，保障洋浦、八所口岸传染病检测工作；参加国家卫生健康委临床检验中心和海南省临床检验中心组织的临床免疫检验、常规生化、新冠病毒核酸检测等项目能力验证和室间质量评价343项次，结果均为满意。

【口岸传染病检测】2021年，保健中心提升口岸传染病检测工作质量，检测人员24小时待命，做到口岸送检样本随到随检，第一时间完成实验室检测工作，及时出具检测报告，守住口岸疫情防控阵线。

【传染病检测主要业务数据】2021年，保健中心共检测口岸送检入境人员样本9,156份，同比增长55.19%；检出阳性样本106份，检出率1.16%；检测高风险非冷链货物新冠病毒核酸检测样本24,612份，均未检出新冠病毒阳性；病原体检测项目频次34,782次。鉴定海南口岸送检病媒生物样本1,708份。

（撰稿人：舒艳军）

中国电子口岸数据中心海口分中心

【概况】2021年，中国电子口岸数据中心海口分中心（以下简称“数据分中心”）深入开展“责任强化年”活动，按照“思路清、方向明、步子稳”的工作要求，积极主动应对2020年年底全部公务员返岗、技术力量严重匮乏、事业单位规范运作的整体要求，立足自身打牢基础，强化宣讲和沟通协调，切实抓好产品研发，逐步扭转了被动的工作局面，站稳了脚跟，中心职责和作用得到进一步认可。数据分中心以扎实服务成效支持海南自由贸易港建设，服务海关中心工作，为海关业务和办公正常运行提供技术运维保障。2021年1—12月，数据分中心共提供客户端设备维修服务7,429次，管理网系统维护1,461次，会务服务790次，会务设备维修236次，监控指挥中心机房巡查283次；数据分中心共受理“单一窗口”故障排查和跨境电商业务咨询热线电话2,596个。

2021年，数据分中心下设2个科级机构：综合运营部、技术部。

电子口岸建设

【信息安全】2021年10月，数据分中心组织开展网络信息安全等级测评工作，邀请信息安全测评服务单位对数据分中心对外接入局域网网络和信息系统分析评估，对整体信息安全保护情况定级，协助数据分中心完成网络与信息系统备案、测评和整改工作，保障数据分中心对外接入局域网信息系统安全性和稳定性。

▲2021年5月6日，海口海关数据分中心工作人员正在进行系统研发调试

【窗口服务】2021年，海口海关数据分中心加强驻海南省人民政府政务服务中心电子口岸窗口建设，健全服务机制，改善服务指南，优化服务质量，提高服务效率。同时，数据分中心积极对接洋浦经济开发区、海口综保区、江东新区、三亚商

务局、乐城管委会等地方政府和职能部门，全方位多维度拓宽市场。2021年，办理电子口岸入网企业5,645家，办理电子口岸IC卡12,013张。

电子口岸管理

【网络安全】2021年，海口海关数据分中心落实对外接入局域网和电子口岸专网安全防护保障工作，做好日常巡检、重大节假日和敏感时期重点安全检查防护工作。2021年3月，按照海关总署、中国电子口岸数据中心开展网络安全攻防演练要求，数据分中心安排技术人员参照演练规范开展网络和信息系统自查工作，加固数据分中心对外接入局域网、电子口岸专网边界安全防护措施，在演练期间实行24小时值守制度应对突发情况，完成网络安全防护工作。

【系统保障】2021年，海口海关数据分中心立足于打牢基础，大力加强自身建设，重点抓好总署和分中心直接连接的二级和三级节点自身建设，自主推进研发，在内部技术力量全力推进下，关区二级、三级节点已经涵盖海关全流程业务。为配合海南省商务厅加快推进跨境电子商务产业发展工作，数据分中心不断强化技术人员运维能力，加固网络安全防护，提高系统运行监控力度，做好数据交换二级节点运行保障工作，确保与地方政府三级节点跨境电商业务数据通道稳定运行。

（撰稿人：王仁杰　西高志）

海口海关热带植物隔离检疫中心

【概况】2021 年，海口海关热带植物隔离检疫中心（以下简称“隔检中心”）深入落实“责任强化年”要求，发挥职能作用，服务海关中心工作，完成进出境植物及其产品中有害生物检疫鉴定、转基因检测和植物物种资源鉴定等检疫检测工作，组织实施进出境植物繁殖材料隔离检疫等各项工作。

隔检中心于 2003 年 11 月经中央机构编制委员会办公室批准成立，2021 年内设机构 4 个：植物检疫实验室、转基因产品检测实验室、隔离检疫部、综合部；下属企业 1 个：海南文昌动植物隔离检疫农场有限公司。

技术保障

【植物检疫】2021 年，隔检中心在口岸送检样品中检出植物有害生物 263 批次、118 种类、753 种次；检出检疫性有害生物 34 批次、15 种类、62 种次；截获非检疫性有害生物 229 批次、103 种类、691 种次；首次检出十字花科细菌性黑斑病菌、油菜茎基溃疡病菌、光胸断眼天牛、皱果苋 4 种检疫性有害生物，以及冷杉短鞘天牛、播娘蒿等 16 种非检疫性有害生物；从洋浦港口岸进境原木中连续检出松材线虫等重大检疫性有害生物。国门生物安全监测方面，该中心在入境口岸调查发现红火蚁、草地贪夜蛾、假臭草、长芒苋等，完成 147 批实蝇监测样品种类鉴定和数量统计工作。

▲2021 年 3 月 22 日，隔检中心在海南中学开展“国门安全进校园”活动，为孩子们展示截获的有害物种标本

【转基因检测】2021 年，隔检中心从巴西进境大豆中检出转基因大豆 MON87701、MON89788、GTS40-3-2 品系成分，从加拿大油菜籽中检出转基因油菜 RT73（GT73）品系成分。物种鉴定方面，

从68包美国种子中鉴定出39个种，其中15种为海南首次截获；开展濒危兰科植物物种快速检测鉴定技术研究，利用现有种质资源和标本信息建立数字化标本馆，形成濒危兰科植物物种数据库，收录植物种质资源物种信息7,836条、70,521个数据点，设计种质资源“身份证”，通过扫描二维码即可查询植物信息；建立目前国内濒危级别最高、保存数量完整的濒危野生兰科植物物种DNA基因库，获得石斛属、兜兰属、兰属等濒危兰科植物物种58属92种276条DNA条形码序列，制定《金钗石斛鉴定方法》等行业标准。

能力提升

【国际科研项目】2021年，隔检中心与中国海关科学技术研究中心共同推进全球环境基金“减少外来入侵物种对中国农业生物多样性和农业生态系统威胁的综合防控体系建设项目”；参加全球“全健康”海南示范项目。

【海关总署项目】2021年，隔检中心参与海关总署动植司组织进境植物检疫性有害生物名录全面修订工作，完成咖啡美洲叶斑病菌等22种（属）风险分析报告；编写和审校海关总署动植司牵头组织的《2020年度海关非贸渠道截获外来物种案例汇编》工作；参与海关总署组织的《守卫国门生物安全》系列丛书，编写《进出境粮食检疫与国门生物安全》和《进出境木材检疫与国门生物安全》部分章节。

▲2021年5月21日，海口海关隔检中心工作人员在种质资源库开展研究工作

【海口海关项目】2021年，隔检中心配合完成《海口海关推进全球环境基金项目建立外来入侵物种综合防控体系实施方案》《2021年GEF-IAS项目任务清单表》，协助编制“口岸动植物检疫能力建设”项目实施方案、五年工作计划及预算；完成《从德国引进1,404株马铃薯试管苗的风险评估》《荷兰马铃薯实生种子输华有害生物风险分析报告》。

科研及成果转化

【科研立项】2021年，隔检中心牵头申报的“十四五”国家重点研发计划“生物安全关键技术研究”重点专项2021年度项目“全球动植物种质资源引进中转基地示范基地建设”获批立项，财政经费2,450万元，取得历史性突破；牵头申报的2021年海南省重大科技计划项目“全球动植物种质资源引进中转基地生物安全保障关键技术研发与应用”获批立项，立项经费1,000万元；获批2项海南省自然科学基金项目，合计13万元。

【科研成果】2021年，隔检中心主持完成2项海南省重点研发计划项目分别是“海南重要外来有害粉蚧调查及DNA条形码检测技术研究”（ZDYF2018098）和“三沙市岛礁绿化有害生物监测调查与检疫处理技术研究”（ZDYF2017056）；1项海南省自然科学基金面上项目“濒危野生兜兰植物物种检测鉴定技术研究”（317293）完成；1项海关总署科研项目“重要潜在害虫霜梅蛾蜡蝉检疫鉴定技术研究”（2019HK035）和1项海南省自然科学基金青年基金项目“海南口岸检疫性大小蠹分子快速检测技术体系研究”（319QN334）通过验收，1项海南省重点研发项目“全球动植物种质资源引进中转基地风险预警与安全监控技术研究”完成年度考核。主持申报的5项海关技术规范制（修）订计划项目获批立项，分别是《椰子死亡类病毒检疫鉴定方法》（2021B120）、《咖啡潜叶蛾检疫鉴定方法》（2021B094）、《咖啡果小蠹检疫鉴定方法》（2021B090）、《光荚含羞草检疫鉴定方法》（2021B145）、《矮万代兰鉴定方法》（2021B142），创历史新高。4项海关技术规范完成报批，分别是《东亚椰粉蚧检疫鉴定方法》（2019B069）、《暗天牛属检疫鉴定方法》（2017B236k）、《突胫兰象检疫鉴定方法》（2017 B244k）、《金钗石斛鉴定方法》（2016 B149）。1项国家标准《枣实蝇检疫鉴定方法》（GB/T 40445—2021）正式发布。申请发明专利4项，分别是“南松大小蠹的实时荧光PCR检测方法及检测用引物和探针”（申请号：202110438240. X）、“黄杉大小蠹的实时荧光PCR检测方法及检测用引物和探针”“一种芒果蒸热杀虫检疫处理方法”“黑脂大小蠹的实时荧光PCR检测方法及检测用引物和探针”。发表论文2篇，分别是《南松大小蠹TaqMan实时荧光定量PCR测》和《Gene Sequence Variation and Genetic Differentiation of Mitochondrial COI in Genus Saperda（Coleoptera：Cerambycidae：Lamiinae）》

【种质资源助力乡村振兴】2021年，隔检中心通过为海南市县提供文心兰助力乡村振兴，其中在保亭县南林乡推广种植切花文心兰27万株苗，为五指山市通什镇番慢什里村提供17.70万多株文心兰苗；帮助文昌基地周边文心兰种植户销售文心兰切花127,180支切花，获得收入13.42万元。

【种质资源成果】2021年，隔检中心在“第十届中国花卉博览会”上获单株金奖1项、银奖3项、铜奖4项、优秀奖9项。小型景观作品“扬帆自贸港”获铜奖、组合盆花作品获铜奖2项。在英国皇家园艺协会注册1个苞舌兰新品种*Spathoglottis Kebao*。

（撰稿人：万培弟　蔡　波　潘英文）

海口海关学会

【概况】2021 年，海口海关学会（以下简称“学会”）深入学习贯彻全国海关及海口海关工作会议、全面从严治党工作会议部署，围绕“海关在总体国家安全观中的历史使命与责任担当”主题，以服务海关改革发展大局和支持海南自由贸易港建设作为年度理论研究重点任务，履行职责，深入组织开展群众性政策理论研究与实践探索，评选《在非贸监管渠道践行总体国家安全观维护国门安全的思考》等 60 篇关区优秀论文（详见表 7-1），评选口岸监管处学会小组、三亚海关学会小组、热带植物隔离检疫中心学会小组等 11 个优秀学会小组，评选谢东良、唐亚青两名同志为年度“学研之星”，营造海口海关群众性政策理论研究氛围。

理论研讨活动

【征文活动】2021 年，根据中国海关学会和广州分会关于开展“海关在总体国家安全观中的历史使命与责任担当”主题征文和综合类征文的通知要求，学会下发《海口海关学会关于开展“海关在总体国家安全观中的历史使命与责任担当”主题征文活动的通知》和《海口海关学会关于做好 2021 年度征文工作的补充通知》，部署关区全年征文活动，共收到各部门单位报送的征文 126 篇。据中国海关学会通报，该年度海口海关报送论文数量位列全国第 16 位，比 2020 年排名上升 5 位；党委书记、关长施宗伟署名文章以单列方式获特别表彰，口岸监管处 1 篇论文获评“入选论文”。据中国海关广州分会通报 2021 年征文情况，关长施宗伟、政治部主任褚碧波署名文章获领导干部优秀论文，1 篇论文获评一等奖，3 篇论文获评二等奖，1 篇论文获三等奖（详见表 7-2、表 7-3）。

【专项理论研究】2021 年，学会配合政工办开展“庆祝中国共产党成立 100 周年”征文活动，从 38 篇征文稿中优选 8 篇论文报中国海关学会参评，其中政治部主任褚碧波 1 篇论文获海关总署政工办、中国海关学会征文集刊发；联合海口海关风险防控分局开展“海关风控管理高质量发展”征文活动，该关风险防控分局 1 篇论文获评三等奖；向广州分会推荐 5 篇海关税收专题优秀论文，获上海市法学会财税法学研究会主编的《税收法治与营商环境建设——上海市法学会财税法学研究会2021年年会论文集》刊登。

▲2021年5月，海口海关学会深入基层学会小组开展理论研究座谈交流，图为学会在海口港海关座谈

【征文调研】2021年，为落实海口海关“责任强化年”要求，做好主题征文的推动工作，学会组织开展征文调研活动，学会领导于5月19日至6月1日带队深入16个基层学会小组举办10场座谈交流会，与相关部门单位负责人、撰稿人就主题征文选题审题、撰稿安排及理论研究人才培养等进行交流研讨，引导理论骨干围绕征文主题开展理论研究。

【群研工作机制完善】2021年6月，学会研究制定《学会关于加强组织完善群研工作机制的通知》，就加强学会与各学会小组的联系配合、推动群众性理论研究成果转化、完善人才培养激励机制、发挥学会网页交流展示作用、提升学会秘书处协调服务水平、强化学会常务理事和理事的联系配合等6个方面做出明确规定。

【理论成果交流展示】2021年，经学会择优推荐，海口海关12篇论文被海关总署主办的《海关研究》杂志刊登。该期刊年度共6期，其中5期刊发海口海关论文。在海口海关官网学会网页3期《琼关论坛》电子期刊上刊发60篇获奖优秀论文，为全体关警员提供理论研究资源。

日常工作

【年鉴编纂和年报资料报送】2021年4—6月，学会组织开展2021年度《海南年鉴》《海口年鉴》涉及海口海关工作部分年鉴的编纂工作，顺利完成2021年该关有关年报工作资料和新冠肺炎疫情防控工作资料的收集编辑，按时报送海南省史志办和海口市地方志办，全面展示该关工作。2021年1月25日，林慧同志被海南省委党史研究室评为2020年度《海南年鉴》优秀撰稿人。

【征文通报奖励】2021年2月，学会印发《海口海关学会关于表彰2020年度优秀论文及优秀学会小组的通报》，表彰2020年度60篇优秀征文和13个先进学会小组，按规定发放论文稿费及评审费，落实群众性政策理论研究活动的激励机制。

【对外理论研究交流】2021年，学会重视与高校及地方文化主管部门的交流合作。与上海海关学院开展论文查重工作交流，获得该院支持，向该院赠送《海口海关志》（1685—1990、1991—2001）一套；

向海口市美兰区公共图书馆捐赠《中国海关通志》一套，助力海关历史宣传。

（撰稿人：林　慧）

表 7-1　海口海关学会评选的 2021 年征文获奖论文名单

序号	单位	作者	论文题目
一等奖（10 篇）			
1	口岸监管处 三亚海关	黄婷婷　郭建盟　杨　刚　谢东良	在非贸监管渠道践行总体国家安全观维护国门安全的思考
2	统计分析处 企业管理和稽查处	卢　荔　何哲晖	海南自由贸易港加工增值免关税制度的解析与构建研究
3	三亚海关	陈卓彪　黄森磊　林策策	构建适应海南自由贸易港发展需求的海关信用管理体系研究
4	关税处 三亚海关	陈　针　云大兴　黎灵述　许玲玲 唐亚青	企业破产重整海关税收债权若干问题的思考
5	口岸监管处	黄婷婷　韩　彬　陈　静　王雯雯	基于 OKR 方法（目标与关键成果法）对党建与业务工作深度融合的思路借鉴和对策研究
6	法规和综合业务处	林方炜　翁书艳　张　健	浅析海南自由贸易港海关免税购物监管执法法律风险防控
7	八所海关	梁　雷	维护国门安全提升口岸公共卫生检疫工作实效的思考
8	三亚海关	熊　坤	总体国家安全观下履行海关使命担当的研究思考
9	缉私局	刘　青　陈国民　李　伟　韩　冬 彭婉茏	维护国家自贸港区域市场经济安全防控海南岛内居民免税日消品走私风险初探
10	关税处	陈　针　林　勇　陆一锐　洪国庆 郝琳琳　王　敏	有效实施进口税收优惠政策维护国家自贸港经济发展安全的若干思考
二等奖（20 篇）			
1	关税处 三亚海关	陈　针　云大兴　黎灵述　陈建友 许玲玲　唐亚青	维护国家贸易安全防控租赁贸易海关税收风险研究
2	椰城海关	吴　玲	从宣讲到共鸣——对海关思想政治教育中语言运用问题的思考
3	马村港海关	谢声文　李佳臣	海南自贸港封关运作前试行部分自贸港政策必要性及路径探析
4	自贸区和特殊区域发展处	廖逸婷	试论在海南自由贸易港先行先试海关特殊监管区域主分区海关监管模式

表7-1　续1

序号	单位	作者	论文题目
5	海口海关风险防控分局	岑运广　李晓清　徐　青　柯宁馨　徐德铖	落实总体国家安全观完善海南自由贸易港海关风险防控体系研究
6	三亚海关	吴　昊　刘　纯　王　尧	对海关离岛免税监管系统入出库自动审单功能实现路径的思考
7	海口美兰机场海关	孔建明　蔡林芬	加快构建国门安全屏障体系助推平安海南自贸港建设
8	三亚海关	张子继	对海关如何提升海南自贸港口岸病媒生物预防控制能力的思考
9	教育处	史　丹	浅析海南自贸港背景下海关落实总体国家安全观的具体实践路径
10	三亚海关	曲　艺　张媛媛	落实总体国家安全观有效维护口岸食品安全的思考——创新海南自贸港口岸食品安全监管模式
11	三亚海关	邹继东　王　颖　李怡彤　祝　贺　程　吉	海南自由贸易港“二线”出岛物品监管手段与制度研究
12	海口港海关	陶文庆　余　科　蔡明慧　甄鸿昊	从总体国家安全观角度浅议自贸港“二线”“日用消费品”海关监管体系建设——探索海口新海港免税品监管模式创新
13	口岸监管处	黄婷婷　李恩华　韩　彬　陈　静　王雯雯	探索建设智能化、集约化、便捷化监管设施设备实现口岸高效精准监管
14	办公室	李　尧　黄　卉	关于新时代一流海关治理能力建设的思考
15	缉私局	牛新宁　于京涛　林　雅　胡海峰	维护国家自贸港经济发展安全有效防控离岛免税套代购走私风险研究
16	卫生检疫处	吴　波　刘佛民　罗　旭　卢　江　陈　琳	海南自贸港口岸公共卫生安全体系研究
17	洋浦经济开发区海关	祁得津　符福锦　游艺峰	维护国门安全服务构建海南自由贸易港建设发展“内环境稳态”的思考
18	海口美兰机场海关	孔建明　林　军　辜振成	基于贸易安全的飞机租赁海关税收征管制度研究
19	企业管理和稽查处	曾　宁　吴梦宇　柯尊鹏　黄吴珍	基于海南自由贸易港建设背景下对离岛免税经营企业海关信用管理的探索
20	督察内审处	吴博斌	总体国家安全观视角下优化督察方式防范海南自贸港海关监管风险的思考
三等奖（30篇）			
1	缉私局	肖修宏	乡村振兴中山竹沟村少年儿童课外教育的实验与探索

表7-1 续2

序号	单位	作者	论文题目
2	三亚海关	唐亚青	探索建立高水平海关监管体系助力海南游艇产业高质量发展
3	统计分析处	詹 晨	海南自由贸易港政府整体性治理体系的思考
4	自贸区和特殊区域发展处	崔瑞康	海南自由贸易港“二线”出岛海关作业流程初探
5	博鳌机场海关	林 勇 王祚钧	创新海关监管助力博鳌乐城国际医疗旅游先行区高质量发展的研究报告
6	三亚海关	高世英	加强知识产权保护工作推动海南自贸港构建新发展格局
7	八所海关	陶 慧 云 兰	海南自贸港建设中筑牢国门生物安全防控体系建设的思考
8	三亚海关	刘 洁	海南自由贸易港建设背景下国际邮轮物资供应海关监管模式探讨——以三亚凤凰岛国际邮轮港为例
9	口岸监管处	黄婷婷 李恩华 韩 彬 陈 静 王雯雯	关于推进海关辐射探测工作落实总体国家安全观的思考
10	缉私局	李 操 杨 威 李 东 郑亚军	自贸港新业态走私犯罪形态分析研究——海南跨境电商走私犯罪现状及防范
11	三亚海关	陈淑娟 邓文君	海南邮轮海上游新业态的国门安全风险及对策研究
12	海口港海关	邓 东 温学超 钱凌勇 王 帅	从货运监管角度浅析离岛免税品质量安全监管
13	第五派驻纪检组	吴多海 甘勇灿	关于新形势下充分发挥海关派驻纪检监察机构政治监督作用的思考
14	办公室	耿伊潇	关于创新新时期海关督查工作机制强化新时代“一流海关”建设的思考
15	椰城海关	陈欣颖	探索海南岛内免税消费品监管制度助推海南自贸港建设
16	政工办 海口美兰机场海关 三亚海关 洋浦经济开发区海关	王威严 周勇强 黄 婧 于 淼	海南自由贸易港建设背景下构建关区“大宣传”工作格局思路探索
17	三亚海关	刘 纯 吴 昊 周思南	海南离岛免税监管模式历史变迁与自贸港建设背景下监管思考
18	椰城海关	陈妍君	海南自由贸易港建设背景下加强海关青年思想工作的路径探索——以海口海关为例

表7-1　续3

序号	单位	作者	论文题目
19	椰城海关	李　毅	强化后续监管效能，筑牢海关国门安全防线——关于创新核查模式的探讨
20	动植物检疫处	杨　巽　张思春　邢其乡　韩　晴	自贸港“一线”国门生物安全管控措施探讨
21	缉私局	陈杰明　聂　勇　刘　伟　王运达	自贸港缉私业务基础建设及发展研究
22	人事处	黄　颖　裴剑楠　朱　略	加强海关执法一线科长队伍风险防控路径探析
23	政工办	王惠君　覃贞磊	把握“三个聚焦”内涵提高巡察查发问题能力
24	人事处	文　云　方其阳　李建涛	海关事业单位队伍建设与国门安全探析
25	科技处	杨建岭	强化海关实验室管理为筑牢国门安全防线提供技术支撑
26	海口港海关	林华婷	浅谈总体国家安全观视角下海南口岸重大疫情海关防控工作
27	洋浦经济开发区海关	吴锐锋	关于海关后续监管在国家安全建设中的几点思考
28	进出口食品安全和商品检验处	陈仕雄　朱毅菲　应　黎	新冠病毒全球蔓延对海南进出口冷链食品的影响及对策
29	政工办	夏国珍　黄　磊　董学强	海南自贸港背景下提升党支部标准化建设质量研究
30	卫生检疫处	张　特　周元鹏　伊免静	坚持总体国家安全观筑牢口岸检疫防线

表 7-2　2021 年海口海关论文获中国海关学会主题征文奖论文

序号	论文题目	作者	奖项
1	充分发挥海南自贸港试验田作用探索打造对外开放新高地研究	施宗伟	单列方式特别表彰
2	在非贸监管渠道践行总体国家安全观维护国门安全的思考	黄婷婷　郭建盟　杨　刚　谢东良	入选论文

表 7-3　2021 年海口海关论文获中国海关学会广州分会奖论文

序号	论文题目	作者	奖项
1	充分发挥海南自贸港试验田作用探索打造对外开放新高地研究	施宗伟	领导干部优秀论文
2	回首支部百年发展史推进新时代“强基提质”	褚碧波	领导干部优秀论文
3	在非贸监管渠道践行总体国家安全观维护国门安全的思考	黄婷婷　郭建盟　杨　刚　谢东良	一等奖
4	海南自由贸易港加工增值免关税制度的解析与构建研究	卢　荔　何哲晖	二等奖
5	构建适应海南自由贸易港发展需求的海关信用管理体系研究	陈卓彪　黄森磊　林策策	二等奖
6	企业破产重整海关税收债权若干问题的思考	陈　针　云大兴　黎灵述　许玲玲　唐亚青	二等奖
7	基于 OKR 方法（目标与关键成果法）对党建与业务工作深度融合的思路借鉴和对策研究	黄婷婷　韩　彬　陈　静　王雯雯	三等奖

第八篇

人物荣誉

2021 年海口海关获评国家部（委）级先进单位和个人

一、集体

洋浦经济开发区海关属地查验处，全国食品安全工作先进集体，国务院食品安全委员会，2021 年 4 月

海口港海关综合业务科、椰城海关审批办，第 20 届全国青年文明号，共青团中央，2021 年 9 月

海口海关保密办，全国海关机要保密工作先进集体，海关总署办公厅，2021 年 10 月 25 日

二、个人

李东，全国食品安全工作先进个人，国务院食品安全委员会，2021 年 4 月

陈小燕，全国海关机要保密工作劳动模范，海关总署办公厅，2021 年 11 月

2021年海口海关获评海南省级先进单位和个人

一、集体

海口海关，海南省政务信息工作先进单位

海口美兰机场海关、椰城海关、文昌海关、马村港海关、三沙海关，海南省文明单位

洋浦经济开发区海关监管处，海南省三八红旗集体

海口海关所属海口港海关团支部，2020年度海南省五四红旗团支部

政工办、八所海关、峨沟村驻村工作队，海南省脱贫攻坚先进集体

办公室、监管处，海南省首届消博会工作表现突出的集体

洋浦港海关监管一科，2019—2020年度海南省平安建设先进集体

二、个人

林柏荣，2020年度海南省政务信息工作先进个人

刘微，海南省优秀党务工作者；椰城海关畅丹家庭，第三届海南文明家庭

黎文，海南省三八红旗手标兵；林雅、高健，海南省三八红旗手

温云斌，第四届海南省“人民满意的公务员”称号

王洲文，第二十七届“海南青年五四奖章”

王尧，2021年“椰树杯——我参与·我奉献”全民大行动先进个人

肖修宏，海南省脱贫攻坚先进个人

符颖敏、许翠云，首届消博会工作表现突出个人

李伟，2019—2020年度海南省平安建设先进个人

2021年海口海关获表彰奖励的集体和人员名单

一、记个人三等功

刘天竹	黄　颖	刘福秀
王　斌	刘明凯	曲　艺
邢益茂	张　岩	段明星
钟斯森	钱凌勇	梁　浩
王志平	王遵清	孙怀姗
郭仁源	曾德优	蔡兴发
钱崇凯		

二、嘉奖人员

孔建明　孔　敏　王传锋

王　强（财务处）

王海东	冯云云	卢灵娇
吉　胜	朱毅菲	汤文琦
何　斌	吴　波	岑运广
李红梅	李　娜	李恩华
邱文忠	林　柯	

林　勇（关税处）

罗义柏	胡华斌	贺　魏
袁之报	郭小补	黄　涛
潘文胜	鞠春梅	庞道标
丁淑菲	丰　涉	云　俏
孔　璇	王坚盛	王纯豪
王诒彬	王　迪	王威严
王　彦	王昱棋	王洲文
王　菲	王　婷	王辉煌
王　群	冯世辉	卢小恋
卢劲松	叶立东	叶健仪
甘佳勇	甘学斌	伊免静
刘子林	刘云方	刘　立
刘传劲	刘红旭	刘佛民
刘志刚	刘荣英	刘智文
吕亭霏	吕　微	孙青帝
许晓君	许　盛	邢其乡
何宣佳	何哲晖	何　惠
杜　欣	余梦清	吴美蕾
吴　健	吴家锐	吴清花
宋晓波	宋新河	应　黎
张子继	张传华	张建波
张　恒	张效辉	张海玲
张靖浦	张　毅	李小敏
李云昌	李　宁	李晓清
李婷婷	杨大兴	杨小林

杨明艺	辛　宁	陈小燕
陈文卿	陈文璜	陈向云
陈　祥	陈彩琼	陈淑娟
陈超胜	陈慧祎	麦　耕
周秀琳	周勇强	周春松
孟　捷	林云亮	林凤妮
林少莎	林孟颖	林　松
林柏荣	林策策	林蔚文
罗春红	罗敦文	洪海建
相鲁川	胡　婧	胡　强
赵　军	赵　阳	赵建业
赵　静	郝琳琳	钟帅彬
钟辉镜	唐宇浩	唐盛俊
夏玉洁	徐乙蘅	徐贺楠
翁国友	莫志荣	郭昭阳
郭荣建	陶进桂	陶湘琼
顾　盼	高　帅	高　良
崔瑞康	符　策	黄龙禹
黄　宇	黄　婕	黄　婧
黄森磊	黄　磊	彭剑波
彭就福	曾　光	曾　婕
曾照辉	温学超	程　旭
蒋奕峰	覃学强	覃周辉
谢　倞	韩文锡	韩　剑
韩威超	韩　彬	韩碧玲
詹道诚	鲍　莹	熊　成
蔡　汾	蔡岳林	蔡林芬
蔡笃杰	蔡　鑫	潘继红
潘　韬	云小云	王军华
王丽红	王崇财	叶文松
刘　翔	何翠华	吴建翔
李正章	李华诚	李佳沂
李　慧	陈文慧	陈艺玮
陈　丽	陈施明	郑帮坚
柯　华	柯辉同	徐　莉
黄纪徽	黄海民	曾祥波
温宇华	蔡　波	潘学军
禤开智	马　跃	王文杰
邝继凯	刘坚阳	刘莉萍
何振天	吴多弟	陈史婷
唐婉娈	崔佳佳	梁　雷
游艺峰	臧金平	戴林秀

海口海关首次荣获“光荣在党 50 年”纪念章名单

董秀芝	郭桂玉	黄启光	吴有谋	黄奕通	潘孝益
杨居琬	王辉彩	黄耀坤	陈张任	雷家炳	黄志增
高耿好	张云清	涂阳纯	谢晋泰	邢福虎	李守文
程作超	莘爱玉	钟齐昌	林连球	廖世民	陶芝益
郭改月	卢成丰	符圣銮	黄健民	彭炳煌	李伟斌
韩　奋	吴开仲	谢起川	唐珍华	孙积隆	林　明
袁　蓉	杨吉辉	莫立健	程昌乐	陈伟凌	
陈其禄	符策栋	郭爱珍			

第九篇

大事记

2021年海口海关大事记

1月

▲**12日**　三亚海关综合业务科党支部和洋浦经济开发区海关监管联合党支部获评首批省直机关“标准化党支部示范点”。

▲**15日**　洋浦保税港区规划调整通过海口海关牵头的联合验收组验收。

▲**18日**　全国政协委员、时任海关总署副署长吕滨到海口海关缉私局调研，听取海南自由贸易港建设背景下海关工作情况汇报，征集相关意见建议。

▲**21日**　省委常委、政法委书记刘星泰在省委政法工作会议上强调要坚定不移化解自贸港建设背景下新型走私风险，构筑反走私坚固屏障。

▲**26日**　广东分署党委听取海口海关党委巡视整改工作情况专题视频汇报。

▲**29日**　海口海关在海南省新闻发布厅举办“海口海关支持海南自由贸易港建设成效初显2020年海南外贸增速快于全国”新闻发布会。海口海关新闻发言人、统计分析处主要负责人和自贸处主要负责人介绍相关情况并回答记者提问。

首票海南自由贸易港“零关税”交通工具及游艇通关放行，系由海南尼米斯实业有限公司申报进口的首票“零关税”帆船，标志着交通工具及游艇“零关税”政策在海南自由贸易港顺利落地。

▲**31日**　海控全球精品（海口）免税城和深免海口观澜湖免税城通过海口海关验收开业。

2月

▲**7日**　海口海关参加海南自由贸易港第十一批制度创新案例新闻发布会，食商处主要负责人就“出口成品油‘即检即放’检验监管”创新案例有关问题回答记者提问。

▲**8日**　海南文明网公布海口海关5个基层海关和1个干部家庭获评海南省文明单位、文明家庭，海口美兰机场海关、椰城海关、马村港海关、三沙海关和文昌海关同时获评第六届海南省文明单位，椰城海关畅丹家庭获评第三届海南省文明家庭。

▲**9日**　直属机关党委书记、政治部

主任褚碧波参加2021年省直机关党建工作会议，作为2020年省直机关党建工作综合考核优秀单位代表上台领奖，这是机构改革后海口海关连续第二年获此荣誉。

▲25日 海南省政协党组副书记、副主席李国梁率省政协经济委部分委员到海口海关调研，围绕“科学规划精心布局，助推尽早全岛封关运作若干问题的建议”重点协商议题进行调研座谈。

3月

▲4日 海口美兰机场海关完成关区首个旅检负压隔离室改造项目建设并进行预验收。

▲8日 海关总署对洋浦保税港区核减规划面积批复认定验收合格。

三亚海关刘洁家庭、孙铭家庭获评2020年度三亚市“最美家庭”。

三亚海关驻凤凰国际机场办事处综合科被认定为2020年度三亚市“巾帼文明岗”创建集体。

▲9日 海口海关派驻省政务服务中心审批办公室在全省政务服务工作会议上获评2019—2020年度“政务服务先进单位”，吴清花同志获评省“政务服务优秀工作者”。

▲13日 洋浦经济开发区海关、洋浦港海关的“洋浦保税港区物流分离监管”“出口成品油即检即放检验监管”两项制度创新获评洋浦经济开发区“制度创新突出贡献奖”一等奖，黎文、蒋奕峰获评“突出贡献奖”先进个人，记三等功。

▲23日 海南自由贸易港首票“零关税”自用生产设备通关放行，系由博鳌乐城国际医疗旅游先行区内企业海南一龄医疗产业发展有限公司申报进口的首票“零关税”低温理疗箱，标志着自用生产设备“零关税”政策在海南自由贸易港顺利落地实施。

▲27日 海南自由贸易港首条定期洲际货运航线通航，该航线为“海口—巴黎”货运包机航线，每周往返两个航班，首批货物为价值16.99万美元文具、服装等。

▲28日 缉私局温云斌同志获得“海南省人民满意的公务员”荣誉称号。

▲30日 海口海关完成海航集团破产重整首批公告涉及企业的海关税款债权申报工作，涉及海南航空控股股份有限公司、海航航空技术有限公司、长安航空有限责任公司及广西北部湾航空有限责任公司4家企业。

▲31日 海南省委书记沈晓明到海口海关所属海口港海关邮检现场调研，海南省委常委、政法委书记刘星泰；海南省委常委、常务副省长沈丹阳陪同调研。

海口海关、广州海关共同推动海南自由贸易港试行启运港退税政策首票报关单落地。首批启运港退税政策货物从广州南沙新港启运至海南洋浦港，换装国际航行船舶出境，主要为电视机配件等，货值49.90万元，涉及退税约6.40万元。

4月

▲2日　洋浦经济开发区海关获评中共海南省委“我为加快推进海南自由贸易港建设作贡献”活动领导小组“椰树杯——我参与·我奉献”全民大行动先进组织，三亚海关王尧被评为先进个人。

▲12日　海口海关与文昌国际航天城管理局签订合作协议。

▲16日　洋浦经济开发区海关属地查验处被评为全国食品安全工作先进集体，缉私局李东被评为全国食品安全工作先进个人。

▲20日　海南离岛免税购物政策实施十周年，海关共监管2,297万人次购买离岛免税品，购物金额978亿元人民币。

▲23日　首艘海南自由贸易港“零关税”进口运输船舶通关放行，由洋浦宏鲲航运有限公司进口的船舶在海口海关通关放行，船舶价值约5,198万元，减免税款约1,204万元，实现“零关税”营运用船舶进口零的突破。

▲26日　关长施宗伟陪同全国政协委员、原海关总署副署长孙毅彪一行到江东新区展示中心调研。

▲30日　海南蝴蝶兰首次输往泰国，一批68,000株介质蝴蝶兰经椰城海关检疫合格后出口泰国。

缉私局情报技术处三科获评海南省工人先锋号。

5月

▲4日　国务院批复同意设立海口空港综合保税区。

▲7—9日　海关总署副署长孙玉宁在海口海关调研。到海口新海港码头和三亚凤凰机场离岛免税提货点，海口综合保税区、洋浦经济开发区、洋浦保税港区、博鳌乐城国际医疗旅游先行区、三亚国际免税城等地调研，深入了解二线口岸建设点情况，观摩海南社会管理信息化平台功能演示，听取该关推进海南自贸港建设工作汇报，出席海南离岛免税风险防控专项工作现场会议，深入企业和一线基层海关召开“我为群众办实事”座谈会听取意见建议。其间，会见海南省省长冯飞，海南省委常委、三亚市委书记周红波和副省长倪强。

▲10日　财政部调研组在海口海关召开海口海关监管查验技术设备构建及能力提升专项调研会，财政部评审中心副主任常海林，海关总署财务司司长王新平，口岸监管司一级巡视员宋京雁，关长施宗伟，副关长赵俊伦参加。

▲11日　海南自贸港首艘“零关税”进口集装箱船舶通关放行，由海南海丰航运有限公司进口的船舶由海口海关通关放行，船舶价值6,500万元，减免税款约1,500万元，是海南自由贸易港首艘“零关税”进口集装箱船舶。

▲12日　海口港海关完成首批2021

年东京奥运会参赛物资暂时出境放行手续，该批参赛物资为ATA单证册下暂时出境货物，主要为3艘帆船、教练艇等货物，货值约32.1万元。

▲18—21日 海关总署总工程师韩森在海口海关就进出境种质资源检疫监管工作开展调研。

▲19日 海南自贸港首辆“零关税”进口汽车通关放行，由海南海汽集团贵宾车队有限公司进口的一辆丰田海狮牌13座商务车，车辆货值22.7万元，减免税款约8.40万元，实现海南自贸港“零关税”汽车进口零的突破。

▲21日 第十届中国花卉博览会在上海崇明开幕。隔检中心选送的马达巨兰 *Grammatophyllum martae* 获得单株竞赛金奖，另有单株竞赛银奖3项、铜奖4项、优秀奖9项。

▲23—26日 海口海关顺利完成世界卫生组织国家消除疟疾认证现场评估工作。

▲25日 一尊唐代青铜佛首和一尊宋代铜鎏金佛首在海口综合保税区申报入区保税存储，货值共计59.20万元人民币，系海南自贸港首单国宝文物“回归”。

▲28日 海南省副省长倪强到海口海关调研，听取工作汇报并就海关支持海南自由贸易港建设开展座谈交流。

海南省副省长兼公安厅党委书记、厅长闫希军听取海口海关缉私局打击离岛免税“套代购”走私工作情况汇报。

6月

▲2—4日 副署长、全国打私办主任胡伟在海口海关调研，主持召开离岛免税“套代购”走私风险防控有关座谈会，到海口新海港离岛免税提货点和客运综合枢纽了解离岛免税监管有关情况。

▲19日 在“勇当先锋建功自贸”海南省2021年党员自贸港知识竞赛决赛中，海口海关王颖、杨浒靖2名同志作为省委直属机关工委代表队参赛取得第一名，获一等奖。

▲20日 关长施宗伟参加海南自由贸易港建设专题新闻发布会，发布《海南自由贸易港建设白皮书（2021）》，并回答记者提问。

▲25日 海关总署、海南省人民政府和全国打私办召开打击治理海南离岛免税“套代购”走私专项行动部署视频会，海关总署副署长、全国打私办主任胡伟，副署长孙玉宁在海关总署会场出席，海南省委常委、政法委书记刘星泰，海南省副省长兼公安厅厅长、省打私办主任闫希军，海南省副省长倪强在海口海关会场出席，会议由海南省副省长兼公安厅厅长、省打私办主任闫希军主持，部署开展打击治理海南离岛免税“套代购”走私专项行动。

▲30日 海口海关多个集体和个人受到海南省委直属机关工委表彰。洋浦经济开发区海关监管联合党支部、三亚海关综合业务科党支部、隔检中心党支部、海口

美兰机场海关旅检四科党支部、办公室党支部、统计处党支部、洋浦分局党支部被被评为先进基层党组织；直属机关纪委被评为纪检工作先进集体；隔检中心工会小组被评为模范职工小家；三亚海关综合业务科被评为青年五四奖章集体；缉私局情报技术处四科被评为三八红旗集体；保健中心云小云、自贸处张寅、监管处韩彬、洋浦港海关舒翔、三亚海关高健、马村港海关宋新河、海口港海关邢益茂、卫生处伊免静、缉私局贾民、李佳玲、朱超明被评为优秀共产党员；海口美兰机场海关刘微、椰城海关畅丹、机关党委（政工办）黄磊、八所海关刘明凯、文昌海关陈光前、缉私局张铭被评为优秀党务工作者；黄涛获评纪检工作先进个人；机关党委（政工办）陈学佳被评为省直机关优秀工会工作者；海口港海关欧丹彤被评为省直机关优秀工会积极分子；统计处黎志杰被评为省直机关优秀工会之友；洋浦经济开发区海关邝继凯、八所海关张彬彬被评为优秀共青团员；保健中心云小云被评为三八红旗手标兵。

7月

▲2日　海口海关组织参加2020—2021年度省直机关先进集体和先进个人表彰大会。大会对海口海关多个集体和个人予以表彰，命名办公室党支部、隔检中心党支部为省直机关第二批“标准化党支部示范点”。海口美兰机场海关刘微作为“优秀党务工作者”代表发言，保健中心云小云作为“三八红旗手标兵”代表上台领奖。

▲5日　海口美兰机场海关刘微被中共海南省委授予“海南省优秀党务工作者”荣誉称号。

▲10日　海口海关多个集体和个人获得海南省脱贫攻坚表彰。机关党委（政工办）、八所海关、原驻村第一书记吴清穗所在驻村工作队获评海南省脱贫攻坚先进集体，原驻村第一书记肖修宏获评海南省脱贫攻坚先进个人并作为获奖代表参加脱贫攻坚表彰暨乡村振兴推进大会。

▲15日　推进海南自由贸易港建设工作专班到海口海关调研并召开座谈会，听取海口海关关于支持海南自由贸易港建设情况、省商务厅（口岸办）关于口岸建设情况、洋浦管委会关于“‘一线’放开、‘二线’管住”制度相关情况的工作汇报。

▲16日　海南省委常委、组织部部长徐启方一行到海口海关调研，参观海口海关宣传栏、隔检中心国门生物安全科普馆，召开“查堵点、破难题、促发展”座谈会。

▲23日　首票享受洋浦保税港区加工增值货物内销税收政策的进口货物顺利通关。洋浦保税港区海关受理放行海南澳斯卡国际粮油有限公司加工增值内销大豆油500吨，进口货值455万元，享受免征关税41万元，标志着海南自由贸易港“一线”放开、“二线”管住先行先试的加工

增值内销税收征管政策实际落地。

8月

▲**1日** 海南离岛免税商品开始实施溯源码管理。首单加贴溯源码的离岛免税商品在中免美兰机场免税店售出。

▲**9日** 海口关区首份企业自助打印报关单档案由三亚海关辖区企业打印成功，企业“足不出户”即可申请打印进出口货物报关单档案。根据海关总署统一部署，广州海关、满洲里海关、海口海关等3个直属海关在全国率先开展企业自助打印报关单改革试点。

▲**11日** 省委常委、三亚市委书记周红波到三亚海关调研，参观该关报关大厅、监控指挥中心、关史馆，观看该关宣传片并召开座谈会，听取该关有关工作情况汇报。

▲**12日** 缉私局李伟获海关总署缉私局通报表扬，其向上级部门报送的《运用公安云搜索研判抓获走私犯罪嫌疑人》在全国215个案例中脱颖而出，被列为14个优秀案例代表之一，额外获高级权限名额奖励，并被海关总署缉私局通报表扬。

▲**23日** 海口港海关综合业务科、海口海关驻海南省政务服务中心审批办公室获评“第20届全国青年文明号”。

▲**29日** 海口海关选手谢添伟获2021年海南省科普讲解大赛三等奖。

9月

▲**1日** 省委办公厅、省政府办公厅对举办首届消博会工作表现突出的集体和个人进行表扬通报。海口海关办公室、监管处被评为工作表现突出的集体，海口港海关符颖敏、许翠云获评工作表现突出个人。

▲**1—3日** 驻署纪检监察组组长陶治国在海口海关调研。到三亚、海口督导审查调查工作，看望慰问一线工作人员。其间，到海口海关所属三亚海关、洋浦经济开发区海关和海口美兰机场海关调研，并会见海南省委常委、省纪委书记陈国猛。

▲**7日** 关长施宗伟参加省委书记沈晓明在海口调研离岛免税购物政策实施情况有关活动。

缉私局报送的《打私反腐为营造自贸港一流的营商环境保驾护航》荣获2021（首届）省直机关廉政建设微视频创作大赛三等奖。

海口海关1个集体和1个作品获第一届“新时代全国机关基层党建新成就”短视频作品征集展示活动海南机关选拔赛通报表彰。海口海关获组织奖，洋浦经济开发区海关党委报送的作品《初心如磐使命在肩——弘扬琼崖革命精神扛起浦关使命担当》获优秀奖。

▲**8日** 省委副书记、省长冯飞到海口海关调研，参观海口海关工作图片展、国门生物安全科普馆、国家重点实验室，主持召开座谈会，观看海南自贸港海关智慧监管平台演示，听取海口海关支持海南自贸港建设、口岸监管、全岛封关运作准

备等工作情况汇报，对海口海关在推动自贸港政策落地、反走私、新冠肺炎疫情防控、维护生态安全、优化营商环境等方面做出的工作表示感谢，并表示希望海口海关围绕全岛封关运作目标确定中心工作，创新监管模式，做好压力测试，平稳有序实现2025年前适时启动全岛封关运作目标任务。

▲10日 副关长敖必强与文昌市文物局负责人共同见证“琼海关警船浮之标柱”复制品在文昌木兰湾原址复原。

▲15日 海关总署副署长孙玉宁与海南省副省长倪强在海口海关共同召开署省领导见面会和打击治理海南离岛免税“套代购”走私专项行动专题座谈会，研究部署海南自由贸易港建设和专项打私工作。

海关总署副署长孙玉宁出席在海口召开的免税商品经营企业座谈会，听取离岛免税商品溯源管理体系建设情况汇报，征集企业意见建议。

▲23日 联合验收组评审会议一致认为三亚市保税物流中心（B型）基础和监管设施符合验收标准，同意通过验收。

▲28日 海口海关与湛江海关召开协同打击治理海南离岛免税“套代购”走私工作专项推进会暨合作备忘录签署仪式。

海口海关党建创新案例作品《实施“三创一建”党建引领工程为海南自贸港建设添砖加瓦》获第一名。缉私局党建创新案例《党建引领激活力缉私利剑守国门》获二等奖。

10月

▲15日 三亚海关孙铭家庭、刘洁家庭获评2021年海南省“最美家庭”。刘洁家庭作为代表参加海南省妇联“感党恩跟党走传家风”2021好家庭好家风宣讲活动启动仪式。

▲24日 海口美兰机场海关、海口港海关、博鳌机场海关青年代表联合参加第十七届“振兴杯”全国青年职业技能大赛暨海南省自贸港青年服务技能大赛外语赛获第二名，三亚海关获优秀奖。

11月

▲3日 关长施宗伟到海南省委党校为2021年中组部选派来琼挂职干部进行专题授课。

▲8日 海南自贸港首批“零关税”旅游产业设备在海口海关通关放行。该批索道设备从欧洲进口，累计货值6,419万元，合计减免税款约1,415万元。是海南自贸港“零关税”自用生产设备清单落地后，单票进口货值最大、减免税款最多的“零关税”设备，也是首批用于海南旅游业发展的“零关税”设备。

▲16日 海口海关机要保密工作获得海关总署表彰。海关总署印发《海关总署保密委员会关于表彰全国海关机要保密工作先进集体、先进工作者和劳动模范的决定》，海口海关保密办被授予“全国海关机要保密工作先进集体”称号，办公室陈

小燕被授予“全国海关机要保密工作劳动模范”称号。

▲**19日** 海口海关受理申报出口首批7辆二手车，货值234.50万元。

风控分局与湛江海关风控分局签订“海峡同心风控同行”党建联学共建协议书。

▲**23日** 海口海关获2021年度“省直机关党建优秀研究成果组织奖”。海口海关连续八年获此奖项。机关党委（政工办）报送的《海南自贸港背景下提升党支部标准化建设质量研究》获二等奖，监管处报送的《基于OKR方法的党建与业务工作深度融合思路借鉴和对策研究》、马村港海关报送的《加强政治机关建设，提高基层党组织政治判断力、政治领悟力、政治执行力初探》获三等奖，人事处报送的《机关党建与组织人事工作深度融合的探索研究》、监察室报送的《关于持续推进海关正风肃纪反腐助力优化海南口岸营商环境的研究报告》、三亚海关报送的《从琼崖革命精神中探索海关新发展的实施路径》、文昌海关报送的《促进党建与业务工作深度融合的对策研究》获优秀奖。

12月

▲**1日** 三亚海关黄晓红家庭获评“2021年全国最美家庭”。

▲**3日** 缉私局杨林华获评第八届海南省道德模范。

洋浦港海关监管一科和缉私局李伟分别获2019—2020年度海南省平安建设先进集体和先进个人。

博鳌机场海关被省委直属机关工委授予省直机关第三批“创建文明单位示范点”。

▲**8日** 三亚海关对全球动植物种质资源引进中转基地首单豆科作物种子开展检疫监管。该批进境大豆原产国为智利，将于大茅基地实施隔离检疫并进行一个生长周期隔离试种，该关对进境智利大豆种子进行现场查验，结果未见异常。下一步将密切关注其隔离试种情况。

▲**10日** 自10月起，实施溯源码管理的免税商品由香化、酒水和手机3类扩大至45类，海关对全品类海南离岛免税商品实现溯源码管理。

▲**13日** 海南自由贸易港“‘一线’放开、‘二线’管住”进出口管理制度扩大试点径予放行首单落地。一批自意大利启运、海口美兰机场口岸入境的商品，经企业自主声明符合径予放行条件后，由企业办理口岸提货手续并自行运输至海口综合保税区企业仓库理货入库。

三亚海关在“跨境贸易”领域的创新经验做法入选《中国营商环境报告2021》。在“跨境贸易”领域提高通关便利化水平、优化离岛免税政策、提升口岸通关服务水平等方面创新经验做法，继2020年入选《中国营商环境报告2020》后，再次入选《中国营商环境报告2021》示范引领

“最佳实践篇”典型案例。

▲15日　隔检中心党支部和保亭县黎族苗族自治县南林乡党委“党建共建基地”举行揭牌仪式。

▲16日　海口海关被海南省委直属机关工委评为“2021年度省直机关党建信息报送先进单位”。

海口海关应邀参加在文昌举办的“阿联酋捐赠中国椰枣树苗交接及种植”活动，与农业农村部有关司局、海南省政府有关部门和阿联酋驻华大使共同出席椰枣树苗交接仪式，并种植“中阿椰枣友谊树”。

▲20日　文昌海关青年关员沈欣悦作为海关总署第十一批支教志愿者受到正在河南省卢氏县调研的海关总署署长、党委书记倪岳峰亲切慰问。

▲21—23日　驻署纪检监察组组长、海关总署党委委员王林在海口海关调研。其间，会见海南省委常委、省纪委书记陈国猛。

▲22日　海口海关与中国人民银行海口中心支行签订打击海南自贸港免税商品“套代购”走私协作机制。

▲24日　政治部主任褚碧波陪同副省长闫希军到海口海关定点帮扶点山竹沟村调研，实地查看帮扶项目并参加该村党支部组织生活会。

▲28—31日　海关总署副署长张际文率国务院联防联控机制综合督查组在海南开展2022年元旦春节期间新冠肺炎疫情防控工作综合督查。

▲29日　统计处党支部、文昌海关综合业务科党支部获评第三批省直机关“标准化党支部示范点”。

▲30日　海口海关主办的署级课题《海南自由贸易港“二线”海关单项统计制度研究》通过专家组结题评审。

第十篇

海关统计资料

2021 年海南外贸进出口商品类章统计表

商品类章	进出口				出口				进口			
	人民币（万元）	人民币同比（%）	美元值（万元）	美元值同比（%）	人民币（万元）	人民币同比（%）	美元值（万元）	美元值同比（%）	人民币（万元）	人民币同比（%）	美元值（万元）	美元值同比（%）
合计	14,750,574.31	57.55	2,284,601.50	68.15	3,320,093.23	19.85	513,924.85	27.71	11,430,481.08	73.39	1,770,676.65	85.16
第 1 类 活动物；动物产品	145,484.82	0.88	22,515.86	8.16	103,111.51	-12.80	15,950.36	-6.32	42,373.30	63.10	6,565.50	73.18
01 章 活动物	498.17	-90.60	77.10	-90.02	498.17	39.59	77.10	48.88	0.00	-100.00	0.00	-100.00
02 章 肉及食用杂碎	27,326.74	160.15	4,237.46	173.65	0.00	—	0.00	—	27,326.74	160.15	4,237.46	173.65
03 章 鱼及其他水生无脊椎动物	105,117.06	-16.67	16,258.72	-10.50	98,393.63	-16.38	15,219.28	-10.18	6,723.42	-20.61	1,039.44	-15.00
04 章 乳；蛋；蜂蜜；其他食用动物产品	12,113.61	477.90	1,876.32	517.49	4,173.89	4,926.04	646.94	5,185.18	7,939.72	294.41	1,229.38	321.56
05 章 其他动物产品	429.24	142.69	66.26	159.04	45.82	-64.03	7.04	-61.80	383.42	674.72	59.22	728.39
第 2 类 植物产品	359,275.88	163.42	55,679.72	181.09	17,680.73	33.24	2,736.74	42.41	341,595.16	177.45	52,942.99	195.98

续表1

商品类章	进出口				出口				进口			
	人民币（万元）	人民币同比（%）	美元值（万元）	美元值同比（%）	人民币（万元）	人民币同比（%）	美元值（万元）	美元值同比（%）	人民币（万元）	人民币同比（%）	美元值（万元）	美元值同比（%）
06 章 活植物；茎、根；插花、簇叶	468.41	-38.97	72.37	-35.56	403.03	-45.65	62.30	-42.65	65.39	150.66	10.07	173.95
07 章 食用蔬菜、根及块茎	3,640.10	-16.69	563.52	-10.47	3,640.10	-16.69	563.52	-10.47	0.00	—	0.00	—
08 章 食用水果及坚果；甜瓜等水果的果皮	124,191.55	91.84	19,234.25	103.85	1,531.73	383.20	236.97	425.62	122,659.82	90.41	18,997.28	102.30
09 章 咖啡、茶、马黛茶及调味香料	3,422.13	9.88	528.80	17.23	3,310.81	11.06	511.60	18.42	111.32	-16.57	17.21	-9.69
10 章 谷物	90,052.94	100.56	13,943.74	114.69	0.00	—	0.00	—	90,052.94	100.56	13,943.74	114.69
11 章 制粉工业产品；麦芽；淀粉等；	17,736.42	34.95	2,739.31	43.56	2,289.55	479.86	354.58	516.57	15,446.87	21.17	2,384.73	28.86
12 章 油籽；子仁；工业或药用植物；饲料	114,141.66	8,236.74	17,727.09	8,818.06	898.39	87.82	139.54	97.57	113,243.27	12,612.31	17,587.55	13,624.17
13 章 虫胶；树胶、树脂及其他植物液、汁	5,589.67	40.63	865.55	50.11	5,588.44	40.60	865.35	50.08	1.23	—	0.19	—
14 章 编结用植物材料；其他植物产品	33.00	133.37	5.10	142.28	18.68	48.65	2.88	54.70	14.32	809.26	2.21	821.99

续表2

商品类章	进出口				出口				进口			
	人民币（万元）	人民币同比（%）	美元值（万元）	美元值同比（%）	人民币（万元）	人民币同比（%）	美元值（万元）	美元值同比（%）	人民币（万元）	人民币同比（%）	美元值（万元）	美元值同比（%）
第 3 类 动、植物油、脂、蜡；精制食用油脂	99, 035. 64	28. 58	15, 294. 96	34. 56	17. 22	-27. 20	2. 67	-21. 63	99, 018. 42	28. 59	15, 292. 30	34. 58
15 章 动、植物油、脂、蜡；精制食用油脂	99, 035. 64	28. 58	15, 294. 96	34. 56	17. 22	-27. 20	2. 67	-21. 63	99, 018. 42	28. 59	15, 292. 30	34. 58
第 4 类 食品；饮料、酒及醋；烟草及制品	385, 442. 14	-4. 03	59, 670. 92	2. 83	250, 503. 57	19. 06	38, 775. 94	27. 81	134, 938. 54	-29. 44	20, 894. 97	-24. 54
16 章 肉、鱼及其他水生无脊椎动物的制品	237, 593. 25	19. 61	36, 778. 04	28. 41	237, 548. 57	19. 63	36, 771. 09	28. 44	44. 67	-44. 35	6. 96	-40. 21
17 章 糖及糖食	3, 938. 20	1. 36	609. 55	7. 89	3, 187. 08	15. 33	493. 61	22. 69	751. 12	-33. 05	115. 94	-28. 72
18 章 可可及可可制品	3, 631. 64	16. 69	561. 49	22. 79	87. 45	60. 79	13. 58	71. 59	3, 544. 19	15. 90	547. 91	21. 93
19 章 谷物粉、淀粉等或乳的制品；糕饼	15, 355. 51	-26. 06	2, 375. 97	-20. 79	329. 02	132. 36	51. 04	149. 56	15, 026. 48	-27. 15	2, 324. 93	-21. 96
20 章 蔬菜、水果等或植物其他部分的制品	2, 080. 74	-66. 36	320. 88	-64. 05	693. 30	-79. 90	106. 68	-78. 38	1, 387. 44	-49. 29	214. 20	-46. 33
21 章 杂项食品	36, 994. 00	76. 71	5, 732. 88	88. 13	7, 750. 19	59. 19	1, 199. 15	70. 49	29, 243. 80	82. 02	4, 533. 72	93. 42
22 章 饮料、酒及醋	49, 191. 59	-21. 44	7, 624. 42	-16. 16	634. 73	79. 69	98. 21	89. 15	48, 556. 86	-22. 02	7, 526. 21	-16. 76

续表3

商品类章	进出口				出口				进口			
	人民币（万元）	人民币同比（%）	美元值（万元）	美元值同比（%）	人民币（万元）	人民币同比（%）	美元值（万元）	美元值同比（%）	人民币（万元）	人民币同比（%）	美元值（万元）	美元值同比（%）
23 章 食品工业的残渣及废料；配制的饲料	25, 617. 76	-37. 02	3, 961. 82	-32. 88	257. 83	26. 16	40. 19	37. 15	25, 359. 93	-37. 34	3, 921. 63	-33. 23
24 章 烟草、烟草及烟草代用品的制品	11, 039. 45	-75. 37	1, 705. 87	-73. 47	15. 40	—	2. 39	—	11, 024. 05	-75. 40	1, 703. 48	-73. 50
第 5 类 矿产品	4, 980, 214. 18	110. 27	771, 536. 25	126. 16	916, 333. 53	-6. 73	141, 665. 41	0. 22	4, 063, 880. 65	193. 19	629, 870. 84	215. 27
25 章 盐；硫磺；土及石料；石灰及水泥等	142, 376. 41	356. 89	22, 120. 72	387. 70	965. 09	-79. 23	148. 66	-78. 97	141, 411. 32	433. 34	21, 972. 06	473. 84
26 章 矿砂、矿渣及矿灰	2, 320, 447. 61	497. 72	359, 725. 83	537. 51	7, 034. 72	19. 86	1, 084. 35	27. 77	2, 313, 412. 89	505. 06	358, 641. 48	545. 29
27 章 矿物燃料、矿物油及其产品；沥青等	2, 517, 390. 16	29. 15	389, 689. 70	39. 09	908, 333. 72	-6. 54	140, 432. 41	0. 45	1, 609, 056. 44	64. 66	249, 257. 30	77. 56
第 6 类 化学工业及其相关工业的产品	4, 188, 914. 01	40. 92	649, 048. 78	50. 43	505, 202. 47	198. 12	78, 414. 31	218. 91	3, 683, 711. 52	31. 42	570, 634. 47	40. 25
28 章 无机化学品；贵金属等的化合物	53, 973. 23	173. 78	8, 373. 13	186. 60	48, 930. 94	150. 47	7, 586. 76	162. 01	5, 042. 29	2, 725. 31	786. 37	2, 929. 98
29 章 有机化学品	868, 321. 78	66. 89	134, 561. 06	79. 52	80, 423. 18	230. 13	12, 475. 75	256. 27	787, 898. 60	58. 87	122, 085. 32	70. 86
30 章 药品	342, 730. 72	101. 53	53, 194. 51	115. 85	205, 633. 21	504. 71	31, 990. 44	553. 15	137, 097. 51	0. 77	21, 204. 07	7. 38

续表4

商品类章	进出口				出口				进口			
	人民币（万元）	人民币同比（%）	美元值（万元）	美元值同比（%）	人民币（万元）	人民币同比（%）	美元值（万元）	美元值同比（%）	人民币（万元）	人民币同比（%）	美元值（万元）	美元值同比（%）
31 章 肥料	66, 468. 62	14. 26	10, 281. 69	21. 96	66, 468. 62	14. 26	10, 281. 69	21. 96	0. 00	—	0. 00	—
32 章 鞣料；着色料；涂料；油灰；墨水等	4, 163. 93	-21. 80	641. 35	-19. 05	3, 980. 11	-17. 46	612. 99	-14. 88	183. 81	-63. 45	28. 36	-60. 67
33 章 精油及香膏；香料制品及化妆盥洗品	2, 525, 317. 74	17. 45	391, 151. 39	25. 12	4, 780. 66	671. 12	740. 22	715. 56	2, 520, 537. 08	17. 26	390, 411. 17	24. 92
34 章 洗涤剂、润滑剂、人造蜡、塑型膏等	122, 301. 05	792. 17	18, 938. 62	836. 73	5, 014. 60	-1. 12	775. 76	4. 68	117, 286. 44	1, 257. 94	18, 162. 86	1, 318. 24
35 章 蛋白类物质；改性淀粉；胶；酶	8, 674. 74	5. 54	1, 346. 49	13. 57	5, 632. 52	-28. 20	871. 59	-22. 96	3, 042. 22	711. 39	474. 90	775. 62
36 章 炸药；烟火；引火品；易燃材料制品	2. 78	—	0. 43	—	2. 78	—	0. 43	—	0. 00	—	0. 00	—
37 章 照相及电影用品	0. 41	-99. 04	0. 06	-99. 01	0. 41	-99. 04	0. 06	-99. 01	0. 00	—	0. 00	—
38 章 杂项化学产品	196, 959. 01	634. 94	30, 560. 04	687. 15	84, 335. 44	462. 80	13, 078. 62	501. 95	112, 623. 57	853. 29	17, 481. 42	922. 51
第 7 类 塑料及其制品；橡胶及其制品	575, 904. 62	74. 34	89, 182. 10	85. 89	354, 092. 74	35. 06	54, 832. 09	44. 25	221, 811. 88	225. 35	34, 350. 01	244. 74

续表5

商品类章	进出口				出口				进口			
	人民币（万元）	人民币同比（%）	美元值（万元）	美元值同比（%）	人民币（万元）	人民币同比（%）	美元值（万元）	美元值同比（%）	人民币（万元）	人民币同比（%）	美元值（万元）	美元值同比（%）
39 章 塑料及其制品	522, 560. 75	82. 85	80, 920. 15	94. 82	322, 823. 98	24. 88	49, 986. 70	33. 42	199, 736. 77	632. 17	30, 933. 45	659. 96
40 章 橡胶及其制品	53, 343. 87	19. 73	8, 261. 95	28. 30	31, 268. 76	755. 17	4, 845. 40	788. 09	22, 075. 11	-46. 02	3, 416. 56	-42. 03
第 8 类 革、毛皮及制品；箱包；肠线制品	262, 858. 28	25. 37	40, 646. 30	32. 42	4, 723. 86	-46. 49	724. 37	-45. 90	258, 134. 42	28. 53	39, 921. 93	35. 99
41 章 生皮（毛皮除外）及皮革	69. 80	-89. 43	10. 71	-89. 04	11. 56	-96. 04	1. 76	-96. 03	58. 24	-84. 21	8. 95	-83. 22
42 章 皮革制品；旅行箱包；动物肠线制品	262, 413. 04	25. 60	40, 577. 14	32. 67	4, 362. 40	-48. 48	668. 08	-47. 98	258, 050. 63	28. 73	39, 909. 06	36. 20
43 章 毛皮、人造毛皮及其制品	375. 44	419. 06	58. 45	430. 42	349. 89	411. 86	54. 52	423. 77	25. 55	542. 91	3. 92	543. 88
第 9 类 木及制品；木炭；软木；编结品	403, 515. 92	2. 54	62, 473. 77	10. 14	7, 194. 92	54. 54	1, 116. 13	60. 03	396, 321. 01	1. 92	61, 357. 64	9. 52
44 章 木及木制品；木炭	402, 203. 49	2. 35	62, 268. 82	9. 94	6, 994. 13	63. 12	1, 085. 09	68. 96	395, 209. 37	1. 68	61, 183. 73	9. 26
45 章 软木及软木制品	1. 21	—	0. 19	—	1. 21	—	0. 19	—	0. 00	—	0. 00	—
46 章 编结材料制品；篮筐及柳条编结品	1, 311. 22	138. 17	204. 77	149. 99	199. 58	-45. 78	30. 85	-44. 12	1, 111. 64	509. 22	173. 91	551. 46

续表6

商品类章	进出口				出口				进口			
	人民币（万元）	人民币同比（%）	美元值（万元）	美元值同比（%）	人民币（万元）	人民币同比（%）	美元值（万元）	美元值同比（%）	人民币（万元）	人民币同比（%）	美元值（万元）	美元值同比（%）
第10类 纤维素浆；废纸；纸、纸板及其制品	401, 371. 15	1. 92	61, 957. 36	9. 18	144, 823. 00	-17. 34	22, 383. 20	-11. 79	256, 548. 15	17. 35	39, 574. 16	26. 15
47章 木浆等纤维状纤维素浆；废纸及纸板	247, 044. 90	14. 02	38, 100. 86	22. 58	119. 91	—	18. 57	—	246, 924. 99	13. 97	38, 082. 29	22. 52
48章 纸及纸板；纸浆、纸或纸板制品	153, 882. 08	-12. 86	23, 787. 93	-6. 99	144, 336. 98	-17. 40	22, 308. 18	-11. 85	9, 545. 10	418. 12	1, 479. 75	446. 56
49章 印刷品；手稿、打字稿及设计图纸	444. 17	-23. 11	68. 57	-21. 17	366. 11	-20. 79	56. 45	-19. 58	78. 06	-32. 41	12. 12	-27. 81
第11类 纺织原料及纺织制品	211, 023. 69	-19. 93	32, 674. 78	-15. 06	42, 988. 47	-64. 65	6, 643. 68	-62. 80	168, 035. 22	18. 41	26, 031. 10	26. 31
50章 蚕丝	213. 82	-50. 58	33. 43	-46. 32	213. 82	-50. 58	33. 43	-46. 32	0. 00	—	0. 00	—
51章 羊毛等动物毛；马毛纱线及其机织物	3, 290. 44	10, 751. 62	506. 00	11, 756. 76	0. 90	-97. 02	0. 14	-96. 74	3, 289. 53	—	505. 86	—
52章 棉花	4, 316. 72	-80. 57	666. 29	-79. 07	441. 31	-50. 31	68. 15	-48. 63	3, 875. 41	-81. 83	598. 14	-80. 39
53章 其他植物纤维；纸纱线及其机织物	2, 274. 40	-31. 03	351. 72	-26. 12	55. 66	30. 15	8. 63	38. 11	2, 218. 74	-31. 84	343. 10	-26. 98
54章 化学纤维长丝	959. 61	-7. 51	148. 39	-5. 33	947. 39	-7. 81	146. 50	-5. 68	12. 22	23. 20	1. 90	33. 77

续表7

商品类章	进出口				出口				进口			
	人民币（万元）	人民币同比（%）	美元值（万元）	美元值同比（%）	人民币（万元）	人民币同比（%）	美元值（万元）	美元值同比（%）	人民币（万元）	人民币同比（%）	美元值（万元）	美元值同比（%）
55 章 化学纤维短纤	2,763.64	-62.19	427.20	-59.86	1,616.57	-22.78	249.71	-20.68	1,147.07	-78.00	177.48	-76.32
56 章 絮胎、毡呢及无纺织物；线绳制品等	20,255.89	13.31	3,134.47	20.96	17,285.44	0.56	2,677.15	7.34	2,970.45	331.66	457.32	369.63
57 章 地毯及纺织材料的其他铺地制品	278.79	-84.46	43.08	-84.19	211.96	-87.99	32.69	-87.81	66.83	128.71	10.39	144.85
58 章 特种机织物；簇绒织物；刺绣品等	307.49	-73.50	47.33	-72.98	221.11	-79.94	33.93	-79.66	86.38	49.23	13.41	60.38
59 章 浸、包或层压织物；工业用纺织制品	2,519.49	-49.25	389.83	-46.28	477.09	-78.15	73.64	-77.45	2,042.41	-26.55	316.19	-20.78
60 章 针织物及钩编织物	271.09	-93.37	41.71	-93.28	271.09	-93.37	41.71	-93.28	0.00	—	0.00	—
61 章 针织或钩编的服装及衣着附件	45,334.17	13.79	7,028.41	18.86	3,040.86	-81.75	467.30	-81.53	42,293.31	82.45	6,561.11	93.95
62 章 非针织或非钩编的服装及衣着附件	113,449.13	0.62	17,572.64	6.64	3,795.45	-89.17	585.06	-88.60	109,653.68	41.14	16,987.58	49.72
63 章 其他纺织制品；成套物品；旧纺织品	14,789.01	-68.36	2,284.27	-66.13	14,409.82	-63.11	2,225.65	-60.58	379.19	-95.06	58.62	-94.66

续表8

商品类章	进出口				出口				进口			
	人民币（万元）	人民币同比（%）	美元值（万元）	美元值同比（%）	人民币（万元）	人民币同比（%）	美元值（万元）	美元值同比（%）	人民币（万元）	人民币同比（%）	美元值（万元）	美元值同比（%）
第 12 类 鞋帽伞等；羽毛品；人造花；人发品	100, 726. 98	29. 97	15, 587. 48	35. 59	31, 266. 90	-8. 44	4, 831. 12	-6. 15	69, 460. 09	60. 22	10, 756. 36	69. 43
64 章 鞋靴、护腿和类似品及其零件	86, 483. 27	23. 85	13, 384. 28	29. 43	19, 309. 53	-31. 02	2, 981. 60	-29. 26	67, 173. 74	60. 57	10, 402. 68	69. 82
65 章 帽类及其零件	2, 855. 22	24. 04	440. 83	29. 79	775. 60	-14. 42	119. 40	-11. 87	2, 079. 62	49. 02	321. 43	57. 44
66 章 伞、手杖、鞭子、马鞭及其零件	132. 13	-80. 29	20. 45	-79. 81	130. 52	-80. 37	20. 20	-79. 89	1. 61	-70. 80	0. 25	-69. 78
67 章 加工羽毛及制品；人造花；人发制品	11, 256. 36	139. 42	1, 741. 92	143. 67	11, 051. 25	141. 16	1, 709. 91	145. 29	205. 12	72. 60	32. 00	79. 97
第 13 类 矿物材料制品；陶瓷品；玻璃及制品	61, 877. 20	-31. 60	9, 565. 71	-28. 63	38, 512. 82	-48. 60	5, 948. 76	-46. 70	23, 364. 38	50. 49	3, 616. 95	61. 39
68 章 矿物材料的制品	8, 449. 92	-37. 88	1, 307. 46	-36. 26	7, 747. 90	-41. 14	1, 199. 10	-39. 66	702. 02	59. 62	108. 36	69. 45
69 章 陶瓷产品	4, 808. 51	-80. 32	737. 77	-80. 11	3, 700. 91	-84. 36	566. 90	-84. 24	1, 107. 60	43. 11	170. 87	51. 58
70 章 玻璃及其制品	48, 618. 77	-7. 26	7, 520. 47	-1. 59	27, 064. 01	-28. 99	4, 182. 76	-25. 01	21, 554. 76	50. 61	3, 337. 72	61. 68

续表9

商品类章	进出口				出口				进口			
	人民币（万元）	人民币同比（%）	美元值（万元）	美元值同比（%）	人民币（万元）	人民币同比（%）	美元值（万元）	美元值同比（%）	人民币（万元）	人民币同比（%）	美元值（万元）	美元值同比（%）
第 14 类 珠宝、贵金属及制品；仿首饰；硬币	323, 331. 14	44. 53	50, 007. 94	52. 47	4, 048. 47	-42. 62	628. 47	-39. 23	319, 282. 67	47. 36	49, 379. 47	55. 46
71 章 珠宝、贵金属及制品；仿首饰；硬币	323, 331. 14	44. 53	50, 007. 94	52. 47	4, 048. 47	-42. 62	628. 47	-39. 23	319, 282. 67	47. 36	49, 379. 47	55. 46
第 15 类 贱金属及其制品	501, 044. 45	255. 82	77, 823. 10	272. 98	69, 468. 06	-26. 89	10, 729. 60	-24. 99	431, 576. 37	842. 47	67, 093. 50	922. 59
72 章 钢铁	335, 541. 08	1, 294. 71	52, 160. 02	1, 338. 51	22, 841. 63	-1. 31	3, 535. 70	1. 23	312, 699. 44	34, 152. 24	48, 624. 32	36, 386. 75
73 章 钢铁制品	46, 252. 73	-39. 46	7, 143. 74	-36. 40	24, 083. 80	-36. 18	3, 718. 00	-34. 83	22, 168. 93	-42. 66	3, 425. 74	-38. 01
74 章 铜及其制品	62, 033. 75	8, 848. 12	9, 656. 12	9, 225. 03	307. 17	-48. 74	47. 22	-47. 50	61, 726. 58	65, 576. 42	9, 608. 90	70, 594. 74
75 章 镍及其制品	3, 619. 12	634. 79	565. 61	684. 46	49. 62	37. 02	7. 60	47. 68	3, 569. 50	682. 23	558. 01	733. 39
76 章 铝及其制品	19, 645. 13	320. 76	3, 051. 13	337. 44	1, 615. 81	-57. 43	248. 66	-56. 42	18, 029. 32	1, 965. 45	2, 802. 47	2, 109. 12
78 章 铅及其制品	10. 11	-50. 25	1. 55	-48. 45	9. 39	-53. 79	1. 43	-52. 20	0. 72	—	0. 11	—
79 章 锌及其制品	31. 31	-79. 34	4. 84	-79. 04	16. 38	-89. 13	2. 51	-89. 08	14. 92	1, 732. 36	2. 33	1, 899. 06
80 章 锡及其制品	10. 40	225. 54	1. 60	243. 90	0. 09	-88. 87	0. 01	-88. 76	10. 31	334. 53	1. 58	365. 96

续表10

商品类章	进出口				出口				进口			
	人民币（万元）	人民币同比（%）	美元值（万元）	美元值同比（%）	人民币（万元）	人民币同比（%）	美元值（万元）	美元值同比（%）	人民币（万元）	人民币同比（%）	美元值（万元）	美元值同比（%）
81 章 其他贱金属、金属陶瓷及其制品	10, 076. 22	130. 04	1, 562. 61	136. 13	835. 82	-78. 16	128. 98	-77. 82	9, 240. 40	1, 569. 56	1, 433. 64	1, 683. 62
82 章 贱金属器具、利口器、餐具及零件	4, 905. 95	-41. 62	753. 75	-40. 53	3, 536. 85	-52. 06	542. 32	-51. 51	1, 369. 10	33. 50	211. 43	41. 86
83 章 贱金属杂项制品	18, 918. 65	-12. 18	2, 922. 13	-8. 07	16, 171. 50	-11. 78	2, 497. 15	-8. 01	2, 747. 15	-14. 45	424. 97	-8. 39
第 16 类 机电、音像设备及其零件、附件	647, 344. 07	90. 29	100, 338. 14	100. 54	377, 463. 21	146. 83	58, 540. 44	157. 57	269, 880. 86	44. 11	41, 797. 70	53. 08
84 章 核反应堆、锅炉、机械器具及零件	214, 045. 02	5. 95	33, 094. 99	11. 68	103, 172. 14	61. 70	15, 948. 53	68. 25	110, 872. 87	-19. 79	17, 146. 45	-14. 93
85 章 电机、电气、音像设备及其零附件	433, 299. 05	213. 60	67, 243. 15	229. 65	274, 291. 07	207. 79	42, 591. 90	221. 48	159, 007. 99	224. 15	24, 651. 25	244. 77
第 17 类 车辆、航空器、船舶及运输设备	512, 497. 06	69. 10	79, 281. 84	79. 52	320, 645. 31	51. 24	49, 609. 08	62. 67	191, 851. 76	110. 70	29, 672. 76	117. 13
86 章 铁道车辆；轨道装置；信号设备	12. 22	-63. 55	1. 88	-62. 74	12. 22	-63. 55	1. 88	-62. 74	0. 00	—	0. 00	—

续表11

商品类章	进出口				出口				进口			
	人民币（万元）	人民币同比（%）	美元值（万元）	美元值同比（%）	人民币（万元）	人民币同比（%）	美元值（万元）	美元值同比（%）	人民币（万元）	人民币同比（%）	美元值（万元）	美元值同比（%）
87 章 车辆及其零附件，但铁道车辆除外	323, 961. 65	305. 78	50, 122. 48	331. 49	319, 508. 72	374. 35	49, 432. 99	404. 35	4, 452. 93	-64. 32	689. 49	-62. 01
88 章 航空器、航天器及其零件	53, 889. 21	-75. 83	8, 287. 95	-74. 50	917. 92	-99. 37	142. 31	-99. 31	52, 971. 29	-32. 40	8, 145. 64	-31. 08
89 章 船舶及浮动结构体	134, 633. 98	55, 937. 79	20, 869. 53	58, 778. 31	206. 45	727. 95	31. 90	761. 75	134, 427. 54	62, 331. 23	20, 837. 63	65, 544. 60
第 18 类 光学、医疗等仪器；钟表；乐器	485, 911. 34	30. 93	75, 133. 58	38. 85	73, 984. 27	135. 11	11, 437. 20	152. 23	411, 927. 07	21. 28	63, 696. 38	28. 48
90 章 光学、照相、医疗等设备及零附件	146, 985. 46	13. 48	22, 740. 31	21. 83	70, 456. 58	148. 77	10, 886. 58	167. 92	76, 528. 87	-24. 38	11, 853. 73	-18. 82
91 章 钟表及其零件	338, 633. 10	40. 72	52, 348. 01	48. 29	3, 420. 08	55. 89	534. 21	63. 90	335, 213. 02	40. 59	51, 813. 80	48. 14
92 章 乐器及其零件、附件	292. 79	-69. 26	45. 26	-68. 81	107. 61	-88. 70	16. 41	-88. 70	185. 18	—	28. 86	—
第 19 类 武器、弹药及其零件、附件	16. 77	-89. 55	2. 61	-88. 72	16. 77	-89. 55	2. 61	-88. 72	0. 00	—	0. 00	—
93 章 武器、弹药及其零件、附件	16. 77	-89. 55	2. 61	-88. 72	16. 77	-89. 55	2. 61	-88. 72	0. 00	—	0. 00	—
第 20 类 杂项制品	71, 862. 69	-34. 61	11, 095. 88	-32. 58	50, 684. 50	-46. 27	7, 818. 69	-44. 91	21, 178. 20	36. 13	3, 277. 19	44. 72

续表12

商品类章	进出口				出口				进口			
	人民币（万元）	人民币同比（%）	美元值（万元）	美元值同比（%）	人民币（万元）	人民币同比（%）	美元值（万元）	美元值同比（%）	人民币（万元）	人民币同比（%）	美元值（万元）	美元值同比（%）
94章 家具；寝具等；灯具；活动房	40, 547. 55	-36. 80	6, 259. 13	-34. 78	36, 699. 91	-39. 78	5, 663. 43	-37. 97	3, 847. 65	19. 80	595. 70	27. 78
95章 玩具、游戏或运动用品及其零附件	23, 619. 43	-34. 31	3, 648. 25	-32. 46	11, 696. 61	-57. 58	1, 802. 83	-56. 90	11, 922. 82	42. 27	1, 845. 42	51. 38
96章 杂项制品	7, 695. 71	-21. 34	1, 188. 51	-18. 55	2, 287. 98	-60. 67	352. 43	-59. 95	5, 407. 73	36. 38	836. 08	44. 35
第21类 艺术品、收藏品及古物	18, 043. 78	604. 13	2, 790. 04	646. 28	612. 51	-45. 23	94. 95	-41. 73	17, 431. 27	1, 106. 99	2, 695. 09	1, 177. 95
97章 艺术品、收藏品及古物	18, 043. 78	604. 13	2, 790. 04	646. 28	612. 51	-45. 23	94. 95	-41. 73	17, 431. 27	1, 106. 99	2, 695. 09	1, 177. 95
第22类 特殊交易品及未分类商品	14, 878. 49	25. 06	2, 294. 39	33. 69	6, 718. 37	891. 22	1, 039. 05	980. 64	8, 160. 13	-27. 27	1, 255. 34	-22. 51
98章 特殊交易品及未分类商品	14, 878. 49	25. 06	2, 294. 39	33. 69	6, 718. 37	891. 22	1, 039. 05	980. 64	8, 160. 13	-27. 27	1, 255. 34	-22. 51

2021 年海南外贸运输方式统计表

运输方式	进出口				出口				进口			
	人民币（万元）	人民币同比（%）	美元值（万元）	美元值同比（%）	人民币（万元）	人民币同比（%）	美元值（万元）	美元值同比（%）	人民币（万元）	人民币同比（%）	美元值（万元）	美元值同比（%）
水路运输	10, 672, 180. 5	75. 4	1, 652, 981. 3	87. 8	2, 754, 437. 4	19. 2	426, 056. 6	27. 2	7, 917, 743. 2	109. 9	1, 226, 924. 7	125. 1
铁路运输	80, 802. 8	390. 0	12, 501. 3	429. 4	54, 868. 9	308. 9	8, 486. 2	341. 8	25, 933. 9	743. 7	4, 015. 1	811. 3
公路运输	435, 628. 6	34. 6	67, 539. 5	41. 6	172, 494. 5	13. 5	26, 776. 4	16. 2	263, 134. 1	53. 3	40, 763. 1	65. 3
航空运输	3, 502, 624. 7	21. 9	542, 359. 8	29. 4	311, 642. 4	34. 5	48, 475. 6	45. 3	3, 190, 982. 3	20. 7	493, 884. 2	28. 1
邮件运输	20, 007. 1	420. 7	3, 086. 9	462. 2	542. 7	-19. 8	83. 1	-13. 5	19, 464. 4	514. 9	3, 003. 8	563. 0
其它运输	56, 532. 2	-7. 2	8, 793. 3	-1. 9	32, 024. 6	-47. 3	4, 960. 1	-44. 5	24, 507. 6	17, 574. 7	3, 833. 2	19, 351. 7

2021 年海南外贸进出口企业性质统计表

企业性质	进出口				出口				进口			
	人民币（万元）	人民币同比（%）	美元值（万元）	美元值同比（%）	人民币（万元）	人民币同比（%）	美元值（万元）	美元值同比（%）	人民币（万元）	人民币同比（%）	美元值（万元）	美元值同比（%）
国有企业	4,075,810.5	29.7	631,614.3	38.0	228,886.9	107.1	35,437.7	120.0	3,846,923.6	26.9	596,176.6	35.0
外商投资企业	3,258,971.3	7.0	504,627.7	15.2	1,709,652.9	6.9	264,645.0	15.1	1,549,318.4	7.0	239,982.7	15.3
民营企业	7,424,302.1	135.0	1,149,683.4	149.4	1,386,927.9	30.9	214,672.1	37.4	6,037,374.2	187.6	935,011.2	206.9
其他	8,692.1	-40.8	1,336.8	-36.9	542.7	-32.9	83.1	-27.5	8,149.4	-41.3	1,253.7	-37.5

2021年海南外贸进出口贸易方式统计表

贸易方式	进出口				出口				进口			
	人民币（万元）	人民币同比（%）	美元值（万元）	美元值同比（%）	人民币（万元）	人民币同比（%）	美元值（万元）	美元值同比（%）	人民币（万元）	人民币同比（%）	美元值（万元）	美元值同比（%）
一般贸易	7,587,136.1	112.7	1,175,498.7	126.7	1,680,671.3	25.4	260,279.9	32.4	5,906,464.7	165.3	915,218.8	184.3
国家间、国际组织间无偿援助和赠送的物资	208.3	—	32.5	—	143.4	—	22.5	—	64.9	—	10.0	—
其他捐赠物资	180.2	-98.6	27.8	-98.5	180.2	-35.3	27.8	-29.6	0.0	-100.0	0.0	-100.0
加工贸易	1,115,591.7	77.6	172,803.8	90.8	503,296.7	14.6	77,906.1	23.1	612,295.0	223.9	94,897.8	247.6
边境小额贸易	69,615.3	-38.5	10,752.2	-33.8	0.0	-100.0	0.0	-100.0	69,615.3	-38.5	10,752.2	-33.8
租赁贸易	20,000.0	21.1	3,043.5	29.3	0.0	—	0.0	—	20,000.0	21.1	3,043.5	29.3
易货贸易	127,931.0	269.6	19,818.0	293.8	95,301.4	175.3	14,733.8	192.8	32,629.6	—	5,084.3	—
保税物流	3,483,696.3	35.0	539,400.3	44.6	1,034,188.7	8.5	159,965.0	16.7	2,449,507.6	50.5	379,435.3	60.8
海关特殊监管区域进口设备	2,014.1	333.5	313.1	361.9	0.0	—	0.0	—	2,014.1	333.5	313.1	361.9
其他贸易	20,931.0	45.2	3,242.3	55.5	12,228.6	369.8	1,902.9	402.7	8,702.5	-26.3	1,339.5	-21.5
免税品	2,340,472.0	-2.3	362,329.8	3.9	0.0	—	0.0	—	2,340,472.0	-2.3	362,329.8	3.9

2021年外贸进出口月度总值统计表

年月日	进出口				出口				进口			
	人民币（万元）	人民币同比（%）	美元值（万元）	美元值同比（%）	人民币（万元）	人民币同比（%）	美元值（万元）	美元值同比（%）	人民币（万元）	人民币同比（%）	美元值（万元）	美元值同比（%）
合计	14, 767, 776. 0	57. 7	2, 287, 262. 1	68. 3	3, 326, 010. 4	20. 1	514, 837. 9	27. 9	11, 441, 765. 6	73. 6	1, 772, 424. 2	85. 3
202101	1, 035, 146. 2	50. 6	158, 309. 8	61. 2	269, 598. 2	29. 8	41, 146. 6	38. 7	765, 548. 0	59. 6	117, 163. 2	71. 0
202102	589, 581. 2	3. 9	90, 804. 1	10. 7	115, 237. 7	−56. 8	17, 731. 3	−53. 9	474, 343. 5	57. 6	73, 072. 8	67. 9
202103	1, 006, 384. 8	31. 6	156, 054. 5	42. 4	206, 871. 9	−40. 9	32, 048. 1	−36. 2	799, 512. 9	92. 9	124, 006. 4	109. 0
202104	913, 944. 7	39. 8	140, 440. 1	51. 0	209, 045. 1	−23. 3	32, 211. 3	−16. 9	704, 899. 6	84. 9	108, 228. 7	99. 5
202105	1, 074, 327. 6	67. 0	165, 243. 3	80. 8	251, 717. 6	68. 0	38, 708. 2	81. 8	822, 610. 1	66. 7	126, 535. 1	80. 5
202106	1, 256, 681. 2	82. 4	195, 344. 5	101. 0	363, 294. 3	159. 5	56, 326. 5	185. 0	893, 386. 9	62. 7	139, 018. 0	79. 6
202107	1, 516, 216. 7	112. 8	236, 244. 5	135. 1	402, 936. 7	110. 4	62, 797. 7	132. 5	1, 113, 280. 0	113. 6	173, 446. 8	136. 0
202108	1, 276, 134. 4	81. 5	197, 384. 9	96. 7	223, 991. 9	42. 9	34, 644. 8	55. 3	1, 052, 142. 5	92. 5	162, 740. 0	108. 6
202109	1, 484, 610. 6	65. 1	228, 985. 3	76. 4	367, 118. 5	137. 5	56, 622. 0	154. 5	1, 117, 492. 1	50. 1	172, 363. 3	60. 2
202110	1, 211, 253. 2	96. 6	187, 288. 2	107. 0	229, 162. 1	96. 7	35, 396. 8	108. 4	982, 091. 1	96. 5	151, 891. 4	106. 6
202111	1, 676, 491. 1	76. 8	261, 106. 1	84. 6	335, 008. 1	123. 1	52, 155. 0	133. 0	1, 341, 483. 1	68. 1	208, 951. 1	75. 5
202112	1, 727, 004. 3	16. 9	270, 056. 8	20. 2	352, 028. 3	−42. 7	55, 049. 4	−41. 0	1, 374, 976. 0	59. 1	215, 007. 4	63. 7

2021 年海南省对前 30 大贸易伙伴进出口统计表

贸易伙伴	进出口				出口				进口			
	人民币（万元）	人民币同比（%）	美元值（万元）	美元值同比（%）	人民币（万元）	人民币同比（%）	美元值（万元）	美元值同比（%）	人民币（万元）	人民币同比（%）	美元值（万元）	美元值同比（%）
东盟（10 国）	2, 492, 107. 1	5. 0	385, 892. 1	12. 3	875, 232. 9	−23. 8	135, 479. 4	−19. 0	1, 616, 874. 2	32. 0	250, 412. 6	42. 0
欧盟（27 国，不含英国）	2, 159, 459. 3	39. 4	334, 249. 7	47. 7	396, 637. 0	80. 2	61, 364. 5	93. 1	1, 762, 822. 2	32. 6	272, 885. 2	40. 3
澳大利亚	2, 116, 869. 6	239. 4	328, 001. 2	264. 2	100, 727. 1	−32. 6	15, 600. 4	−27. 8	2, 016, 142. 5	325. 0	312, 400. 8	356. 4
美国	1, 277, 305. 4	47. 7	197, 902. 1	57. 6	329, 091. 8	42. 3	50, 939. 9	51. 5	948, 213. 6	49. 6	146, 962. 1	59. 8
法国	865, 769. 3	20. 8	134, 085. 8	28. 7	13, 163. 4	−56. 6	2, 037. 1	−53. 1	852, 605. 9	24. 3	132, 048. 7	32. 3
日本	774, 506. 2	22. 5	120, 016. 6	31. 0	48, 450. 1	−32. 6	7, 479. 9	−28. 1	726, 056. 0	29. 6	112, 536. 7	38. 6
英国	646, 099. 4	3. 7	100, 024. 2	10. 8	48, 501. 4	−10. 4	7, 476. 8	−4. 8	597, 598. 1	5. 0	92, 547. 4	12. 2
越南	560, 247. 7	−19. 5	86, 762. 2	−14. 4	165, 281. 6	−59. 2	25, 565. 2	−57. 0	394, 966. 1	35. 8	61, 197. 0	46. 3
印度尼西亚	554, 119. 6	62. 2	85, 808. 7	74. 5	19, 795. 9	−20. 1	3, 059. 8	−16. 2	534, 323. 7	68. 7	82, 748. 8	81. 8
意大利	490, 087. 4	40. 9	75, 820. 9	48. 9	13, 576. 9	−15. 2	2, 101. 6	−9. 6	476, 510. 5	43. 6	73, 719. 4	51. 7
中国香港	481, 736. 2	59. 9	74, 584. 4	71. 4	306, 318. 2	75. 4	47, 451. 9	89. 6	175, 418. 0	38. 5	27, 132. 6	46. 7
瑞士	446, 459. 6	47. 5	69, 052. 8	55. 6	1, 676. 5	29. 7	259. 2	35. 2	444, 783. 1	47. 6	68, 793. 6	55. 7

续表

贸易伙伴	进出口				出口				进口			
	人民币（万元）	人民币同比（%）	美元值（万元）	美元值同比（%）	人民币（万元）	人民币同比（%）	美元值（万元）	美元值同比（%）	人民币（万元）	人民币同比（%）	美元值（万元）	美元值同比（%）
新加坡	415, 483. 3	13. 1	64, 331. 2	21. 1	252, 899. 3	10. 3	39, 180. 6	17. 5	162, 584. 0	17. 8	25, 150. 6	27. 1
韩国	400, 187. 3	32. 1	61, 920. 4	41. 1	88, 972. 5	17. 2	13, 771. 4	24. 6	311, 214. 9	37. 1	48, 149. 0	46. 6
俄罗斯联邦	379, 254. 6	391. 0	58, 762. 3	422. 0	70, 190. 3	83. 9	10, 883. 7	96. 8	309, 064. 3	691. 3	47, 878. 7	735. 8
马来西亚	364, 547. 7	-7. 6	56, 466. 7	-0. 7	112, 570. 1	-53. 8	17, 375. 6	-50. 6	251, 977. 6	67. 4	39, 091. 1	80. 1
加拿大	342, 961. 0	106. 3	53, 138. 7	120. 9	30, 380. 8	15. 4	4, 706. 6	21. 8	312, 580. 3	123. 4	48, 432. 1	139. 9
阿联酋	294, 280. 8	935. 2	45, 557. 8	1, 003. 7	81, 412. 8	300. 8	12, 567. 6	323. 0	212, 867. 9	2, 522. 8	32, 990. 2	2, 752. 7
墨西哥	255, 273. 7	279. 7	39, 672. 6	306. 1	249, 172. 6	285. 3	38, 726. 8	312. 4	6, 101. 1	137. 7	945. 8	150. 5
菲律宾	251, 271. 5	63. 5	38, 912. 6	75. 7	214, 733. 4	49. 9	33, 271. 3	61. 3	36, 538. 1	249. 2	5, 641. 3	272. 8
印度	227, 637. 0	34. 6	35, 242. 3	44. 8	78, 907. 1	-17. 4	12, 196. 3	-11. 9	148, 729. 9	102. 2	23, 046. 0	119. 6
荷兰	217, 242. 4	158. 4	33, 586. 5	178. 9	211, 452. 8	167. 1	32, 691. 8	188. 6	5, 789. 7	18. 2	894. 7	24. 6
乌克兰	202, 982. 1	281. 3	31, 483. 5	297. 5	9, 771. 9	4. 7	1, 508. 5	11. 0	193, 210. 2	340. 1	29, 975. 1	356. 7
中国台湾	191, 998. 0	81. 5	29, 719. 3	93. 8	31, 573. 8	-16. 2	4, 883. 9	-10. 9	160, 424. 2	135. 6	24, 835. 4	151. 9
沙特阿拉伯	182, 778. 5	29. 1	28, 318. 9	37. 2	12, 724. 9	-9. 9	1, 967. 0	-5. 7	170, 053. 6	33. 4	26, 351. 9	42. 1
智利	179, 340. 6	-30. 2	27, 760. 9	-25. 6	20, 419. 5	109. 1	3, 160. 5	121. 5	158, 921. 1	-35. 7	24, 600. 4	-31. 4
泰国	175, 609. 3	-14. 6	27, 186. 4	-8. 5	59, 198. 8	7. 4	9, 173. 7	14. 6	116, 410. 5	-22. 7	18, 012. 7	-17. 0
伊朗	173, 222. 7	124. 4	26, 852. 2	141. 5	105, 404. 7	36. 5	16, 280. 1	46. 4	67, 818. 1	—	10, 572. 2	—
德国	169, 676. 5	11. 1	26, 183. 9	15. 6	69, 039. 8	146. 2	10, 676. 1	161. 4	100, 636. 7	-19. 3	15, 507. 8	-16. 5
比利时	166, 286. 7	29. 7	25, 772. 6	36. 0	50, 850. 1	128. 3	7, 888. 6	140. 9	115, 436. 6	8. 9	17, 883. 9	14. 1
巴西	160, 075. 6	127. 6	24, 732. 1	143. 6	6, 259. 2	-23. 4	966. 7	-19. 1	153, 816. 4	147. 4	23, 765. 4	165. 3

2021 年海南省各市县进出口统计表

市县（地区）	进出口				出口				进口			
	人民币（万元）	人民币同比（%）	美元值（万元）	美元值同比（%）	人民币（万元）	人民币同比（%）	美元值（万元）	美元值同比（%）	人民币（万元）	人民币同比（%）	美元值（万元）	美元值同比（%）
东部地区	7, 091, 106. 5	28. 4	1, 097, 998. 1	36. 4	1, 302, 158. 5	8. 5	201, 658. 0	14. 3	5, 788, 948. 0	33. 9	896, 340. 1	42. 7
海口市	4, 763, 986. 6	28. 4	737, 550. 3	36. 3	1, 105, 389. 3	0. 2	171, 160. 0	5. 4	3, 658, 597. 3	40. 4	566, 390. 3	49. 5
其中：海口综合保税区	2, 800, 627. 0	18. 9	433, 555. 0	25. 3	322, 111. 0	-36. 0	49, 745. 9	-34. 7	2, 478, 516. 0	33. 8	383, 809. 1	42. 2
三亚市	2, 191, 480. 2	27. 4	339, 435. 6	35. 7	122, 999. 7	224. 6	19, 068. 0	248. 3	2, 068, 480. 5	23. 0	320, 367. 6	30. 9
三沙市	54. 5	—	8. 4	—	0. 0	—	0. 0	—	54. 5	—	8. 4	—
文昌市	67, 183. 1	13. 4	10, 405. 4	21. 6	54, 003. 3	3. 6	8, 362. 2	11. 1	13, 179. 8	84. 5	2, 043. 2	97. 6
琼海市	36, 795. 1	98. 0	5, 695. 1	111. 5	2, 485. 2	-6. 9	383. 9	-0. 6	34, 310. 0	115. 6	5, 311. 1	130. 3
万宁市	25, 747. 3	116. 8	3, 994. 7	132. 2	14, 294. 2	732. 5	2, 221. 1	784. 5	11, 453. 1	12. 8	1, 773. 6	20. 7
陵水县	5, 859. 6	53. 0	908. 7	63. 5	2, 986. 8	-10. 1	462. 7	-4. 2	2, 872. 7	469. 3	446. 0	512. 4
中部地区	61, 616. 0	39. 7	9, 538. 5	50. 0	59, 129. 5	34. 3	9, 153. 1	44. 2	2, 486. 5	3, 244. 0	385. 4	3, 527. 3
五指山市	267. 7	1, 328. 8	41. 3	1, 463. 5	241. 8	1, 191. 0	37. 4	1, 313. 0	25. 8	—	4. 0	—
定安县	58, 975. 6	33. 9	9, 129. 5	43. 8	58, 782. 9	33. 7	9, 099. 5	43. 5	192. 8	159. 2	30. 0	181. 9

续表

市县（地区）	进出口				出口				进口			
	人民币（万元）	人民币同比（%）	美元值（万元）	美元值同比（%）	人民币（万元）	人民币同比（%）	美元值（万元）	美元值同比（%）	人民币（万元）	人民币同比（%）	美元值（万元）	美元值同比（%）
琼中县	2, 268. 0	—	351. 5	—	0. 0	—	0. 0	—	2, 268. 0	—	351. 5	—
保亭县	22. 9	—	3. 5	—	22. 9	—	3. 5	—	0. 0	—	0. 0	—
白沙县	81. 9	141. 4	12. 7	150. 7	81. 9	141. 4	12. 7	150. 7	0. 0	—	0. 0	—
西部地区	7, 615, 053. 5	100. 6	1, 179, 725. 4	115. 5	1, 964, 722. 4	28. 8	304, 026. 8	38. 5	5, 650, 331. 1	148. 9	875, 698. 6	167. 0
儋州市	7, 034, 530. 1	104. 0	1, 089, 674. 9	119. 0	1, 688, 955. 7	27. 8	261, 294. 2	37. 4	5, 345, 574. 5	151. 2	828, 380. 7	169. 5
其中：洋浦经济开发区	2, 873, 880. 3	-3. 3	444, 756. 9	4. 0	1, 302, 432. 3	-0. 3	201, 431. 9	7. 1	1, 571, 448. 0	-5. 6	243, 325. 1	1. 6
洋浦保税港区	3, 646, 502. 3	1, 556. 0	565, 403. 5	1, 628. 5	112, 818. 0	8, 370. 1	17, 489. 8	9, 090. 3	3, 533, 684. 3	1, 514. 5	547, 913. 7	1, 584. 8
东方市	55, 167. 4	-7. 3	8, 544. 6	-0. 5	39, 800. 9	-17. 8	6, 162. 3	-11. 9	15, 366. 5	38. 0	2, 382. 3	49. 9
澄迈县	510, 000. 3	90. 5	79, 125. 2	105. 0	229, 799. 4	61. 1	35, 621. 6	73. 5	280, 200. 9	124. 1	43, 503. 6	140. 7
临高县	12, 130. 3	-28. 3	1, 881. 8	-22. 4	3, 062. 9	-72. 2	468. 8	-70. 2	9, 067. 4	54. 2	1, 413. 0	66. 5
乐东县	1, 751. 0	136. 3	271. 2	152. 9	1, 629. 3	151. 1	252. 3	169. 9	121. 7	31. 8	18. 9	37. 1
昌江县	1, 474. 3	-6. 0	227. 6	0. 5	1, 474. 2	-4. 7	227. 6	1. 8	0. 1	-99. 6	0. 0	-99. 6

附录

政策法规

一、2021年度与海关相关的海南自由贸易港政策法规

中华人民共和国海关总署公告

（2021年第1号）

为贯彻落实《海南自由贸易港建设总体方案》要求，根据《财政部 海关总署 税务总局关于海南自由贸易港交通工具及游艇“零关税”政策的通知》（财关税〔2020〕54号），特制定《海南自由贸易港交通工具及游艇“零关税”政策海关实施办法（试行）》（见附件），现予发布。

特此公告。

附件：海南自由贸易港交通工具及游艇“零关税”政策海关实施办法（试行）

海关总署

2021年1月

附件

海南自由贸易港交通工具及游艇“零关税”政策海关实施办法（试行）

第一条　为贯彻落实《海南自由贸易港建设总体方案》，根据有关法律、行政法规和《财政部 海关总署 税务总局关于海南自由贸易港交通工具及游艇“零关税”政策的通知》（财关税〔2020〕54号，以下简称《通知》），制定本办法。

第二条　全岛封关运作前，对海南自由贸易港注册登记并具有独立法人资格，从事交通运输、旅游业的企业（航空企业须以海南自由贸易港为主营运基地），进口用于交通运输、旅游业的船舶、航空器、车辆等营运用交通工具及游艇，免征进口关税、进口环节增值税和消费税。

享受“零关税”政策的交通工具及游艇（以下简称“零关税”交通工具及游艇）具体商品范围按《通知》附件《海南自由贸易港“零关税”交通工具及游艇清单》执行，由财政部、海关总署、税务总局会同相关部门动态调整。

第三条 符合享受政策条件的企业名单（以下简称“企业名单”），由海南省交通运输、文化旅游、市场监管、海事及民航等主管部门会同海南省财政厅、海口海关、国家税务总局海南省税务局确定后，通过国际贸易“单一窗口”向海口海关传输企业名单。在实现联网传输企业名单前，由海南省交通运输厅负责将企业名单函告海口海关。

第四条 “零关税”交通工具及游艇实行“一企一账”管理。

符合享受政策条件的企业（以下简称“企业”）在首次申报“零关税”交通工具及游艇进口前，应按《中华人民共和国海关报关单位注册登记管理规定》有关规定在海关注册登记，并在国际贸易“单一窗口”中“海南零关税进口生产设备、交通工具平台”系统完善企业账户信息。

第五条 企业申报进口“零关税”交通工具及游艇时，进口报关单“申报地海关”应填报“海口海关”下设的隶属海关或业务现场的关区名称及代码（不含“三沙海关”）；征免性质填报为“零关税交通工具及游艇”（代码：492），自愿缴纳进口环节增值税和消费税的，应当在报关时将征免性质填报为“零关税交通工具及游艇（缴纳进口环节税）”（代码：494）；监管方式填报为“一般贸易”（0110）、“租赁不满1年”（代码：1500）、“租赁贸易”（代码：1523）；征减免税方式填报为“随征免性质”（代码：5）；消费使用单位填报企业名称。

第六条 “零关税”交通工具及游艇仅限海南自由贸易港企业营运自用，并依法接受海关监管。

监管年限为：船舶（含游艇）、航空器：8年；车辆：6年。

监管年限自货物放行之日起计算。

监管年限届满自动解除海关监管。

除海关总署另有规定外，在海关监管年限内，企业应当按政策规定和海关规定保管、使用进口“零关税”交通工具及游艇。

第七条 在海关监管年限内，企业应当于每年6月30日（含当日）以前向其所在地海关（以下称“主管海关”）提交上一年度“零关税”交通工具及游艇使用情况的报告。

第八条 在海关监管年限内，企业因破产等原因，确需将“零关税”交通工具及游艇转让的，应在转让前通过“海南零关税进口生产设备、交通工具平台”向主管海关提出申请，经海关审核同意后办理转让手续。

其中，转让给不符合享受政策条件的主体的，应在转让前通过“海南零关税进口生产设备、交通工具平台”向主管海关提出申请，并按规定补缴相关进口税款。补税的完税价格以“零关税”交通工具及游艇原进口时的完税价格为基础，按照货物已进口时间与监管年限的比例进行折旧，其计算公式如下：

补税的完税价格=“零关税”交通工具及游艇原进口时的完税价格×［1-“零关税”交通工具及游艇已进口时间/（监管年限×12）］

“零关税”交通工具及游艇已进口时间自货物放行之日起按月计算。不足1个月但超过15日的按1个月计算；不超过15日的，不予计算。

自税款补缴并办结海关相关手续之日起，“零关税”交通工具及游艇解除海关监管。

第九条 在海关监管年限内，企业需将“零关税”交通工具及游艇向境内银行或非银行金融机构办理贷款抵押的，应事先通过“海南零关税进口生产设备、交通工具平台”向主管海关提出申请，并提供海关认可的税款担保，经海关审核同意后，可按规定办理贷款抵押手续。

企业不得以“零关税”交通工具及游艇向银行或非银行金融机构以外的公民、法人或者非法人其他组织办理贷款抵押。

第十条 在海关监管年限内，企业需将“零关税”交通工具及游艇退运出境或者出口的，应通过“海南零关税进口生产设备、交通工具平台”向主管海关提出申请，经海关审核同意后办理相关手续。

“零关税”交通工具及游艇自退运出境或者出口之日起，解除海关监管，海关不对退运出境或者出口的“零关税”交通工具及游艇补征相关税款。

第十一条 除特殊情形外，企业申请办理“零关税”交通工具及游艇转让、申请贷款抵押等手续的，主管海关应自受理申请之日起10个工作日内做出是否同意的决定。

第十二条 海关依照《中华人民共和国海关法》和《中华人民共和国海关稽查条例》等相关规定，对进口和使用“零关税”交通工具及游艇的相关企业实施稽核查。

第十三条 企业违反《通知》第五条第一款相关规定以及将“零关税”交通工具及游艇移作他用的，应按规定补缴相关进口税款。补税的完税价格以“零关税”交通工具及游艇原进口时的完税价格为基础，按照需要补缴税款的时间与监管年限的比例进行折算，其计算公式如下：

补税的完税价格=“零关税”交通工具及游艇原进口时的完税价格×［需要补缴税款的时间/（监管年限×365）］

上述计算公式中需要补缴税款的时间为企业违反《通知》第五条第一款相关规定以及将“零关税”交通工具及游艇移作他用的实际时间，按日计算，每日实际使用不满8小时或者超过8小时的均按1日计算。

第十四条 违反本办法规定，构成走私行为或者违反海关监管规定行为的，由海关依照《中华人民共和国海关法》和《中华人民共和国海关行政处罚实施条例》的有关规定予以处理；构成犯罪的，依法追究刑事责任。

第十五条 本办法由海关总署负责解释。

第十六条 本办法自公布之日起施行。

财政部 海关总署 税务总局 关于海南自由贸易港试行启运港退税政策的通知

财税〔2021〕1号

为支持海南自由贸易港建设，现将海南自由贸易港试行启运港退税政策通知如下：

一、对符合条件的出口企业从启运地口岸（以下称启运港）启运报关出口，由符合条件的运输企业承运，从水路转关直航或经停指定口岸（以下称经停港），自离境地口岸（以下称离境港）离境的集装箱货物，实行启运港退税政策。

对从经停港报关出口、由符合条件的运输企业途中加装的集装箱货物，符合前款规定的运输方式、离境地点要求的，以经停港作为货物的启运港，也实行启运港退税政策。

二、政策适用范围

（1）启运港。

启运港为营口市营口港、大连市大连港、锦州市锦州港、秦皇岛市秦皇岛港、天津市天津港、烟台市烟台港、青岛市青岛港、日照市日照港、苏州市太仓港、连云港市连云港港、南通市南通港、泉州市泉州港、广州市南沙港、湛江市湛江港、钦州市钦州港。

（2）离境港。

离境港为海南省洋浦港区。

（3）经停港。

上述启运港均可作为经停港。承运适用启运港退税政策货物的船舶，可在经停港加装、卸载货物。

从经停港加装的货物，需为已报关出口、经由上述离境港离境的集装箱货物。

（4）运输企业及运输工具。

运输企业为在海关的信用等级为一般信用企业或认证企业，并且纳税信用级别为B级及以上的航运企业。

运输工具为配备导航定位、全程视频监控设备并且符合海关对承运海关监管货物运输工具要求的船舶。

税务总局定期向海关总署传送纳税信用等级为B级及以上的企业名单。企业纳税信用等级发生变化的，定期传送变化企业名单。海关根据上述纳税信用等级等信息确认符合条件的运输企业和运输工具。

（5）出口企业。

出口企业的出口退（免）税分类管理类别为一类或二类，并且在海关的信用等级为一般认证及以上企业。

海关总署定期向税务总局传送一般认证及以上企业名单。企业信用等级发生变化的，定期传送变化企业名单。税务总局根据上述名单等信息确认符合条件的出口企业。

（6）危险品不适用启运港退税政策。

三、办理流程

（1）启运地海关依出口企业申请，对

从启运港启运的符合条件的货物办理放行手续后，生成启运港出口货物报关单电子信息。以经停港作为货物启运港的，经停地海关依出口企业申请，对从经停港加装的符合条件的货物办理放行手续后，生成启运港出口货物报关单电子信息。

（2）海关总署按日将启运港出口货物报关单电子信息（加启运港退税标识）通过电子口岸传输给税务总局。

（3）出口企业凭启运港出口货物报关单电子信息及相关材料到主管退税的税务机关申请办理退税。出口企业首次申请办理退税前，应向主管出口退税的税务机关进行启运港退税备案。

（4）主管出口退税的税务机关，根据企业出口退（免）税分类管理类别信息、税务总局清分的企业海关信用等级信息和启运港出口货物报关单信息，为出口企业办理退税。出口企业在申请退税时，上述信息显示其不符合启运港退税条件的，主管税务机关根据税务总局清分的结关核销的报关单数据（加启运港退税标识）办理退税。

（5）启运港启运以及经停港加装的出口货物自离境港实际离境后，海关总署按日将正常结关核销的报关单数据（加启运港退税标识）传送给税务总局，税务总局按日将已退税的报关单数据（加启运港退税标识）反馈海关总署。

（6）货物如未运抵离境港不再出口，启运地或经停地海关应撤销出口货物报关单，并由海关总署向税务总局提供相关电子数据。上述不再出口货物如已办理出口退税手续，出口企业应补缴税款，并向启运地或经停地海关提供税务机关出具的货物已补税证明。

对已办理出口退税手续但自启运日起超过2个月仍未办理结关核销手续的货物，除因不可抗力或属于上述第（六）项情形且出口企业已补缴税款外，视为未实际出口，税务机关应追缴已退税款，不再适用启运港退税政策。

（7）主管出口退税的税务机关，根据税务总局清分的正常结关核销的报关单数据，核销或调整已退税额。

四、各地海关和税务部门应加强沟通，建立联系配合机制，互通企业守法诚信信息和货物异常出运情况。财政、海关和税务部门要密切跟踪启运港退税政策运行情况，对工作中出现的问题及时上报财政部（税政司）、海关总署（综合司）和税务总局（货物和劳务税司）。

五、本通知自2021年1月1日起执行。

财政部　交通运输部　商务部　海关总署　税务总局关于海南自由贸易港内外贸同船运输境内船舶加注保税油和本地生产燃料油政策的通知

财税〔2021〕2号

海南省财政厅、交通运输厅、商务厅、海口海关，国家税务总局海南省税务局，海南海事局：

为贯彻落实《海南自由贸易港建设总体方案》，现将海南自由贸易港内外贸同船运输境内船舶加注保税油和本地生产燃料油政策通知如下：

一、全岛封关运作前，对以洋浦港作为中转港从事内外贸同船运输的境内船舶，允许其在洋浦港加注本航次所需的保税油；对其在洋浦港加注本航次所需的本地生产燃料油，实行出口退税政策。海南省本地燃料油生产企业凭燃料油出口货物报关单（备注栏注明“用于内外贸同船运输境内船舶加注”字样）等有关材料，向税务部门申报出口退（免）税。上述保税油和适用出口退税政策的本地生产燃料油统称为“不含税油”。本条规定的境内船舶加注的本航次所需不含税油，免征关税、增值税和消费税。

二、内外贸同船运输的境内船舶，是指获交通运输主管部门颁发的《国内水路运输经营许可证》和《船舶营业运输证》（经营范围均含“国内水路货物班轮运输”），并向海关备案，同时承载内贸和外贸集装箱货物的船舶。

本航次，是指从装载外贸货物的始发港至洋浦以及从洋浦装载外贸货物至目的港的航次。其中，始发港为首个装载至洋浦中转的外贸货物的境内港；目的港为最终卸载自洋浦中转的外贸货物的境内港。

三、本航次所需不含税油加注量=本航次里程×（燃油消耗率×额定功率÷额定航速）。

四、航次里程以《中国沿海航行里程表》为准。燃油消耗率以《船舶推进机器轮机说明书》中数据为准。额定功率以《船舶检验证书》中数据为准。额定航速以《船舶实验综合报告》或《船体及设备说明书》中数据为准。

五、洋浦港交通主管部门按照上述公式，对符合条件的船舶核定本航次不含税油加注量。不含税油经营企业按照交通主管部门核定加注量加注不含税油。船舶可申请累计多航次加注。不含税油经营企业应当将不含税油加油有关信息资料报送税务部门。

六、不含税油的操作、监管流程按照有关规定执行。

七、本通知自公布之日起实施。《海南自由贸易港建设总体方案》发布后至本通知公布前，内外贸同船运输境内船舶已试行加注的燃料油，可参照本通知政策有关规定执行。

财政部　交通运输部　商务部

海关总署　税务总局

2021年2月26日

财政部　海关总署　税务总局
关于海南自由贸易港自用生产设备“零关税”政策的通知

财关税〔2021〕7号

海南省财政厅、海口海关、国家税务总局

海南省税务局：

为贯彻《海南自由贸易港建设总体方案》，经国务院同意，现将海南自由贸易港自用生产设备“零关税”政策通知如下：

一、全岛封关运作前，对海南自由贸易港注册登记并具有独立法人资格的企业进口自用的生产设备，除法律法规和相关规定明确不予免税、国家规定禁止进口的商品，以及本通知所附《海南自由贸易港“零关税”自用生产设备负面清单》所列设备外，免征关税、进口环节增值税和消费税。

二、本通知所称生产设备，是指基础设施建设、加工制造、研发设计、检测维修、物流仓储、医疗服务、文体旅游等生产经营活动所需的设备，包括《中华人民共和国进出口税则》第八十四、八十五和九十章中除家用电器及设备零件、部件、附件、元器件外的其他商品。

三、符合第一条规定条件的企业名单以及从事附件涵盖行业的企业名单，由海南省发展改革、工业和信息化等主管部门会同海南省财政厅、海口海关、国家税务总局海南省税务局确定，动态调整，并函告海口海关。

四、《海南自由贸易港“零关税”自用生产设备负面清单》详见附件。清单内容由财政部、海关总署、税务总局会同相关部门，根据海南自由贸易港实际需要和监管条件进行动态调整。

五、《进口不予免税的重大技术装备和产品目录》、《外商投资项目不予免税的进口商品目录》以及《国内投资项目不予免税的进口商品目录》，暂不适用于海南自由贸易港自用生产设备“零关税”政策。符合本政策规定条件的企业，进口上述三个目录内的设备，可免征关税、进口环节增值税和消费税。

六、为便于执行，财政部、海关总署将会同有关部门另行明确第二条中家用电器及设备零件、部件、附件、元器件商品范围。

七、“零关税”生产设备限海南自由贸易港符合政策规定条件的企业在海南自由贸易港内自用，并接受海关监管。因企业破产等原因，确需转让的，转让前应征得海关同意并办理相关手续。其中，转让给不符合政策规定条件主体的，还应按规定补缴进口相关税款。转让“零关税”生产设备，照章征收国内环节增值税、消费税。

八、企业进口“零关税”自用生产设备，自愿缴纳进口环节增值税和消费税的，可在报关时提出申请。

九、海南省相关部门应通过信息化等手段加强监管、防控风险、及时查处违规行为，确保生产设备“零关税”政策平稳运行，并加强省内相关部门信息互联互通，共享符合政策条件的企业、“零关税”生产设备的监管等信息。

十、本通知自公布之日起实施。

附件：海南自由贸易港“零关税”自用生产设备负面清单

财政部　海关总署　税务总局
2021年3月4日

附件

海南自由贸易港“零关税”自用生产设备负面清单

一、法律法规和相关规定明确不予免税、国家规定禁止进口的商品。

二、煤炭开采和洗选业、黑色金属采选业、有色金属采选、非金属矿采选业企业进口的设备（从事建筑用砂、石、土和地热、矿泉水、海域矿产资源生产的企业除外）。

三、皮革鞣制加工业、毛皮鞣制及制品加工业企业进口的设备。

四、煤化工业、核燃料加工业企业进口的设备。

五、电石法聚氯乙烯业、铬盐业企业进口的设备。

六、黑色金属冶炼和压延加工业企业进口的设备。

七、有色金属冶炼和压延加工业企业进口的设备。

八、金属表面处理及热处理加工业中的电镀工艺，铅蓄电池制造业，印刷电路板等高污染、高环境风险生产制造业，金属废料和碎屑加工处理中的旧电池拆解回收业（新能源汽车动力蓄电池梯次利用所需设备除外）企业进口的设备。

九、煤制品制造业、核辐射加工业企业进口的设备。

十、水力发电中的小水电业企业进口的设备。

十一、燃煤电力、热力生产和供应业企业进口的设备。

财政部　海关总署关于明确海南自由贸易港“零关税”自用生产设备相关产品范围的通知

财关税〔2021〕8号

进一步明确《关于海南自由贸易港自用生产设备“零关税”政策的通知》中相关家用电器及设备零件、部件、附件、元器件产品清单。

本次明确家用电器及设备零件、部件、附件、元器件产品清单共226个子目，意味着《中华人民共和国进出口税则》第八十四、八十五和九十章中除本次清单的226个子目之外，都可以享受自用生产设备“零关税”政策。

相关家用电器及设备零件、部件、附件、元器件产品清单

序号	品目、子目、税则号列	货品名称
1	84012000	同位素分离器及其零件
2	840130	未辐照燃料元件（释热元件）
3	840140	核反应堆零件
4	84029000	蒸汽锅炉及过热水锅炉零件
5	84039000	集中供暖用热水锅炉的零件
6	840490	能量转换装置辅助设备零件
7	84059000	煤气、乙炔等气体发生器的零件
8	84069000	汽轮机零件
9	8409	专用于或主要用于税目 84.07 或 84.08 所列发动机的零件
10	841090	水轮机及水轮零件
11	84119100	涡轮喷气发动机或涡轮螺桨发动机零件
12	841199	其他燃气轮机零件
13	841290	税目 84.12 所列装置零件
14	84139100	液体泵用零件
15	84139200	液体提升机用零件
16	841490	税目 84.14 所列机器的零件
17	841590	空调零件
18	84169000	炉用燃烧器、机械加煤机等的零件
19	841790	税目 84.17 所列设备的零件
20	841821	压缩式家用型冷藏箱
21	841829	其他家用型冷藏箱
22	84189100	冷藏或冷冻设备用特制家具零件
23	841899	税目 84.18 所列设备的其他零件
24	841990	税目 84.19 所列设备的零件
25	84209100	研光机或其他滚压机器的滚筒
26	84209900	研光机或其他滚压机的其他零件
27	842191	离心机（包括离心干燥机）零件
28	842199	税目 84.21 所列其他机器的零件
29	842290	税目 84.22 所列机器的零件
30	84239000	衡器用的各种砝码、秤碗及其零件
31	842490	税目 84.24 所列机器或器具的零件
32	8431	专用于或主要用于税目 84.25 至 84.30 所列机械的零件

续表1

序号	品目、子目、税则号列	货品名称
33	84329000	整地或耕作机械、滚压机零件
34	843390	税目 84.33 所列机械零件
35	84349000	挤奶机及乳品加工机器用零件
36	84359000	压榨机、轧碎机等机器的零件
37	84369100	家禽饲养机、孵卵器及育维器零件
38	84369900	税目 84.36 所列其他机器的零件
39	84379000	税目 84.37 所列机械的零件
40	84389000	食品、饮料工业用机器的零件
41	84399100	制造纤维素纸浆的机器零件
42	84399900	制造或整理纸及纸板的机器零件
43	84409000	书本装订机器的零件
44	844190	制造纸浆、纸或纸板制品机器的零件
45	84424000	铸字、排字、制版机器的零件
46	84425000	活字、印刷用版、片及其他部件
47	844391	税目 84.42 所列机器零件及附件
48	844399	税目 84.43 所列设备其他零件
49	844820	纺织纤维加工机器及其辅助机器的零附件
50	84483100	钢丝针布
51	84483200	纺织纤维预处理机器的其他零附件
52	844833	锭子、锭壳、纺丝环、钢丝圈
53	844839	纺织加工机器及其辅助机器的零附件
54	84484200	织机用箱、综丝及综框
55	844849	织机及其辅助机器的其他零件、附件
56	844851	沉降片、织针及其他成圈机件
57	84485900	税目 84.47 机器用的其他零附件
58	8450	家用型或洗衣房用洗衣机，包括洗涤干燥两用机
59	84519000	税目 84.51 所列机器的零件
60	845210	家用型缝纫机
61	84523000	缝纫机针
62	845290	缝纫机底座和罩盖及其他零件
63	84539000	税目 84.53 所列机器的零件
64	845490	转炉、锭模、浇包及铸造机的零件
65	84553000	轧机用轧辊
66	84559000	其他轧机零件

续表2

序号	品目、子目、税则号列	货品名称
67	8466	专用于或主要用于税目84.56至84.65所列机器的零件、附件，包括工件或工具的夹具、自启板牙切头、分度头及其他专用于机器的附件；各种手提工具的工具夹具
68	846791	手提式链锯用的零件
69	84679200	风动工具零件
70	846799	税目84.67所列其他手提式工具的零件
71	84689000	焊接机器用零件
72	847150	子目8471.41及8471.49以外的处理部件
73	847160	输入或输出部件
74	847170	存储部件
75	84718000	自动数据处理设备的其他部件
76	84719000	其他磁性或光学阅读机、数据转录及处理机器
77	8478	专用于或主要用于税目8A.70至84.72所列机器的零件、附件（罩套、提箱及类似品除外）
78	84749000	税目84.74所列机器的零件
79	84759000	税目84.75所列机器的零件
80	84769000	税目84.76所列机器的零件
81	84779000	橡胶、塑料等加工机器的零件
82	84789000	烟草加工及制作机器用的零件
83	847990	税目84.79所列机器的零件
84	848190	阀门、龙头、旋塞及类似装置的零件
85	8482	滚动轴承
86	8483	传动轴（包括凸轮轴及曲柄轴）及曲柄；轴承座及滑动轴承；齿轮及齿轮传动装置；滚珠或滚子螺杆传动装置；齿轮箱及其他变速装置，包括扭矩变换器；飞轮及滑轮，包括滑轮组；离合器及联轴器（包括万向节）
87	8484	密封垫或类似接合衬垫，用金属片与其他材料制成或用双层或多层金属片制成；成套或各种不同材料的密封垫或类似接合衬垫，装于袋、套或类似包装内；机械密封件
88	848690	税目84.86的零件及附件
89	8487	本章其他税目未列名的机器零件，不具有电气接插件、绝缘体、线圈、触点或其他电气器材特征的
90	850110	输出功率不超过37.5瓦的电动机
91	8503	专用于或主要用于税目85.01或85.02所列机器的零件
92	850410	放电灯或放电管用镇流器
93	85044013	税目84.71所列机器用的稳压电源
94	85044091	具有变流功能的半导体模块（静止式变流器）
95	85044099	其他未列名静止式变流器

续表3

序号	品目、子目、税则号列	货品名称
96	85045000	其他电感器
97	850490	税目85.04所列货品的零件
98	8505	电磁铁；永磁铁及磁化后准备制永磁铁的物品；电磁铁或永磁铁卡盘、夹具及类似的工件夹具；电磁联轴节、离合器及制动器；电磁起重吸盘
99	8506	原电池及原电池组
100	8507	蓄电池，包括隔板，不论是否矩形（包括正方形）
101	8508	真空吸尘器
102	8509	家用电动器具，税目85.08的真空吸尘器除外
103	8510	电动剃须刀、电动毛发推剪及电动脱毛器
104	8511	点燃式或压燃式内燃发动机用的电点火及电启动装置（例如，点火磁电机、永磁直流发电机、点火线圈、火花塞、电热塞及启动电机）；附属于上述内燃发动机的发电机（例如，直流发电机、交流发电机）及断流器
105	8512	自行车或机动车辆用的电气照明或信号装置（税目85.39的物品除外）、风挡刮水器、除箱器及去雾器
106	8513	自供能源（例如，使用干电池、蓄电池、永磁发电机）的手提式电灯，但税目85.12的照明装置除外
107	851490	税目85.14所列货品的零件
108	85159000	税目85.15所列货品的零件
109	85161010	储存式电热水器
110	85161020	即热式电热水器
111	85163100	电吹风机
112	85163200	其他电热理发器具
113	85163300	电热干手器
114	85164000	电熨斗
115	85165000	微波炉
116	851660	其他炉；电锅、电热板、加热环、烧烤炉及烘烤器
117	851671	电热咖啡壶或茶壶
118	851672	电热烤面包器
119	851679	其他电热器具
120	85168000	加热电阻器
121	851690	税目85.16所列货品的零件
122	8517	电话机，包括用于蜂窝网络或其他无线网络的电话机；其他发送或接收声音、图像或其他数据用的设备，包括有线或无线网络（例如，局域网或广域网）的通信设备，税目84.43、85.25、85.27或85.28的发送或接受设备除外

续表4

序号	品目、子目、税则号列	货品名称
123	8518	传声器（麦克风）及其座架；扬声器，不论是否装成音箱；耳机、耳机塞，不论是否装有传声器，由传声器及一个或多个扬声器组成的组合机；音频扩大器；电气扩音机组
124	8519	声音录制或重放设备
125	8521	视频信号录制或重放设备，不论是否装有高频调谐器
126	8522	专用于或主要用于税目85.19或85.21所列设备的零件、附件
127	8523	录制声音或其他信息用的圆盘、磁带、固态非易失性数据存储器件、“智能卡”及其他媒体，不论是否已录制，包括供复制圆盘用的母片及母带，但不包括第37章的产品
128	85258012	非特种用途的广播级电视摄像机
129	85258013	非特种用途的其他电视摄像机
130	85258022	非特种用途的单镜头反光型数字照相机
131	85258025	非特种用途的其他可换镜头的数字照相机
132	85258029	非特种用途的其他数字照相机
133	85258032	非特种用途的广播级视频摄录一体机
134	85258033	非特种用途的家用型视频摄录一体机
135	85258039	非特种用途的其他视频摄录一体机
136	85261010	导航用雷达设备
137	852691	无线电导航设备
138	8527	无线电广播接收设备，不论是否与声音的录制、重放装置或时钟组合在同一机完内
139	8528	监视器及投影机，未装电视接收装置：电视接收装置，不论是否装有无线电收音装置或声音、图像的录制或重放装置
140	8529	专用于或主要用于税目85.25至85.28所列装置或设备的零件
141	85309000	税目85.30所列货品的零件
141	85309000	税目85.30所列货品的零件
142	8531	电气音响或视觉信号装置（例如，电铃、电笛、显示板、防盗或防火报警器），但税目85.12或85.30的货品除外
143	8532	固定、可变或可调（微调）电容器
144	8533	电阻器（包括变阻器及电位器），但加热电阻器除外
145	8534	印刷电路
146	8538	专用于或主要用于税目85.35、85.36或85.37所列装置的零件
147	85391000	封闭式聚光灯
148	85392120	火车、航空器及船舶用卤钨灯
149	85392130	机动车辆用卤钨灯
150	85392190	其他卤钨灯
151	85392290	功率不超过200瓦、额定电压超过100伏的白炽灯泡（科研、医疗专用的除外）

续表5

序号	品目、子目、税则号列	货品名称
152	85392920	火车、航空器及船舶用的其他白炽灯泡
153	85392930	机动车辆用的其他白炽灯泡
154	85392991	电压不超过12伏的白炽灯泡
155	85393120	火车、航空器及船舶用的热阴极荧光灯
156	85393191	紧凑型荧光灯
157	85393199	其他热阴极荧光灯
158	853932	汞或钠蒸汽灯；金属卤化物灯
159	85393920	火车、航空器及船舶用的其他放电灯管
160	85393990	其他放电灯管
161	85394100	弧光灯
162	85394900	紫外线灯管或红外线灯泡
163	853950	发光二极管（LED）灯泡（管）
164	85399000	税目85.39所列货品的零件
165	8540	热电子管、冷阴极管或光阴极管（例如，真空管或充气管、汞弧整流管、阴极射线管、电视摄像管）
166	8541	二极管、晶体管及类似的半导体器件；光敏半导体器件，包括不论是否装在组件内或组装成块的光电池；发光二极管；已装配的压电晶体
167	8542	集成电路
168	854390	税目85.43所列货品的零件
169	8544	绝缘（包括漆包或阳极化处理）电线、电缆（包括同轴电缆）及其他绝缘电导体，不论是否有接头；由多根具有独立保护套的光纤组成的光缆，不论是否与电导体装配或装有接头
170	8545	碳电极、碳刷、灯碳棒、电池碳棒及电气设备用的其他石墨或碳精制品，不论是否带金属
171	8546	各种材料制的绝缘子
172	8547	电气机器、器具或设备用的绝缘零件，除了为装配需要而在模制时装入的小金属零件（例如螺纹孔）以外，全部用绝缘材料制成，但税目85.46的绝缘子除外；内衬绝缘材料的贱金属制线路导管及其接头
173	8548	原电池、原电池组及蓄电池的废碎料；废原电池、废原电池组及废蓄电池；机器或设备的本章其他税目未列名的电气零件
174	9001	光导纤维及光导纤维束；光缆，但税目85.44的货物除外；偏振材料制的片及板；未装配的各种材料制透镜（包括隐形眼镜片）、棱镜、反射镜及其他光学元件，但未经光学加工的玻璃制上述元件除外
175	9002	已装配的各种材料制透镜、棱镜、反射镜及其他光学元件，作为仪器或装置的零件、配件，但未经光学加工的玻璃制上述元件除外
176	9003	眼镜架及其零件

续表6

序号	品目、子目、税则号列	货品名称
177	9004	矫正视力、保护眼睛或其他用途的眼镜、挡风镜及类似品
178	90051000	双筒望远镜
179	900590	光学望远镜及天文仪器的零件、附件
180	90064000	一次成像照相机
181	90065100	镜头取景、胶片宽度不超过35毫米的照相机
182	900652	使用胶片宽度小于35毫米的其他照相机
183	90065300	使用胶片宽度为35毫米的其他照相机
184	90066100	放电式（电子式）闪光灯装置
185	900669	闪光灯泡、其他照相闪光灯装置
186	900691	照相机用零件、附件
187	90071090	其他摄影机
188	900720	电影放映机
189	90079100	电影摄影机用零附件
190	90079200	电影放映机用零附件
191	9008	影像投影仪，但电影用除外；照片（电影片除外）放大机及缩片机
192	9010	本章其他税目未列名的照相（包括电影）洗印用装置及设备；负片显示器；银幕及其他投影屏幕
193	90119000	复式光学显微镜的零件、附件
194	90129000	显微镜（光学显微镜除外）及衍射设备的零件、附件
195	90131000	武器用望远镜瞄准具，潜望镜式望远镜及作为仪器或器具的部件的望远镜
196	901380	未列名液晶装置和其他光学仪器及器具
197	901390	税目90.13所列货品的零件、附件
198	9014	定向罗盘；其他导航仪器及装置
199	90159000	税目90.15所列仪器及装置的零件、附件
200	90179000	税目90.17所列仪器及器具的零件、附件
201	90181390	核磁共振成像成套装置零件
202	90183100	注射器
203	90183210	管状金属针头
204	90183220	缝合用针
205	90183900	导管、插管及类似品
206	90189091	宫内节育器
207	90189099	税目90.18其他未列名的医疗、外科或兽医用仪器及器具
208	90191010	按摩器具

续表7

序号	品目、子目、税则号列	货品名称
209	9021	矫形器具，包括支具、外科手术带、疝气带；夹板及其他骨折用具；人造的人体部分；助听器及为弥补生理缺陷或残疾而穿戴、携带或植入人体内的其他器具
210	90229090	税目 90.22 所列其他设备及零件、附件
211	9023	专供示范（例如，教学或展览）而无其他用途的仪器、装置及模型
212	90249000	测试各种材料性能的机器及器具的零件、附件
213	90259000	税目 90.25 所列仪器及装置的零件、附件
214	90269000	检测液体或气体变化量的仪器及装置的零件、附件
215	90279000	检镜切片机；税目 90.27 所列仪器、装置的零件、附件
216	902890	税目 90.28 所列计量仪表的零件、附件
217	90291020	车费计、里程计
218	90292010	车辆用速度计
219	90299000	税目 90.29 所列仪表的零件、附件
220	90309000	税目 90.30 所列仪器及装置的零件、附件
221	90319000	税目 90.31 所列仪器、器具及机器的零件、附件
222	90328911	列车自动防护系统（ATP）车载设备
223	90328912	列车自动运行系统（ATO）车载设备
224	90328919	其他列车自动控制系统（ATC）车载设备
225	90329000	税目 90.32 所列仪器及装置的零件、附件
226	90330000	第 90 章所列机器、器具、仪器或装置用的第 90 章其他税目未列名的零件、附件

注：商品范围以品目、子目、税则号列为准。其中序号第 1 项商品，仅含零件。

中华人民共和国海关总署公告

（2021 年第 13 号）

为落实海南自由贸易港建设要求，进一步促进海南国际旅游消费中心建设，有效释放离岛免税政策效应，提升离岛旅客免税购物体验感，根据《财政部 海关总署 税务总局关于增加海南离岛旅客免税购物提货方式的公告》（2021 年第2号）有关规定，现就海南离岛旅客免税购物邮寄送达和返岛提取提货方式监管要求公告如下：

一、邮寄送达提货方式

（一）离岛旅客购买免税品，购买人、支付人、收件人均为购物旅客本人，且收件地址在海南省外的，可以选择邮寄送达方式提货。

（二）离岛旅客选择邮寄送达方式提货后，离岛免税商店应在核实购物旅客符合邮寄要求且已实际离岛后，一次性寄递旅客所购免税品，向海关实时传输符合海关规定格式且已施加电子签名的免税品交易和购物人员信息、人证信息验核一致、寄递运单、签收信息等电子数据，并对数据真实性承担相应责任。

二、岛内居民返岛提取提货方式

（一）岛内居民（包括持有海南省身份证、海南省居住证或社保卡的中国公民，以及在海南省工作生活并持有居留证的境外人士）在离岛前购买免税品后已返回岛内的，可以在离岛免税商店设立的返岛旅客提货点提取免税品。上述岛内居民应于购买之日起三个月内，持本人有效身份证件和实际离岛行程信息提货。超过规定时限未提货的，免税商店应当主动为其办理退货手续。

（二）离岛免税商店设立的返岛旅客提货点，应按规定验核提货人资格、实际离岛行程信息等电子数据信息无误后将免税品交付购物人，并向海关实时传输符合海关规定格式且已施加电子签名的免税品交易、人证信息验核一致、本人提货签收、离岛行程信息等电子数据，并对数据真实性承担相应责任。

离岛免税商店设立的返岛旅客提货点，应符合海关监管条件，报海关核准。

三、相关法律责任

对于离岛免税商店未尽责审核离岛旅客身份信息和行程信息真实性等，导致出现个人身份信息或年度购买额度被盗用、离岛旅客违规邮寄或提取免税品的，以及未按规定及时准确向海关传输电子数据的，由海关责令其改正，可给予警告；对于在一个公历年度内被海关警告超过3次的，海关可暂停其从事离岛免税经营业务最长不超过6个月。

本公告自公布之日起执行。对海南离岛旅客免税购物邮寄送达和返岛提取提货方式的其他监管事项按照海关总署公告2020年第79号有关规定执行。

特此公告。

海关总署

2021年2月3日

中华人民共和国海关总署公告

（2021年第23号）

为贯彻落实《海南自由贸易港建设总体方案》，根据《财政部 海关总署 税务总局关于海南自由贸易港自用生产设备“零关税”政策的通知》（财关税〔2021〕7号），特制定《海南自由贸易港自用生产设备“零关税”政策海关实施办法（试行）》（见附件），现予发布。

特此公告。

附件：海南自由贸易港自用生产设备“零关税”政策海关实施办法（试行）

海关总署

2021年3月4日

附件

海南自由贸易港自用生产设备“零关税”政策海关实施办法（试行）

第一条 为贯彻落实《海南自由贸易港建设总体方案》，根据有关法律、行政法规和《财政部 海关总署 税务总局关于海南自由贸易港自用生产设备“零关税”政策的通知》（财关税〔2021〕7号，以下简称《通知》），制定本办法。

第二条 全岛封关运作前，对海南自由贸易港注册登记并具有独立法人资格的企业，进口自用生产设备，除法律法规和相关规定明确不予免税、国家规定禁止进口的商品，以及《通知》附件所列设备外，免征关税、进口环节增值税和消费税。享受“零关税”政策的自用生产设备（以下简称“零关税”自用生产设备）实行负面清单管理，由财政部、海关总署、税务总局会同相关部门动态调整。

《通知》所称生产设备包括《中华人民共和国进出口税则》第八十四、八十五和九十章中除家用电器及设备零件、部件、附件、元器件外的其他商品，具体商品范围由财政部、海关总署会同有关部门明确。

第三条 符合享受政策条件的企业名单和《通知》附件涵盖行业的企业名单，由海南省发展改革、工业和信息化等主管部门会同海南省财政厅、海口海关、国家税务总局海南省税务局确定后，通过国际贸易“单一窗口”向海口海关传输企业名单。在实现联网传输企业名单前，由海南省相关主管部门将上述企业名单函告海口海关。

第四条 “零关税”自用生产设备实行“一企一账”管理。

符合享受政策条件的企业（以下简称“企业”）在首次申报“零关税”自用生产设备进口前，应按《中华人民共和国海关报关单位注册登记管理规定》有关规定在海关注册登记，并在国际贸易“单一窗口”中“海南零关税进口生产设备、交通工具平台”系统完善企业账户信息。

第五条 企业申报进口“零关税”自用生产设备时，进口报关单“申报地海关”应填报“海口海关”下设的隶属海关或业务现场的关区名称及代码（不含“三沙海关”）；“征免性质”填报为“零关税自用生产设备”（代码：491），自愿缴纳进口环节增值税和消费税的，应当在报关时将“征免性质”填报为“零关税自用生产设备（缴纳进口环节税）”（代码：493）；“监管方式”填报为“一般贸易”（0110）；征减免税方式填报为“随征免性质”（代码：5）；“消费使用单位”填报企业名称。

第六条 除国家另有规定外，国家对相关生产设备有限制进口管理规定的，企业应按规定凭相关许可证件办理进口等相关海关手续。

第七条 “零关税”自用生产设备仅

限符合政策规定条件的企业在海南自由贸易港内自用，并依法接受海关监管。

监管年限为：3 年。

监管年限自货物放行之日起计算。

监管年限届满自动解除海关监管。

除海关总署另有规定外，在海关监管年限内，企业应当按政策规定和海关规定保管、使用“零关税”自用生产设备。

第八条 在海关监管年限内，企业应当于每年 6 月 30 日（含当日）以前向其所在地海关（以下称“主管海关”）提交上一年度“零关税”自用生产设备使用情况的报告。

第九条 在海关监管年限内，企业因破产等原因，确需将“零关税”自用生产设备转让的，应在转让前通过“海南零关税进口生产设备、交通工具平台”向主管海关提出申请，经海关审核同意后办理转让手续。

其中，转让给不符合享受政策条件的主体的，应在转让前通过“海南零关税进口生产设备、交通工具平台”向主管海关提出申请，并按规定补缴相关进口税款。补税的完税价格以“零关税”自用生产设备原进口时的完税价格为基础，按照货物已进口时间与监管年限的比例进行折旧，其计算公式如下：

补税的完税价格 =“零关税”自用生产设备原进口时的完税价格×［1-“零关税”自用生产设备已进口时间/（监管年限×12）］

“零关税”自用生产设备已进口时间自货物放行之日起按月计算。不足 1 个月但超过 15 日的按 1 个月计算；不超过 15 日的，不予计算。

自税款补缴并办结海关相关手续之日起，“零关税”自用生产设备解除海关监管。

第十条 在海关监管年限内，企业需将“零关税”自用生产设备向境内银行或非银行金融机构办理贷款抵押的，应事先通过“海南零关税进口生产设备、交通工具平台”向主管海关提出申请，并提供海关认可的税款担保，经海关审核同意后，可按规定办理贷款抵押。

企业不得以“零关税”自用生产设备向银行或非银行金融机构以外的公民、法人或者非法人其他组织办理贷款抵押。

第十一条 在海关监管年限内，企业需将“零关税”自用生产设备退运出境或者出口的，应通过“海南零关税进口生产设备、交通工具平台”向主管海关提出申请，经海关审核同意后办理相关手续。

“零关税”自用生产设备自退运出境或者出口之日起，解除海关监管，海关不对退运出境或者出口的“零关税”自用生产设备补征相关税款。

第十二条 除特殊情形外，企业申请办理“零关税”自用生产设备转让、贷款抵押等手续的，主管海关应自受理申请之日起 10 个工作日内做出是否同意的决定。

第十三条 海关依照《中华人民共和

国海关法》和《中华人民共和国海关稽查条例》等相关规定，对进口和使用“零关税”自用生产设备的相关企业实施稽（核）查。

第十四条 企业违反《通知》相关规定以及将“零关税”自用生产设备移作他用的，应按规定补缴相关进口税款。补税的完税价格以“零关税”自用生产设备原进口时的完税价格为基础，按照需要补缴税款的时间与监管年限的比例进行折算，其计算公式如下：

补税的完税价格＝“零关税”自用生产设备原进口时的完税价格×［需要补缴税款的时间/（监管年限×365）］

上述计算公式中需要补缴税款的时间为企业违反《通知》相关规定以及将“零关税”自用生产设备移作他用的实际时间，按日计算，每日实际使用不满8小时或者超过8小时的均按1日计算。

第十五条 违反本办法规定，构成走私行为或者违反海关监管规定行为的，由海关依照《中华人民共和国海关法》和《中华人民共和国海关行政处罚实施条例》的有关规定予以处理；构成犯罪的，依法追究刑事责任。

第十六条 本办法由海关总署负责解释。

第十七条 本办法自公布之日起施行。

财政部　海关总署　税务总局关于中国国际消费品博览会展期内销售的进口展品税收优惠政策的通知

财关税〔2021〕32号

海南省财政厅，海口海关，国家税务总局海南省税务局，海南国际经济发展局：

为贯彻落实《海南自由贸易港建设总体方案》，经国务院同意，现将中国国际消费品博览会（以下称消博会）展期内销售的进口展品税收政策通知如下：

一、全岛封关运作前，对消博会展期内销售的规定上限以内的进口展品免征进口关税、进口环节增值税和消费税。每个展商享受税收优惠政策的展品销售上限按附件规定执行。享受税收优惠政策的展品不包括国家禁止进口商品、濒危动植物及其产品、烟、酒和汽车。

二、对展期内销售的超出附件规定数量或金额上限的展品，以及展期内未销售且在展期结束后又不退运出境的展品，按照国家有关规定照章征税。

三、参展企业名单及展期内销售的展品清单，由海南国际经济发展局或其指定单位向海口海关统一报送。

四、本通知自印发之日起执行。

附件：中国国际消费品博览会享受税收优惠政策的进口展品清单

财政部　海关总署　税务总局
2021年4月26日

附件

中国国际消费品博览会享受税收优惠政策的进口展品清单

序号	展品类别	每个展商享受税收优惠政策的数量或金额上限
1	家具	50 件
2	服装及衣着附件	30 件
3	皮革制品、毛皮制品、人造毛皮制品	30 件
4	旅行用品、手提包及类似容器	30 件
5	光学、照相、电影仪器及设备	10 件，且单件价格不得超过 1 万美元
6	天然或养殖珍珠、宝石或半宝石、贵金属、包贵金属及其制品	5 件，且单件价格不得超过 1 万美元
7	手表、怀表及其他表	5 件，且单件价格不得超过 1 万美元
8	除上述类别外的其他展品	2 万美元

注：上述各类别展品不包括国家禁止进口商品、濒危动植物及其产品、烟、酒和汽车。

海关对洋浦保税港区加工增值货物内销税收征管暂行办法

署税函〔2021〕131 号

第一条 为贯彻落实《海南自由贸易港建设总体方案》，充分发挥洋浦保税港区先行先试作用，根据《中华人民共和国海关法》《中华人民共和国海关对洋浦保税港区监管办法》和其他有关规定，经国务院同意，制定本办法。

第二条 本办法所称鼓励类产业企业，是指以海南自由贸易港鼓励类产业目录中规定的产业项目为主营业务，且主营业务收入占企业收入总额 60% 以上的企业。鼓励类产业企业应当在洋浦保税港区登记注册，具有独立法人资格，并经洋浦经济开发区管委会备案（以下对经备案的鼓励类产业企业统称为“备案企业”）。

本办法所称进口料件，是指自境外入区的未办理进口纳税手续的货物。

本办法所称加工增值超过 30%，是指备案企业在洋浦保税港区对含有进口料件的货物进行制造、加工后的增值部分，超过进口料件和境内区外采购料件价值合计的 30%（含 30%，下同）。

第三条 海南省建立的洋浦公共信息服务平台应当满足鼓励类产业企业备案和加工增值相关业务办理等要求。洋浦公共信息服务平台实施“一企一户”管理制度。备案企业应当按照海关认可的方式及数据标准与该平台联网，报送的信息和数据应当真实、准确、有效且可追溯，符合海关税收征管和后续监管要求。海关通过洋浦公共信息服务平台与洋浦经济开发区管委会及海南省相关部门共享企业备案以及海关税收征管和后续监管所需的相关信息。

第四条 对洋浦保税港区鼓励类产业企业生产的含有进口料件且加工增值超过 30%的货物，出区内销的，免征进口关税，照章征收进口环节增值税、消费税。

对洋浦保税港区鼓励类产业企业生产的含有进口料件但加工增值小于30%的货物，出区内销的，享受现行综合保税区内销选择性征收关税政策，可以申请按其对应进口料件或按实际报验状态（成品）征收关税，照章征收进口环节增值税、消费税。

第五条 加工增值超过30%的计算公式为：［（货物出区内销价格-Σ境外进口料件价格-Σ境内区外采购料件价格）/（Σ境外进口料件价格+Σ境内区外采购料件价格）］×100%≥30%。计算公式中有关价格的确定，参照《海关审定内销保税货物完税价格办法》（海关总署令第211号）和《海关审定进出口货物完税价格办法》（海关总署令第213号）相关规定执行。其中：

（一）货物出区内销价格，以备案企业向境内区外销售含有进口料件的制造、加工所得货物时的成交价格为基础确定；

（二）境外进口料件价格，以备案企业自境外进口该料件的成交价格为基础确定，并且应包括该料件运抵境内输入地点起卸前的运输及其相关费用、保险费；

（三）境内区外采购料件价格，以备案企业自境内区外采购该料件的成交价格为基础确定，并且应包含该料件运至洋浦保税港区的运输及其相关费用、保险费。

第六条 备案企业申请享受加工增值货物内销免征进口关税的，应当准确核算、如实申报出区内销货物的加工增值情况，对自主核报数据情况负责，并承担相应的法律责任。备案企业应当在有关货物出区内销前，按规定向海关办理加工增值申报手续。加工增值超过30%的，海关系统自动生成该加工增值货物内销免征进口关税确认编号，由备案企业将该编号告知境内区外进口企业。

境内区外进口企业凭加工增值货物内销免征进口关税确认编号，按规定向海关办理进口申报手续，自行缴纳相关税款。报关单征免性质栏填写“加工增值货物”，备案号栏填写该货物对应的免征进口关税确认编号。

第七条 在洋浦保税港区内深加工结转总体增值超过30%的货物内销适用该政策。

第八条 海关根据风险分析对企业申报的加工增值比例和价格、归类、原产地等涉税要素进行抽查审核。

第九条 海关依法对企业开展稽（核）查。

第十条 加工增值超过30%的货物出区内销时，有下列情形之一的，不享受免征进口关税：

（1）境外进口料件属于实行关税配额管理商品的；

（2）仅经过掺混、更换包装、分拆、组合包装、削尖、简单研磨或简单切割等一种或多种微小加工或者处理的；

（3）其他按有关规定应当征收进口关税的。

第十一条　对备案企业在洋浦保税港区生产的不含有进口料件的货物，出区内销的，免征进口关税，照章征收进口环节增值税、消费税，其海关税收征管事项适用本办法相关规定。

第十二条　违反本办法规定，构成走私行为或者违反海关监管规定的行为，以及法律、法规规定由海关实施行政处罚的行为，由海关依照相关法律、法规的规定处罚；构成犯罪的，依法追究刑事责任。

第十三条　本办法由海关总署负责解释。

第十四条　本办法与洋浦公共信息服务平台及海口海关信息化系统上线同步实施，至 2024 年 12 月 31 日废止。

财政部　海关总署　税务总局　民航局
关于海南自由贸易港进出岛航班
加注保税航油政策的通知

财关税〔2021〕34 号

海南省财政厅、海口海关、国家税务总局海南省税务局、民航中南地区管理局：

为贯彻落实《海南自由贸易港建设总体方案》，现将海南自由贸易港进出岛航班加注保税航油政策通知如下：

一、全岛封关运作前，允许进出海南岛国内航线航班在岛内国家正式对外开放航空口岸加注保税航油，对其加注的保税航油免征关税、增值税和消费税，自愿缴纳进口环节增值税的，可在报关时提出。

二、本通知第一条所称进出海南岛国内航线航班，是指经民航主管部门批准的进出海南岛的境内飞行活动。

三、保税油经营企业凭民航主管部门批准的飞行计划办理加注，根据航班飞行动态及加注相关材料，据实办理海关手续，同时将加注信息报送税务部门。

四、进出海南岛的国际、港澳台航班加注保税航油，按现行相关规定办理。其中，境内航空公司进出海南岛的国际、港澳台航班加注保税航油的税收政策，可参照本通知第一条规定执行。

五、本通知自公布之日起实施。

财政部　海关总署
税务总局　民航局
2021 年 7 月 8 日

财政部　海关总署　税务总局
关于调整海南自由贸易港原辅料
“零关税”政策的通知

财关税〔2021〕49 号

海南省财政厅，海口海关，国家税务总局海南省税务局：

为进一步释放政策效应，支持海南自由贸易港建设，现将海南自由贸易港原辅料“零关税”政策调整事项通知如下：

一、增加鲜木薯、氯乙烯、航空发动

机零件等 187 项商品至海南自由贸易港“零关税”原辅料清单，具体范围见附件。原辅料“零关税”政策其他内容继续执行《财政部 海关总署 税务总局关于海南自由贸易港原辅料“零关税”政策的通知》（财关税〔2020〕42 号）的有关规定。

二、海南省相关部门应结合海南自由贸易港发展定位和生态环境保护要求，充分评估产业实际需要，引导企业合理使用“零关税”原辅料。

三、本通知自公布之日起实施。

财政部　海关总署　税务总局

2021 年 12 月 21 日

附件

海南自由贸易港原辅料“零关税”政策增补清单

序号	税则号列	商品名称
1	07141010	鲜木薯
2	08043000	鲜或干菠萝
3	08106000	鲜榴莲
4	08119090	其他冷冻水果及坚果
5	18010000	整颗或破碎的可可豆，生的或焙炒的
6	18050000	未加糖或其他甜物质的可可粉
7	20079990	其他烹煮的果酱、果冻、果泥、果膏
8	20081130	花生酱
9	20098912	芒果汁
10	20099010	混合水果汁
11	21011200	以咖啡浓缩精汁或咖啡为基本成分的制品
12	21069040	椰子汁
13	25010019	其他盐
14	25070010	高岭土
15	25199091	化学纯氧化镁
16	25262020	已破碎或已研粉的天然滑石
17	25309099	其他矿产品
18	27081000	焦油制沥青
19	27111400	液化的乙烯、丙烯、丁烯及丁二烯
20	28111990	其他无机酸
21	28151200	氢氧化钠水溶液及液体烧碱
22	28164000	锶或钡的氧化物、氢氧化物及过氧化物

续表1

序号	税则号列	商品名称
23	28500012	氮化硼
24	29012200	丙烯
25	29012410	1,3-丁二烯
26	29024400	混合二甲苯异构体
27	29032100	氯乙烯
28	29101000	环氧乙烷（氧化乙烯）
29	29102000	甲基环氧乙烷（氧化丙烯）
30	29152119	其他冰乙酸（冰醋酸）
31	29161100	丙烯酸及其盐
32	29161210	丙烯酸甲酯
33	29161220	丙烯酸乙酯
34	29161230	丙烯酸丁酯
35	29161240	丙烯酸异辛酯
36	29161300	甲基丙烯酸及其盐
37	29161400	甲基丙烯酸酯
38	29163990	其他芳香一元羧酸及其衍生物
39	29171200	己二酸及其盐和酯
40	29173700	对苯二甲酸二甲酯
41	29189900	其他含其他附加含氧基羧酸及其酸酐等衍生物
42	29212210	己二酸己二胺盐（尼龙-66 盐）
43	29224919	其他氨基酸
44	29224999	其他氨基酸及其酯及它们的盐
45	29291010	2,4 和 2,6 甲苯二异氰酸酯混合物（甲苯二异氰酸酯 TDI）
46	29291030	二苯基甲烷二异氰酸酯（纯 MDI）
47	29299090	其他含氮基化合物
48	29319000	其他有机—无机化合物
49	29333990	其他结构上有非稠合吡啶环化合物（不论是否氢化）
50	29334900	其他含喹啉或异喹啉环系的化合物（但未经进一步稠合）
51	29335990	其他结构上有嘧啶环或哌嗪环的化合物（不论是否氢化）
52	29339900	其他仅含氮杂原子的杂环化合物
53	29362900	其他未混合的维生素及其衍生物
54	29413020	四环素衍生物
55	29419058	头孢克罗及其盐
56	29419090	其他抗菌素
57	30029030	细菌及病毒

续表2

序号	税则号列	商品名称
58	30029040	遗传物质和基因修饰生物体
59	32042000	用作荧光增白剂的有机合成产品
60	32049010	生物染色剂及染料指示剂
61	32061110	钛白粉
62	32082010	分散或溶于非水介质的丙烯酸聚合物油漆及清漆
63	32082020	分散或溶于非水介质的乙烯聚合物油漆及清漆
64	32091000	丙烯酸或乙烯聚合物油漆及清漆，溶于水介质
65	34059000	玻璃或金属用的光洁剂
66	35069120	以环氧树脂为基本成分的粘合剂
67	38099200	造纸等工业用的其他整理剂、助剂等制剂
68	38122000	橡胶或塑料用复合增塑剂
69	38151200	以贵金属及其化合物为活性物的载体催化剂
70	38151900	其他载体催化剂
71	38170000	混合烷基苯和混合烷基萘
72	38220010	附于衬背上的诊断或实验用试剂
73	38220090	未附于衬背上的诊断或实验用试剂；有证标准样品
74	38248100	含环氧乙烷的混合物及制品
75	38249999	其他税目未列名的化学工业及其相关工业的化学产品及配制品
76	39011000	初级形状比重<0.94 的聚乙烯
77	39012000	初级形状比重≥0.94 的聚乙烯
78	39013000	初级形状乙烯—乙酸乙烯酯共聚物
79	39014010	乙烯—丙烯共聚物（乙丙橡胶）
80	39019010	初级形状的乙烯丙烯共聚物（乙丙橡胶）
81	39021000	初级形状的聚丙烯
82	39023010	初级形状的乙烯丙烯共聚物（丙烯单体含量大于乙烯单体）
83	39032000	初级形状苯乙烯-丙烯腈共聚物
84	39042200	初级形状已塑化的聚氯乙烯
85	39043000	氯乙烯—乙酸乙烯酯共聚物
86	39061000	初级形状的聚甲基丙烯酸甲酯
87	39069010	聚丙烯酰胺
88	39069090	其他初级形状的丙烯酸聚合物
89	39077000	聚乳酸
90	39079910	聚对苯二甲酸丁二酯
91	39079991	聚对苯二甲酸—己二酸—丁二醇酯
92	39079999	其他聚酯

续表3

序号	税则号列	商品名称
93	39095000	初级形状的聚氨基甲酸酯
94	39100000	初级形状的聚硅氧烷
95	39123100	初级形状的羧甲基纤维素及其盐
96	39123900	初级形状的其他纤维素醚
97	39129000	初级形状的其他未列名的纤维素（包括化学衍生物）
98	39161000	乙烯聚合物制的单丝、条、杆、型材及异型材
99	39172100	乙烯聚合物制的硬管
100	39172200	丙烯聚合物制的硬管
101	39191010	丙烯酸树脂为基本成份的成卷胶粘板片条等，宽度≤20cm
102	39201010	乙烯聚合物制电池隔膜
103	39201090	其他乙烯聚合物制板、片、膜、箔等
104	39202010	丙烯聚合物制电池隔膜
105	39203000	苯乙烯聚合物非泡沫塑料板、片、膜、箔等
106	39204300	增塑剂含量不小于6%的聚氯乙烯板、片、膜、箔及扁条
107	39205100	聚甲基丙烯酸甲酯板片膜箔及扁条
108	39206200	聚对苯二甲酸乙二酯板片膜箔扁条
109	39207900	纤维素衍生物制板、片、膜箔及扁条
110	39211100	苯乙烯聚合物泡沫塑料板、片、膜、箔、扁条
111	39219020	嵌有玻璃纤维的聚乙烯板、片
112	39219090	未列名塑料板、片、膜、箔及扁条
113	39232100	乙烯聚合物制袋及包
114	39233000	塑料制坛，瓶及类似品
115	39269090	其他塑料制品
116	40021110	羧基丁苯橡胶胶乳
117	40159090	其他硫化橡胶制衣着用品及附件
118	43021990	已鞣未缝制的其他毛皮
119	47031100	溶解级除外的未漂白针叶木碱木浆或硫酸盐木浆
120	47032100	溶解级除外的半漂白或漂白针叶木碱木浆或硫酸盐木浆
121	47032900	溶解级除外的半漂白或漂白非针叶木碱木浆或硫酸盐木浆
122	47050000	用机械与化学联合制浆法制得的木浆
123	47069200	其他纤维状纤维素化学浆
124	48042900	成卷或成张的未经涂布的漂白的袋用牛皮纸（税目4802或4803的货品除外）
125	48059300	每平方米重量225克及以上的成卷或成张的其他未经涂布的纸及纸板
126	50010010	桑蚕茧
127	50020012	土丝

续表4

序号	税则号列	商品名称
128	54023400	非零售用聚丙烯变形纱线
129	54024800	其他聚丙烯纱线，未加捻或捻度每米不超过 50 转
130	54025300	非零售用聚丙烯加捻单纱，捻度每米超过 50 转
131	54026300	非零售用聚丙烯多股纱线
132	54034200	非零售醋酸长丝多股纱线或缆线
133	54041200	细度≥67 分特、≤1mm 的的聚丙烯单丝
134	54079100	未漂或漂白的其他混纺合成纤维长丝布
135	55014000	聚丙烯长丝丝束
136	55032000	未梳的聚酯合成纤维短纤
137	55034000	未梳的聚丙烯合成纤维短纤
138	55041029	其他木制未梳的粘胶纤维短纤
139	55064000	聚丙烯制已梳的纤维短纤
140	56031310	70g<每平方米≤150g 浸渍化纤长丝无纺织物
141	56039190	每平方米≤25g 的其他无纺织物
142	56039290	25g<每平方米≤70g 其他无纺织物
143	59069100	用橡胶处理的针织或钩编的纺织物
144	63053300	聚乙烯或聚丙烯扁条制其他货物包装袋
145	64061000	鞋面及其零件，硬衬除外
146	68159920	碳纤维
147	68159931	碳布
148	68159932	碳纤维预浸料
149	69039000	其他耐火陶瓷制品
150	70109090	容积不超过 0.15 升装运货物或保藏用的玻璃特小容器
151	70179000	其他实验室、卫生及配药用玻璃器
152	70200019	其他工业用玻璃制品
153	71012210	未分级、已加工的养殖珍珠
154	71049011	其他工业用合成或再造的钻石
155	71051020	人工合成的钻石粉末
156	72221100	热加工的圆形截面不锈钢条、杆
157	72222000	冷成形或冷加工的不锈钢条、杆
158	72283090	其他条、杆，除热轧、热拉拔或热挤压外未经进一步加工
159	73182900	其他无螺纹紧固件
160	73269090	其他非工业用钢铁制品
161	81052020	未锻轧钴
162	81089010	钛条、杆、型材及异型材

续表5

序号	税则号列	商品名称
163	81089090	其他钛及钛制品
164	81130090	其他金属陶瓷及其制品，包括废碎料
165	82072090	其他金属拉拔或挤压用模
166	82090021	晶粒度小于0.8微米的金属陶瓷条、杆
167	82090029	其他未装配的工具用金属陶瓷条、杆
168	82090090	其他未装配的工具用金属陶瓷类似品
169	84091000	航空发动机零件
170	84111210	推力>25千牛顿的涡轮风扇发动机
171	84119100	涡轮喷气发动机或涡轮螺桨发动机零件
172	84136021	电动式齿轮回转泵
173	84148090	其他气体压缩机及通风罩
174	84195000	热交换装置
175	84213990	其他气体的过滤、净化机器及装置
176	84821090	其他滚珠轴承
177	84834090	其他齿轮及齿轮传动装置
178	85111000	火花塞
179	85114010	机车、航空器及船舶用启动电机及两用启动发电机
180	85234920	用于重放声音、图像以外信息的计算机用已录制光学媒体
181	85389000	税目85.35至85.37所列装置的其他零件
182	85414020	太阳能电池
183	90262090	其他测量、检验压力的仪器及装置
184	90328990	其他自动调节或控制仪器及装置
185	90329000	税目9032所列仪器及装置的零件、附件
186	94019090	其他用途坐具的零件
187	96071100	装有贱金属齿的拉链

注：

1. 税则号列为《中华人民共和国进出口税则（2021）》的税则号列。

2. 商品名称仅供参考，具体商品范围以《中华人民共和国进出口税则（2021）》中的税则号列对应的商品范围为准。

3. 零部件指清单第159项、160项、163项，以及第169~181项和第183~186项商品。

中华人民共和国海关总署公告

（2021 年第 120 号）

为进一步落实《海南自由贸易港建设总体方案》要求，支持海南深入推进中国特色自由贸易港建设，海关总署决定将洋浦保税港区监管办法和统计办法等制度扩大适用到海口综合保税区和海口空港综合保税区。现将有关事项公告如下：

海关总署公告 2020 年第 73 号（关于发布〈中华人民共和国海关对洋浦保税港区监管办法〉的公告）、海关总署公告 2020 年第 109 号（关于洋浦保税港区统计办法的公告）等公告适用海口综合保税区和海口空港综合保税区。上述公告如有修订，同步适用。

特此公告。

海关总署

2021 年 12 月 30 日

中华人民共和国海口海关公告

（2021 年第 2 号）

为贯彻落实《海南自由贸易港建设总体方案》要求，充分发挥洋浦保税港区先行先试作用，根据《海关总署关于印发〈海关对洋浦保税港区加工增值货物内销税收征管暂行办法〉的通知》（署税函〔2021〕131 号）等，特制定《洋浦保税港区加工增值货物内销税收征管海关实施暂行办法》（见附件），现予发布。

特此公告。

附件：洋浦保税港区加工增值货物内销税收征管海关实施暂行办法

海口海关

2021 年 7 月 13 日

附件

洋浦保税港区加工增值货物内销税收征管海关实施暂行办法

第一条 为贯彻落实《海南自由贸易港建设总体方案》，充分发挥洋浦保税港区先行先试作用，规范海关对洋浦保税港区加工增值货物内销税收征管实施管理，根据《中华人民共和国海关法》《中华人民共和国海关对洋浦保税港区监管办法》《海关对洋浦保税港区加工增值货物内销税收征管暂行办法》（署税函〔2021〕131 号）等法律法规规章规定，制定本办法。

第二条 全岛封关运作前，海关对鼓励类产业企业生产的不含进口料件或含进口料件在洋浦保税港区加工增值超过 30%（含 30%，下同）的货物，经洋浦保税港区进入境内区外的，免征进口关税，照章征收进口环节增值税、消费税（以下简称“加工增值免征关税政策”），其实施管理适用本办法。

第三条 享受加工增值免征关税政策的鼓励类产业企业，应当符合以下条件：

（一）在洋浦保税港区内登记注册并具有独立法人资格；

（二）以海南自由贸易港鼓励类产业目录中规定的产业项目为主营业务，且主营业务收入占企业收入总额60%以上（含60%）；

（三）经洋浦经济开发区管委会备案；

（四）按照海关认可的方式及数据标准将企业生产数据与“洋浦公共信息服务平台”（以下简称“洋浦公服平台”）联网，报送的信息和数据应当真实、准确、有效且可追溯，符合海关税收征管和后续监管要求。

第四条 洋浦经济开发区管委会对洋浦保税港区鼓励类产业企业进行备案，实施“一企一户”管理制度。备案信息包括企业信息，企业主营业务归属于鼓励类产业目录中的具体条目、产品名称以及描述（如主要料件、加工工艺概述等）。备案信息通过中国（海南）国际贸易“单一窗口”的洋浦公服平台推送至海关。

第五条 含进口料件享受加工增值免征关税政策的内销货物，加工增值应超过30%（含）。具体计算公式（以下简称公式）为：［（货物出区内销价格−Σ境外进口料件价格−Σ境内区外采购料件价格）/（Σ境外进口料件价格+Σ境内区外采购料件价格）］×100%≥30%。计算公式中有关价格的确定，参照《海关审定内销保税货物完税价格办法》（海关总署令第211号）和《海关审定进出口货物完税价格办法》（海关总署令第213号）相关规定执行。其中：

（一）货物出区内销价格，以备案企业向境内区外销售含有进口料件的制造、加工所得货物时的成交价格为基础确定；

（二）境外进口料件价格，以备案企业自境外进口该料件的成交价格为基础确定，且应包含该料件运抵境内输入地点起卸前的运输及相关费用、保险费；

（三）境内区外采购料件价格，以自境内区外采购该料件的成交价格为基础确定，并且应包含该料件运至洋浦保税港区的运输及相关费用、保险费。

（四）在洋浦保税港区内深加工结转总体增值超过30%（含）的货物内销适用该政策。

计算公式中，境外进口料件价格为区内各加工企业投入境外进口料件价格之和；境内区外采购料件价格为区内各加工企业投入境内区外采购料件之和。

区内加工企业应是经洋浦经济开发区管委会备案的洋浦保税港区的鼓励类产业企业。

第六条 含进口料件加工增值超过30%（含）的货物出区内销时，有下列情形之一的，不享受免征进口关税：

（一）境外进口料件属于实行关税配额管理商品的；

（二）仅经过掺混、更换包装、分拆、组合包装、削尖、简单研磨或简单切割等一种或多种微小加工或处理的；

（三）其他按有关规定应当征收进口关税的。

第七条 不含进口料件加工后经洋浦保税港区销往境内区外的货物，无需满足加工增值超过30%（含）的条件，即可享受加工增值免征关税政策。

第八条 符合加工增值免征关税政策条件企业相关成品内销时，区内企业应登陆国际贸易“单一窗口”的“海南特色应用”模块向洋浦保税港区公共信息服务平台的“海关监管辅助系统”（以下简称“海关监管辅助系统”）发起加工增值货物内销免征进口关税备案申请。

企业申请享受加工增值货物免征进口关税的，应当准确核算，如实申报出区内销货物价格和按单耗比例计算的进口料件价格、境内区外采购料件价格。

第九条 海关监管辅助系统接收备案申请后，通过逻辑检控企业提交数据，判定是否满足加工增值条件。对符合条件的备案申请，系统自动生成该加工增值货物内销免征进口关税确认编号（以下简称“确认编号”），并将备案编号反馈国际贸易“单一窗口”企业端；对不符合条件的备案申请，系统将备案申请退回国际贸易“单一窗口”企业端，同时反馈判定回执。

对出区内销价格、境外进口料件价格、境内区外采购料件价格均未发生变化的同一备案企业的不同合同、批次加工增值货物，确认编号可重复使用；上述三项要素中任意一项发生变化的，则需重新申请确认编号。

第十条 对含有进口料件且加工增值超过30%（含）的货物，出区内销的，境内区外进口企业凭确认编号，通过国际贸易“单一窗口”办理内销货物出区进口申报手续，进口报关单应按以下要求填制，并按货物实际报验状态申报

“申报地海关”填报“洋浦港海关（代码为6408）”；

“进境关别”填报“洋浦港海关（代码为6408）”；

关联备案号填写为：加工增值货物内销免征进口关税确认编号，确认编号规则为：A+4位关区代码+年份后2位+5位流水号（包含数字、字母）；

征免性质填写为：496（“含进口料件加工增值货物”）；

监管方式填写为：“一般贸易”（代码：0110）；

征减免税方式填写为：“特案”（代码：4）；

其他项目填制规范及进口监管要求，按现行相关规定办理。

第十一条 对含有进口料件但加工增值小于30%的货物出区内销的，享受现行综合保税区内销选择性征收关税政策，企业可申请按其对应进口料件或实际报验状态征收关税，进口环节增值税、消费税照

章征收。选择以进口料件征收关税的，应一并补征关税税款缓税利息，其对应进口料件符合海关总署相关原产地规定的，可申请享受协定税率或特惠税率。相关申报要求及监管要求按现行规定执行。

第十二条 对经洋浦经济开发区管委会备案的鼓励类产业企业在洋浦保税港区内生产的不含进口料件的货物，出区内销的：

企业以实际报验状态申报出区的，免征进口关税，照章征收进口环节增值税、消费税。境内区外企业通过国际贸易“单一窗口”办理内销货物出区进口申报手续，进口报关单应按以下要求填制：

“申报地海关”填报“洋浦港海关（代码为6408）”；

“进境关别”填报“洋浦港海关（代码为6408）”；

关联备案号填写为：加工增值货物内销免征进口关税确认编号，确认编号规则为：B+4位关区代码+年份后2位+5位流水号（包含数字、字母）；

征免性质填写为：497（“不含进口料件加工增值货物”）；

监管方式填写为：“一般贸易”（代码：0110）；

征减免税方式填写为：“特案”（代码：4）。

其他项目填制规范及进口监管要求，按现行相关规定办理。

第十三条 内销货物进口环节涉及税收征管其他事项的，按现行规定办理。

第十四条 企业应当妥善保存生产及料件耗用数据，并将相关数据完整、真实对接到洋浦公服平台。海关将根据风险分析对企业申报的加工增值比例和价格、归类、原产地等涉税要素开展稽核查。

第十五条 构成走私行为或者违反海关监管规定行为的，由海关依照《中华人民共和国海关法》《中华人民共和国行政处罚法》和《中华人民共和国海关行政处罚实施条例》的有关规定予以处理；构成犯罪的，依法追究刑事责任。

第十六条 本办法由海口海关负责解释。

第十七条 本办法与洋浦公共信息服务平台及海口海关信息化系统上线同步实施，至2024年12月31日废止。

二、其他政策法规

中华人民共和国海口海关公告

（2021年第1号）

根据海关涉案财物拍卖工作需要，我关现采用公告方式，邀请符合条件的拍卖企业参与评选进入我关“拍卖企业”备选库。具体事项如下：

一、拍卖企业资质要求

（一）企业营业执照；

（二）拍卖经营批准证书；

（三）拍卖人的评级证书；

（四）拍卖人授权办理海关业务人员的拍卖资格证书。

二、企业选定程序

（一）资料递交。

有意向进入我关“拍卖企业”备选库的企业，请于公告发布之日起至2021年6月30日16：30前，将公司资质证明材料、企业营业执照副本、近三年业绩情况、经办人的法人授权委托书、经办人身份证原件及复印件送达我关。

联系地址：海口市海秀西路9号海口海关海秀办公区11楼A1，114房。

联系人：邓先生、万先生

联系电话：0898-68516382、68516387

（二）资格审查。

审查内容主要包括递交资料完整性、企业资质、企业工作业绩等。

（三）实地考察核实。

对通过资格审查的的拍卖企业，我关组织工作人员逐一对其进行实地考察，重点考察公司近三年工作业绩、与海关合作情况、工作场所等。

（四）确定备选库。

参考行业协会依据国家标准评定的拍卖企业资质等级，结合实地考察核实情况，在综合评价后选定5—10家企业入选我关“拍卖企业”备选库。

三、工作模式

我关在涉案财物进行拍卖前，向“拍卖企业”备选库的公司发出涉案财物拍卖邀请书，通过公开摇珠或竞价方式选定一家拍卖企业，在签订协议后开展涉案财物拍卖工作。

特此公告。

海口海关

2021年6月21日

中华人民共和国海口海关公告

（2021年第3号）

根据《海关总署关于废止用于新型冠状病毒感染的肺炎疫情进口捐赠物资通关手续办理有关规定的公告》（海关总署公告2021年第57号），海口海关决定废止2020年第2号公告（关于对用于新型冠状病毒肺炎疫情防控和治疗的进口捐赠物资提供通关便利有关事项的公告）。相关工作可按照现行有关规定办理。

特此公告。

海口海关

2021年8月10日

中华人民共和国海口海关公告

（2021年第4号）

为进一步规范和完善进出境交通工具及口岸场所新冠肺炎疫情防控消毒处理，自2021年8月22日起，海南口岸新冠肺炎疫情防控口岸消毒处理工作已全面由社会化消毒处理单位实施。为进一步做好监督管理工作，现将有关事宜公告如下：

一、根据《中华人民共和国国境卫生检疫法》及其实施细则、《中华人民共和国进出境动植物检疫法》及其实施条例、《中华人民共和国食品安全法》及其实施条例等法律法规及海关总署相关规定，制定本公告。

二、进出境运输企业及其代理人、机场、港口等运营主体依法承担相应的进出境运输工具、货物、场所等消毒处理主体责任。海关依法加强监督管理，落实管理责任。

三、消毒处理单位应当就消毒处理质量、安全生产、人员管理及环境保护和生态安全，承担相应的法律责任。消毒处理单位应当始终做好规范管理，选用符合技术要求的消毒处理人员，并严格按照规定和要求实施消毒处理，确保消毒处理质量、生产安全及环境保护和生态安全符合要求，并且严格落实属地联防联控机制的人员管理、核酸检测和新冠肺炎疫苗接种要求。

四、消毒处理单位应当根据终末消毒要求制定相应的消毒处理方案，明确消毒处理人员配置、药剂浓度、处理器械、防护规范及封闭作用时间等内容。终末消毒要求有更新的，按最新规定执行。

五、消毒处理单位应当严格按照消毒处理方案实施消毒处理，并且选用符合要求的药品。如果发现消毒处理、防护措施不规范、安全措施不到位等情况，消毒处理单位应当立即整改。如果发现消毒处理技术指标不符合相关要求的情况，消毒处理单位应当按要求采取补救措施或者重新实施处理。消毒处理完毕，消毒处理单位应当准确填写消毒处理结果报告单。废弃物应当严格按照相关规定做好处置。

六、消毒处理单位应当严格落实海关总署、国家卫生健康委和海南省新型冠状病毒肺炎疫情防控工作指挥部规定要求，从严就高做好消毒处理单位相关人员安全防护工作。

七、消毒处理单位应当开展消毒处理效果及环境和生态安全评价，保证消毒处理效果，保护环境和生态安全，并承担相应法律责任。

八、消毒处理单位应当妥善保存消毒处理工作记录、消毒处理结果报告单、消毒处理方案及效果评价等相关资料，保存期限为 3 年。

九、消毒处理单位违反有关要求的，按照规定进行处置；存在违法行为的，依照相关法律法规规定处理。

本公告自公布之日起实施。

特此公告。

海口海关

2021 年 8 月 23 日

2021 年海口海关优化口岸营商环境提升跨境贸易便利化措施

为持续打造法治化、国际化、便利化营商环境，贯彻落实国务院《优化营商环境条例》，按照海南省委省政府关于创一流营商环境的决策部署，对标海关总署在北京、天津、上海等地口岸开展的“促进跨境贸易便利化专项行动”，结合海南自贸港建设及海口关区实际，特制定本措施。

一、进一步压缩进出口环节单证合规时间

（一）优化监管证件核查。落实总署关于加快监管证件联网核查的有关部署，做好涉及直属海关系统参数的及时维护，配合省有关部门推动进出口环节涉及的监管证件通过国际贸易“单一窗口”一口受理和自主打印。

（二）精简监管证件和随附单证。认真落实国家简化进出口环节监管证件；继续推广做好精简随附单证工作，进口申报环节无需提交合同、装箱清单、载货清单（舱单）等，出口申报环节无需提交合同、发票、装箱清单、载货清单（舱单）等，海关审核时如需要再提交。

（三）优化原产地签证服务。推行原产地证书智能审核、无纸申报、自助打印、信用签证等一系列便利化手段，全面实现证书申领全程“零跑腿”。

（四）推进海关出具证书电子化应用。提升电子版《入境货物检验检疫证明》申领比例，根据总署部署，推进电子版《入境货物检验检疫证明》的跨部门合作和信息共享。（责任部门：法综处，配合单位：各隶属海关）

二、进一步压缩进出口环节边境合规时间

（五）推广应用预裁定制度。及时受理企业归类、审价、原产地预裁定申请服务，将归类、审价、原产地疑难问题在通关前解决。

（六）优化口岸通关模式。尊重市场需求及企业意愿，深化推广“提前申报”“两步申报”“两段准入”等通关改革，为企业提供更多可选择的通关模式。

（七）持续开展进口货物“船边直提”和出口货物“抵港直装”作业模式试点。在确保生产安全、严密监管的前提下，根据企业意愿，确保符合作业条件的货物进行“船边直提”和“抵港直装”作业，便利有需求的企业快速提离货物，压缩货物在港堆存时间，加快通关物流速度。

（八）做好报关单运行数据监控工作。建立报关单“日清”“预警监测”机制。对当日申报、具备放行条件的报关单当日完成放行手续（责任单位：各隶属海关）。加大对通关运行情况的实时监控分析，及时发现和解决各现场的有关问题加强对关区口岸通关时效的监测分析，定期通报各口岸整体通关情况

（九）推进税款支付便利化。推广自报自缴、汇总征税和电子支付政策覆盖面，加快通关速度，提升通关效率。

（十）持续实施进出口食品商品通关便利措施。及时评估政策效果，持续实施出口水产品“边检边放”、对办理检疫审批符合要求的进口食品，依职权实行“即报即批”便利化措施，促进优质食品走出去引进来。持续实施进口原油、部分矿产品“先放后检”、进口大宗资源性产品重量鉴定“依企业申请”、出口成品油“即检即放”快捷通关模式。

（十一）优化海关查验作业模式。大力推广机检集中审像作业模式，扩大智能审图的作业覆盖范围，提高非侵入式检查比例，继续推广疫情期间收发货人免于到场查验方式，除有针对性的风险外，人工将进一步减少对高级认证企业（AEO）的布控查验。

三、进一步提升企业获得感

（十二）优化对企业的“容错机制”。对非主观原因造成的申报差错和企业主动披露的违规行为，统一认定标准，实施快速处置。

（十三）简化报关差错记录复核程序。对因“提前申报”“两步申报”修改进出口日期，由于装运、配载等原因造成货物变更运输工具，或其他非由企业主观故意引起且企业主动向海关报明并能够及时纠正的违规行为，不予记录申报差错。符合上述条件的差错申报行为，可自报关差错记录之日起15个工作日内通过在线申请复核，无需现场提交纸质材料。

（十四）持续深化“放管服”改革。根据海关总署部署，继续精简行政审批事项，推进政务服务事项线上办理，进一步便利企业办事（责任部门：法综处，配合单位：各隶属海关）；统筹开展各业务领域抽查事项，推进全链条监管“选、查、处”分离，配合做好“双随机、一公开”市场监管领域海关联合检查工作，提升“双随机”监管效能。

（十五）进一步完善“企业问题清零”工作机制。发挥官网业务咨询、12360热线电话、海口海关12360微信公众号、关企联络员等作用，做好咨询服务和相关政策解读，及时回应企业困难诉求，切实提升企业获得感。

海口海关出台9条便利措施保证首届中国国际消费品博览会顺利举办

一、提前对接服务参展企业

1. 主动对接了解参展企业进口商品通关需求及实时进展情况，对企业提供暂时进境货物的报关业务指导。

2. 开设消博会展品通关报关专用窗口，指定专人负责，采取“一批一报”的方式办理通关手续，对消博会展品及物资实现24小时全天候通关。

3. 消博会期间，派员驻场监管，提供相关咨询服务。

二、支持由办展方统一提供税款担保

1. 对消博会暂时进境的展览品，由主办方向海关提供银行保函、关税保证保险等办理税款担保，减轻境外参展企业负担。

2. 境外参展商或其委托的主场运输服务商持组委会出具的《中国国际消费品博览会进境物资证明函》和《中国国际消费品博览会进境物资清单》，免于逐票向海关提交税款担保。

三、设置专门通道优先办理手续

1. 在海南主要口岸为消博会设置贵宾礼遇通道、进境展览品专用通道和专用窗口，在旅检和货运通关现场明显位置放置中英文专用标识，为参展企业优先办理申报、查验、抽样、检测等海关手续，实行即查即放。

2. 指定海口港海关办理参展留购展品的免税通关手续。

四、简化审批手续压缩审批时长

需要办理进境动植物检疫许可证的进境参加动植物及其产品，海关总署授权海口海关办理的，海口海关实施“即报即批”，缩短审批时限；对需要报送海关总署审批的，海口海关第一时间上报。

五、简化展览用食品化妆品检验要求

1. 放宽相关限制，准许消博会展览用进口食品化妆品，免于加贴中文标签和抽样检验。

2. 对展会期间少量试用、品尝、散发的，视审核和验证情况抽取样品（可展前提供）检验，并可以免于加贴中文标签。

六、简化商品检验程序

纳入国家实行进口质量许可制度和强制性产品认证的进口产品仅用于展览的不作限制，纳入能效和水效标识管理范围的产品仅用于展览的不作限制。除法律法规另有规定的入境展品免于品质检验。

七、简化出境手续便利展览品展后处置

消博会暂时进境展览品（ATA 单证册项下暂时进境展览品除外）在消博会结束后，结转到海关特殊监管区域和保税监管场所的（参展汽车应当转入可开展保税仓储业务的海关特殊监管区域和保税监管场所），准予核销结案。

八、支持常年保税展示常态化

经海关注册登记的海关特殊监管区域内企业，可以将保税货物提交担保后运至区域中心外消博会常年展示馆进行展示和销售的经营活动，支持扩大展会的溢出效应。

九、支持展会主办方引入大数据技术和应用

支持通过展会报名系统、客户管理系统等信息化管理平台对消博会参展商、展览品信息实施全流程监管服务，打造数字化、智能化、便利化、集约化的消博会全流程监管服务新模式。

"中国海关史料丛书" 编委会